Reimagine
Higher
Learning

大夏高等教育学术专著丛书

重新想象
大学的学习

郭　娇◎著

华东师范大学出版社
·上海·

图书在版编目(CIP)数据

重新想象大学的学习/郭娇著.—上海:华东师范大学出版社,2022

(大夏高等教育学术专著丛书)

ISBN 978 - 7 - 5760 - 3062 - 4

Ⅰ.①重…　Ⅱ.①郭…　Ⅲ.①高等教育－研究－中国　Ⅳ.①G649.2

中国版本图书馆 CIP 数据核字(2022)第 150402 号

重新想象大学的学习

著　　者　郭　娇
责任编辑　孙　娟
特约审读　秦一鸣
责任校对　樊　慧　时东明
装帧设计　卢晓红

出版发行　华东师范大学出版社
社　　址　上海市中山北路 3663 号　邮编 200062
网　　址　www.ecnupress.com.cn
电　　话　021 - 60821666　行政传真 021 - 62572105
客服电话　021 - 62865537　门市(邮购)电话 021 - 62869887
地　　址　上海市中山北路 3663 号华东师范大学校内先锋路口
网　　店　http://hdsdcbs.tmall.com

印 刷 者　常熟市文化印刷有限公司
开　　本　787 毫米×1092 毫米　1/16
印　　张　15.5
字　　数　225 千字
版　　次　2022 年 9 月第 1 版
印　　次　2022 年 9 月第 1 次
书　　号　ISBN 978 - 7 - 5760 - 3062 - 4
定　　价　48.00 元

出 版 人　王　焰

(如发现本版图书有印订质量问题,请寄回本社客服中心调换或电话 021 - 62865537 联系)

第七章 ——————————————————————— 161

学生发展结果

第八章 ——————————————————————— 205

结语

第一章

引　言

　　大学存在的理由在于紧密联系年轻人和老年人，发挥想象，为学为道，搭建知识生长与生命热望之间的桥梁。大学的确是要传授知识，但必须是以一种充满想象力的方式来传授知识。这是大学服务于社会的应有之义，否则就不能称其为大学。

——怀特海

20 世纪 20 年代,怀特海(Alfred North Whitehead)结合自身在剑桥与哈佛的执教经历扣问大学及其功用①。近百年光阴流转,大学不仅持续存在且蓬勃发展,越来越多国家进入高等教育普及化阶段。根据联合国教科文组织(UNESCO)对 188 个国家的统计,2019 年的高等教育在校生规模已突破 2.27 亿人②,其中 78 个国家的高等教育毛入学率都在 50% 以上③。从这些反映宏观趋势的数字来看,高等教育受到各国的广泛重视并上升到社会稳定、经济发展、技术进步等战略高度④。然而数字本身不能揭示高等教育人才培养的内在规律,宏观战略也不能脱离微观个体(师生)的理解与执行来达到预期效果。一所大学是否如怀特海所言让置身其间的师生"展开想象的翅膀上下求索"? 何为充满想象力的知识传授过程? 如何在具体情境下理解"想象/想象力"这一关键词? 怎样在大学期间点燃学生对知识之好奇以及对生命之热望? 归根结底,大学何以存在? 大学如何传授知识? 大学如何改变学生? 上述问题不仅在学理层面值得思考、关注与探讨,对它们的回答更是在实践层面为我国高等教育进入普及化阶段之后的发展路径提供洞见。我国高等教育从大众化到普及化只用了 17 年,而美、俄等国用了 30 年左右的时间。这种跨越式发展令人瞩目,但也带来培养质量、就业压力等隐忧⑤。

上述思索构成本书的主要脉络:从高等教育普及化的全球趋势展开,聚焦我国高等教育从大众化到普及化的快速发展历程(2003—2019 年),在继续向高等教育强国迈进的背景下,凝练与本科人才培养密切相关的四个重大主题(一流本科建设、招生方式改革、培养质量提升以及就业质量跟踪),从理论视角构建一个能够扎根于我国土壤的本科人才培养的概念框架,并基于量化调查与质性访谈相结

① [英]怀特海. 教育的目的[M]. 靳玉东,刘富利,译. 北京:中国轻工业出版社,2016:111.

② UIS. Education:Enrolment in tertiary education, all programmes, both sexes (number)[EB/OL]. [2021 - 01 - 24]. http://data. uis. unesco. org/#.

③ UIS. Education:Gross Enrolment ratio for tertiary education by sex (administrative data)[EB/OL]. [2021 - 01 - 24]. http://data. uis. unesco. org/#.

④ 别敦荣,易梦春. 普及化趋势与世界高等教育发展格局——基于联合国教科文组织统计研究所相关数据的分析[J]. 教育研究,2018,4:135 - 143,149.

⑤ 钟秉林,王新凤. 迈入普及化的中国高等教育:机遇、挑战与展望[J]. 中国高教研究,2019,8:7 - 13.

合的实证研究,为承担本科招生、教务、学生工作、教师发展、就业指导等事务的高校职能部门以及出台相关政策的政府机构提供管理与决策的有力依据。在本书的写作过程中,宏观政策驱动(如大学扩招、高考改革、创新创业等)与微观个人体验(如参与课内外各种活动、毕业前求职等)之间形成的张力及其作用机制,量化数据反映出来的实然趋势(包括整体现状与类型差异)与访谈资料编码得到的应然状态(即核心类属与理想模式)之间存在的落差及其丰富表征,都是"不解之谜"(unresolved puzzle)。

笔者从 2019 年初酝酿设计到 2020 年仲夏动笔,其间正值中美贸易战不断升级与新冠疫情全球暴发。两者交织并叠加其他国际局势(例如各国采取的不同防疫措施)带来的经济短期下行、高校预算吃紧、学生就业严峻、出国意愿降温等挑战,直接或间接影响我国本科人才培养的政策导向、创新举措以及实施效果。高等教育的发展历经数百年历史演变有其自身规律。大学的教与学活动原型可回溯到中世纪学者或学生自发形成的跨城邦联合体(分别参考博洛尼亚大学或巴黎大学)①。这种教与学的大学核心功能如何贯穿不同历史时期?大学如何在战争、流行疾病等大规模极端事件的冲击下保持其基本架构的稳定?大学师生构成的智识共同体如何对长期趋势或宏观格局的变迁进行预测、反思甚至引领?换而言之,如何让大学为布卢姆(Allan Bloom)笔下"全体渴望求知者的共同体"②提供一个精神的家园?本书聚焦本科阶段的人才培养,通过浸泡在量化数据与访谈资料里并与其涵盖的内容不断"对话",形成一系列紧扣时代脉搏且嵌入更为宏大的时空框架的思考。

本书可被视为这种尝试的阶段性成果,受师友督促,勉为成文,以飨读者。书中从思维模式、分析方法到语言表述都受个人视野、能力以及偏好所限,其局限性在此不予赘述,仅愿为构建一个逻辑自洽、意义自明、并扎根于本土的本科人才培养理论模型添上一砖一瓦,为我国实现从高教大国向高教强国的转型建言献策,

① 宋文红.欧洲中世纪大学的迁移及其影响[J].清华大学教育研究,2005(06):78-84.
② [美]布卢姆.美国精神的封闭[M].战旭英,译.北京:译林出版社,2011:382.

为全国1265所本科院校的1751万[①]在校生就读体验与就业质量的提升给出有针对性、有数据支持、能够落地的工作思路与行动建议。

一、大趋势：从高教大国到高教强国的迈进

1. 高等教育普及化的实现

马丁·特罗(Martin Trow)在20世纪70年代提出的高等教育"精英化—大众化—普及化"三阶段模型被广泛用以分析二战以后各国现代高等教育体系的构成特征与发展趋势[②]。划分这三阶段的主要标准是适龄人口毛入学率这一量化指标，操作简便、易于理解，且可进行跨年与跨国比较。高等教育从大众化到普及化的常见判定标准为适龄人口毛入学率从15%到50%。美国1949年的高等教育毛入学率达到适龄人口(18到24岁)的15%；1975年该毛入学率在全球率先突破50%，成为世界上第一个进入高等教育普及化阶段的国家。苏联进入高等教育大众化的具体时间不详，有学者模糊推断是在完成三个五年计划的1965年；苏联解体之后的三个主要国家(俄罗斯、白俄罗斯、拉脱维亚)都在1999年进入高等教育普及化阶段，适龄人口(20到24岁)毛入学率在50.9%到52.3%之间。可见美、俄两国的高等教育从大众化到普及化都用了30年左右。我国的适龄人口(18到22岁)高等教育毛入学率在2002年突破15%，2019年达到51.6%，高等教育从大众化到普及化只用了17年，将整个进程缩短了一半。可供对照的另一人口大国

---

① 教育部. 各级各类学历教育学生情况[EB/OL]. [2021-01-25]. http://www.moe.gov.cn/s78/A03/moe_560/jytjsj_2019/qg/202006/t20200611_464803.html.

② 马丁·特罗. 从精英到大众再到普及高等教育的反思：二战后现代社会高等教育的形态与阶段[J]. 大学教育科学, 2009, 3: 5-24.

印度,其高等教育适龄人口(18到23岁)毛入学率在1996年为6.28%(略领先我国),2001年与我国持平,之后被我国反超。印度高等教育在2011年之后进入大众化阶段,该年的高等教育毛入学率约为14%[①]。根据两国最新可比数据,2019年印度的高等教育毛入学率为28.57%,远低于我国(53.76%)。印度政府计划进入高等教育普及化的时间为2035年,即使按时完成,也要比我国晚16年。

基于适龄人口毛入学率来看中、印、美、俄四国的高等教育发展轨迹:二战之后各国高等教育从大众化到普及化的趋势是共性;美、俄进入高等教育普及化阶段的时点较早,背后有二战退伍老兵安置、美苏争霸的人才较量等政治、军事、社会等宏观环境要素的驱动;中、印由于人口基数大且建国前期更为关注成人扫盲以及基础教育,高等教育向普及化阶段迈进的起点相对较晚,更多是出于科技进步、产业升级、人均收入水平提高等带来的教育需求上升。与这三国相比,我国从高等教育大众化到普及化的实现堪称"弯道超车",所用时间缩短了近一半。

需要指出的一点是,各国高等教育毛入学率的具体指标界定存在差异:尽管高等教育适龄人口的统计口径都在18到24岁之间,但各国计算毛入学率的具体起始年龄有所不同,这一界定也影响到高等教育研究里的相关指标。就高等教育毕业率而言,我国只看四年毕业率,正好对应适龄人口是18到22岁;美国除了四年的按时毕业率,还关注六年毕业率,对应其高等教育适龄人口是18到24岁。这种差异也反映出允许学生因为个人或家庭原因(例如生病、创业、工作赚取学费、照顾父母等)休学一到两年的本科弹性学制在美国更为常见。然而这些统计口径的差异不会影响各国高等教育从大众化向普及化发展的整体趋势。

除此之外,各国高等教育从大众化进入普及化的特定发展路径不容忽视。美国高等教育的基本框架在于少数研究型大学、多校园的州立大学以及实行开放入学的社区学院,这一层级架构配以学分互认的制度形成了各类高等教育之间的"立交桥"。加州的大学系统就是典型案例之一,例如学生前两年在家门口的社区

---

① 德瓦什·卡普尔,裴宜理. 中国与印度高等教育改革中的国家角色[J]. 清华大学教育研究,2015,3:1-20.

学院所修学分可转入附近的加州州立大学,如果各项条件满足入学要求,学生还可继续转入加州大学伯克利分校等研究型大学就读。我国高等教育快速进入大众化,主要依靠 1999 年到 2002 年之间的扩招。我国继续迈向高等教育普及化,则依托 2000 年之后新建的地方本科高校、撑起"半壁河山"的高等职业教育,以及吸引社会力量办学的民办院校①。从政府对精英化高等教育投入的倾斜程度来看,俄罗斯与我国较为相似。"金砖四国"里的另一国家巴西,其高等教育毛入学率在 2018 年与我国接近(51.34%),但该国实现高等教育普及化的路径是大规模推广学生全额付费的私立高校②。在中、印、美、俄四国里,只有印度高等教育走向普及化的发展轨迹与巴西接近。从 2000 到 2011 年,印度的学院以每天 6 所的速度增长了 10 年有余。这些新建学院的主要构成是 19 930 所私立学院以及高等教育文凭授予单位里 9 541 个私立机构③。印度的高等院校数量因此位居全球第一,但这些新建的私立学院或机构既无研究设施,也无可靠师资,以提供劳动力市场所需的 IT 等谋生技能为主。"学生听什么课,你就得马上教什么课",这些私立培训机构在全球信息技术快速升级淘汰与印度农民对子女教育的成本收益计算的夹缝里艰难维生,教学质量更难保障④。整体而言,无论是美国的研究型大学、俄罗斯的莫斯科大学等综合型大学、我国"双一流"建设高校或印度的联邦大学,位于各国高等教育系统"金字塔"顶端的大学较少扩招;高等教育从大众化到普及化的主力是原有的精英型大学之外延伸或新增的职业教育、私立院校、专科或实科学校、社区学院以及其他可授予高等教育文凭的机构。

如果高等教育毛入学率由于各国对适龄人口的界定不同而略有出入,那么在学人数的统计是一个反映各国高等教育培养规模的客观指标。根据可公开获得

① 钟秉林,王新凤.迈入普及化的中国高等教育:机遇、挑战与展望[J].中国高教研究,2019,8:7-13.

② 马丁・卡诺依,罗朴尚,格雷戈里・安卓希查克.知识经济中高等教育扩张是否促进了收入分配平等化——来自金砖国家的经验[J].北京大学教育研究,2013,11(2):64-83,189.

③ 德瓦什・卡普尔,裴宜理.中国与印度高等教育改革中的国家角色[J].清华大学教育研究,2015,3:1-20.

④ 项飚.全球"猎身":世界信息产业和印度的技术劳工[M].王迪,译.北京:北京大学出版社,2012:38.

的最新数据,联合国教科文组织的统计研究所(UIS)对 2019 年各国高等教育在学人数的汇总如下:我国以 4 699 万的高等教育在学人数领跑全球,印度以 3 515 万排名第二,美国则以 1 894 万(2018 年的数据)位居第三。这三个国家可谓"高等教育超级大国",相加之和占到全球高等教育在学人数的 44.4%。巴西、印尼、土耳其、俄罗斯的高等教育在学人口也在 500 万之上,可被纳入"高等教育大国"①,上述七国共计占到全球高等教育在学人数的 57.7%,即世界上近六成的大学生②都出自这七个国家。考虑到高等教育普及化路径的差异(例如巴西)以及综合国力的不同(例如印尼、土耳其),本书在进行国际比较时聚焦在我国与其余三个根据在学人数定义的高等教育超级大国或大国(包括印度、美国与俄罗斯)。

最后需提及的一点是高等教育培养规模也是政府决策的依据之一。例如 2007 年我国普通高校在校人数达到 1 800 万,规模达到世界第一。这一年末召开的教育部直属高校工作咨询委员会第十八次会议上,时任国务委员的陈至立发表题为"认真学习贯彻党的十七大精神 以提高质量为核心 加快从高等教育大国向高等教育强国迈进的步伐"的讲话③,这标志着建设高等教育强国已上升为国家发展战略。

2. 高等教育强国的建设

2007 年可被视为我国建设高等教育大国的收官之年,从普通高校在校生规模而言,我国已是世界第一。尽管按照适龄人口毛入学率来看,我国还要等到 2019 年才能进入高等教育普及化阶段,但是国家战略重心已向建设高等教育强国转移。这一战略转移明确提出的时点可参考上述陈至立的讲话。该讲话引起了一

---

① 别敦荣,易梦春.普及化趋势与世界高等教育发展格局——基于联合国教科文组织统计研究所相关数据的分析[J].教育研究,2018,4:135-143,149.

② UIS 对这一指标的操作定义是宽口径统计,包括高等教育的所有项目(Tertiary education, all programs),例如研究生、本科、专科或副学士,以及其他高等教育文凭或学历教育。

③ 陈至立.认真学习贯彻党的十七大精神 以提高质量为核心 加快从高等教育大国向高等教育强国迈进的步伐[EB/OL].(2008-01-22)[2020-06-22].http://www.moe.gov.cn/srcsite/A14/A14_other/200801/t20080122_75413.html.

系列学术探讨与思想争鸣，并逐步达成共识。2008年中国高教学会在时任会长周远清组织下开展了"遵循科学发展　建设高等教育强国"重大研究项目，是参与者最多、覆盖面最广、影响力最大的学术活动。该项目历时6年，设12个子项目，子课题负责人近百名，参与高校150多所，研究人员1500名，出版了6本书、2本文集，发表了500多篇论文，主要从本质内涵、价值意义以及实现路径来解决三个关键问题："什么是高等教育强国？""为什么要建设高等教育强国？""怎样来建设高等教育强国？"①可谓集全国之力，发动高等教育研究领域的专家学者、政府决策者以及高校管理者共同参与的一场思想对话，反映出我国建设高等教育强国的道路具有理念先行这一引领特征。

　　笔者从该项目持续期间(2008—2013年)，撷选六篇有代表性的论文进一步展开分析，尽管每篇论文的论述重点与切入角度各不相同，但都围绕建设高等教育强国的本质内涵、背景条件、实现路径等主题展开思考与论证。通过提取这六篇论文共同谈及的内容元素(见表1.1)，高等教育领域学术界对于建设高等教育强国的思想共识大致可见，正如欣赏交响乐时除了各种乐器的不同音色与独特旋律，还能辨别出若隐若现但贯穿始终的一条主旋律。六篇论文都明确提到高等教育强国的标志之一是拥有若干所世界一流大学并发挥"以点带面"的示范作用。差异在于论述重点是大学的核心理念②、科研成果③、制度创新④或学科建设⑤。另一个差异在于分析角度是聚焦在一流大学建设本身还是它们所辐射的其他高校。前者以院校为分析单位，关注世界一流的教授、学生、办学理念、办学条件、知识创新以及人才培养等学校层面的要素⑥；后者则关注高等教育系统，出发点是整体的

---

① 周远清. 我的教育研究情愫——兼议建设高等教育研究强国[J]. 中国教育研究，2016，3：1-3，14.
② 刘献君. 适应高等教育强国建设要求的高等学校教育理念创新[J]. 中国高等研究，2010，11：4-11.
③ 周光礼. 走向高等教育强国——发达国家教育理念的传承与创新[J]. 高等工程教育研究，2010，3：66-77.
④ 邬大光，赵婷婷，李枭鹰，等. 高等教育强国的内涵、本质与基本特征[J]. 中国高教研究，2010，1：4-10.
⑤ 陈学飞，沈文钦. 建设高等教育强国的背景与条件分析[J]. 中国高教研究，2011，11：8-12.
⑥ 眭依凡. 高等教育强国：大学的使命与责任[J]. 教育发展研究，2009，23：26-30.

9

协调统一,涉及的要素是系统层面的规模、质量、结构、效益以及公平[①]。

表 1.1　建设高等教育强国的代表性文献(2008—2013 年)之共同元素提炼

主题＼学者(年份)	眭依凡(2009 年)	邬大光等(2010 年)	刘献君(2010 年)	周光礼(2010 年)	陈学飞 沈文钦(2011 年)	瞿振元(2013 年)
一流大学	√	√	√	√	√	√
结构优化		√			√	√
制度创新	√		√			
质量提升	√					√
人的发展		√	√			√
自主研发			√		√	
社会贡献	√	√			√	
世界中心	√	√		√	√	

　　接下来引入国际学者的视角来与上述观点进行比照,例如菲利普·阿特巴赫(Philip Altbach)谈及美国这一高等教育强国,他首先强调的就是美国"拥有许多著名的研究型大学……可以领导世界学术研究的潮流",与国内学者对世界一流大学建设的共识不谋而合。他进一步指出,"作为高等教育的强国,就要扮演高校治理与学术研究引路人的角色,单纯地模仿或输入其他国家的体制是承担不起这种角色的"[②]。这样的表述恰好可为上述论文的不同侧重点加上注脚:核心理念与制度创新是高校治理的风向标;而学科建设与科研成果则是学术研究的前沿阵地以及战果。阿特巴赫与国内学者的分歧在于他提及的美国还有许多质量堪忧的大众化教育机构。而且从投入产出来看,他认为美国高等教育占用不少政府拨款、社会捐赠以及学费收入,其产出的质量饱受争议。这是否意味着整个高等教育系统即使存在质量或效益上的瑕疵,也不影响其凭借若干所世界一流大学被认

① 瞿振元. 高等教育强国:本质、要素与实现途径[J]. 中国高教研究,2013,3:1-5.
② 陈廷柱,姜川. 阿特巴赫教授谈中国建设高等教育强国[J]. 大学教育科学,2009,2:5-8.

定为高等教育强国？这是一个值得继续思考与探讨的问题。

阿特巴赫还提及英文作为学术发表语言，美国高校数百年的历史积累，以及本科阶段的博雅教育，把这三者作为美国维持高等教育强国地位的优势所在。遗憾的是在上述六篇国内学者的论文里，除了一篇涉及早发内生与后发外生这两类高等教育强国的比较①，并未谈到用非母语发表论文。我国现代大学出现不过百年，本科教学质量有待提升是建设高等教育强国过程中面临的挑战。这样的比照并非意味着照搬或套用其思维框架，而是如穿衣照镜，用来反观自身，拓宽视野并查缺补漏。例如在对俄②、德③、日④三国迈向高等教育强国的比较研究里都提到大学课堂上采用母语教学，德国还强调德语学术杂志的创办。然而当下国际学术发表的英文垄断程度已远超往昔。在此现实情境下，我国正在进行的世界一流大学建设是否意味着更多的英文教学、英文发表等与国际接轨的行动？还是强调母语自信并扶持优秀的母语学术杂志？尤其对于扎根本国土壤的人文社科而言，如何在母语"原汁原味"的表达与英文的海外影响力之间找到最佳结合点？仅这一点就涉及到国家政策、学校制度、学科建设、教师个人职业发展以及学生培养方案等方方面面。由此可见，关于高等教育强国建设的思考、探讨以及行动往往会"牵一发而动全身"。

除了世界一流大学建设之外，高校治理的制度创新与成为世界高等教育中心也是上述六篇论文里对高等教育强国较为趋同的判定依据。制度是理念与行为之间的桥梁，从抽象的理念到实际的行动，一整套管理规范、实施到位、执行稳定且有信念支撑的制度起到关键的转化作用⑤，仿佛作曲家头脑中迸发的灵感需要写成一套规范的乐谱，才能交给音乐家个人或乐队整体去演奏。在高等教育强国建设背景下的制度创新有其特指含义，即"在世界高等教育遗产和传统的基础上，

---

① 邬大光,赵婷婷,李枭鹰,等. 高等教育强国的内涵、本质与基本特征[J]. 中国高教研究,2010,1：4 - 10.

② 周光礼. 俄罗斯走上高等教育强国的历程及其经验[J]. 赣南师范学院学报,2009,2：2 - 33.

③ 骆四铭. 德国走上高等教育强国的历程及其经验[J]. 赣南师范学院学报,2009,2：34 - 38.

④ 吴越. 日本走上高等教育强国的历程及其经验[J]. 赣南师范学院学报,2009,2：51 - 56.

⑤ 刘献君. 适应高等教育强国建设要求的高等学校教育理念创新[J]. 中国高教研究,2010,11：4 - 11.

结合本国政治、经济、文化特点而进行"①。例如借鉴英国高校如牛津大学、剑桥大学等的住宿制与导师制,我国高校发掘本土原有的文化脉络与治学模式,形成以复旦大学、香港中文大学等为代表的现代大学书院制②。过去 20 年里先后建立的南方科技大学③、上海科技大学以及西湖大学④为研究型大学的本土制度创新提供了更为鲜活的高校个案,更为重要的一点在于这种制度创新有对外输出的特征⑤。目前,我国高等教育制度创新对外输出的例子有,上海交通大学 2003 年首次发布世界大学学术排名(ARWU),英、美随后仿效推出 QS、《泰晤士报》以及 U. S. News 世界大学排名⑥;"985 工程""211 工程"以及"双一流"建设对印度⑦等国的启示。

我国以及整个东亚地区的高等教育制度创新已在近期被国际高等教育领域的研究者有所洞察。他们为这种"混搭风"的当代亚洲大学(contemporary Asian hybrid university)提炼出六个要素来集中体现西方与东方文化差异:(1)笛卡尔框架与阴阳;(2)蒙混过关与务实前行;(3)层级与更为流动的结构;(4)基于绩效与基于关系;(5)自由表达与政治(或文化)约束;(6)在全球兜售民主或在各种制约下审视大学⑧。这种为了凸显差异而截然分开的二元对立有其局限性,但伴随着对大学所在国家地区文化根基的深入挖掘与全面呈现,上述国际学者洞察的范式转移(paradigm

---

① 邬大光,赵婷婷,李枭鹰,等. 高等教育强国的内涵、本质与基本特征[J]. 中国高教研究,2010,1:4 - 10.

② 何毅. 现代大学书院实施通识教育的若干思考[J]. 大学教育科学,2017,5:10 - 15.

③ Ma, Jinyuan, Cai, Yuzhuo. Innovations in an institutionalised higher education system: the role of embedded agency[J]. Higher Education, 2021, https://doi. org/10. 1007/s10734-021-00679-7.

④ Wu, Haitian, Li, Mei. Three Phases of De Facto Quasi-Decentralization of Higher Education in China Since 1949[J]. Higher Education Policy, 2019, https://doi. org/10. 1057/s41307-019-00159-9.

⑤ 眭依凡. 高等教育强国:大学的使命与责任[J]. 教育发展研究,2009,23:26 - 30.

⑥ 殷晶晶. 我国创建世界一流大学路径探究——基于世界大学排名分析[J]. 江苏高教,2017,5:25 - 28.

⑦ The Economic Times. Inspired by Tsinghua's Success [EB/OL]. (2018 - 11 - 22)[2020 - 01 - 25]. https://economictimes. indiatimes. com/blogs/et-editorials/be-inspired-by-tsinghuas-success/.

⑧ Sheng-Ju Chan, Molly N. N. Lee, Yang, Rui. The hybrid university in East Asia: searching for the new paradigm[J]. Studies in Higher Education, 2017,10:1803 - 1808.

shifting)是否昭示着未来东亚高校(包括我国)的群体性崛起?这种正在涌现的文化表征值得密切观察,随之而来的国内外学界反思也需要跟踪、分析与对话。

这种范式转移与"让我国成为世界高等教育中心(或巅峰)"这一愿景在本质上相似。根据世界科学活动中心按照"意大利—英国—法国—德国—美国"的转移路径来看,在一定时段内,该国不仅为人类社会贡献了同期占比 25% 以上的世界重大科学成果,而且创造了新的教学或科研模式被其他国家模仿或借鉴。这些模式包括意大利的中世纪大学、英国的寄宿制学院、法国的巴黎大学与法兰西科学院、德国的研究型大学与习明纳(Seminar)、美国的本科博雅教育与赠地学院,以及欧美近期出现的创业型大学等①。单以影响因子及被引数量位于全球前 10% 的论文发表情况来看,不考虑非母语发表以及顶级学术期刊的英美垄断,2019 年我国学者发表的高质量国际论文已占 31.4%,排在世界第二位,仅次于美国(32.9%)②,差距日益缩小。在过去 20 年里我国国际专利申请数量上升了 200 多倍。2019 年我国向世界知识产权组织提交了 5.899 万件 PCT 专利申请,取代在过去 40 年盘踞榜首的美国成为世界第一③。2020 年该项指标继续上升为 6.7 万件④,可见我国在专利申请数量上继续保持领先优势。相比国际论文发表与国际专利申请,高等教育制度创新及其对外推广才是我国的"短板"。

除了科学繁荣之外,世界高等教育中心往往伴随着经济中心、文化中心、技术中心等发生同向转移⑤。在此对其他国家不再一一赘述,而是回顾 2008 年以来我国的经济、信息技术、公共卫生等领域在全球格局中发挥日益重要的作用。2017

---

① 周光礼. 走向高等教育强国——发达国家教育理念的传承与创新[J]. 高等工程教育研究,2010,66 - 77.

② 张之豪. 2020 年中国科技论文统计结果在京发布[EB/OL]. 中国日报,[2020 - 12 - 29]. https://finance. sina. com. cn/jjxw/2020-12-29/doc-iiznctke9172734. shtml.

③ 世界知识产权组织. 2019 年中国国际专利申请量全球第一——"中国创新能力不断提升"[EB/OL]. 人民日报,[2020 - 04 - 10]. http://www. gov. cn/xinwen/2020-04/10/content_5500748. htm.

④ 国家知识产权局. 2020 年我国发明专利授权 53.0 万件[EB/OL]. 央视新闻,[2021 - 01 - 22]. http://news. cnr. cn/native/gd/20210122/t20210122_525397661. shtml.

⑤ 邬大光,赵婷婷,李枭鹰,等. 高等教育强国的内涵、本质与基本特征[J]. 中国高教研究,2010,1: 4 - 10.

年《时代周刊》亚洲版首次出现简体中文与英文的双语封面并把十年前的金融危机视为"全球经济力量从美国向中国转移的一个重要和关键时刻"①。积极参与国际事务是我国全球影响力提升的另一路径,例如深圳市政府依托南方科技大学成立的联合国教科文组织高等教育创新中心(ICHEI),通过智慧教室、教师 ICT 能力培训等项目促进"海上丝绸之路"沿线亚非发展中国家的高等教育数字化转型②。在 2020 年的新冠疫情下,我国在公共卫生领域对外输出防疫抗疫之"中国模式",例如流行病调查的快速反应系统③,这些都为我国建设高等教育强国做出铺垫。我国高等教育的整体发展以及研发投入、数学与科学教育的质量、大学企业合作研发、专利及应用等多项指标在与"金砖国家"(印度④、俄罗斯与巴西)⑤比较时领先优势明显。但与现阶段世界高等教育中心美国相比,我国尚有提升空间与追赶方向。

表 1.1 中的六篇国内论文里对高等教育强国建设达成的共识还包括结构优化、质量提升、人的发展以及社会贡献。高等教育的结构既可从宏观、中观与微观层面来关注,也可从院校层次、类型、科类、布局等维度进行分析。这六篇论文对于高等教育结构优化的思辨集中在宏观层面并覆盖多个维度,其具体关注的问题如下:一个国家的高等教育与政治、经济、文化等子系统之间的耦合关系是紧密还是松散⑥?我国目前是否存在"重学轻术"、学科设置"同质化"、劳动力市场"结构性偏差"等

---

① Bremmer, Ian. How China's Economy is Poised to Win the Future? [EB/OL]. Times, [2017 - 11 - 02]. https://time.com/magazine/south-pacific/5007633/november-13th-2017-vol-190-no-20-asia-europe-middle-east-and-africa-south-pacific/.

② 联合国教科文组织高等教育创新中心(中国深圳).项目总体介绍[EB/OL].[2021 - 01 - 25]. http://cn.ichei.org/overall-project/.

③ Burki, Talha. China's successful control of Covid-19, the Lancet[EB/OL]. [2020 - 10 - 08]. https://www.thelancet.com/journals/laninf/article/PIIS1473-3099(20)30800-8/fulltext.

④ 德瓦什·卡普尔,裴宜理.中国与印度高等教育改革中的国家角色[J],清华大学教育研究,2015,3:1 - 20.

⑤ 唐晓玲."金砖国家"高等教育竞争力研究——基于巴西、俄罗斯、印度、中国的数据比较[J].现代教育管理,2018,9:123 - 128.

⑥ 邬大光,赵婷婷,李枭鹰,等.高等教育强国的内涵、本质与基本特征[J].中国高教研究,2010,1:4 - 10.

突出问题①？上述文献并非孤立看待结构，反而不约而同指出高等教育的宏观结构需要适应与促进社会政治、经济、科技、文化、教育以及人自身发展的需要②，并为人类社会（包括但不限于本国本民族）的生存环境改善或生产生活方式改变作出积极贡献③。如果一流大学建设、办学模式创新、世界高教中心转移是高等教育强国建设的"对外输出"或"对外展示"，那么结构优化、质量提升、人的发展以及社会贡献则是"强化内功"的自我修炼。从研究方法来看，前者主要运用国际排名、论文或专利等量化指标，加上对国内外一流大学制度创新的案例分析；后者则更为强调官方统计数字，既有反映宏观背景的人均 GDP、人均受教育年限、人类发展指数等指标④，也有聚焦微观层面的诺奖得主国籍、美国博士生的毕业院校等"少数派"分析⑤。

表 1.1 中还有一项关于高等教育强国建设的思想共识是关键技术自主研发。尽管只有两篇论文明确提到这一衡量标准⑥，但其对于国家的重要战略意义日益凸显。相关文献对该标准的表述为"高等教育能够基本独立自主地解决本国在经济、社会以及科技发展中的重大理论与实践问题"，并给出操作性定义即对外国技术的依存度降低到 20% 以下⑦。伴随着国家圈定节能环保、新兴信息产业、生物产业、新能源等七大战略性新兴产业，中美贸易战从 2017 年以来的不断升温与持续"拉锯"以及华为等企业面临芯片等核心元件的断供危机，"卡脖子"技术的自主研发率不容忽视。习近平总书记对此战略目标的概括言简意赅："只有把关键核心技术掌握在自己手中，才能从根本上保障国家经济安全、国防安全和其他安全。"⑧除自主研发之外，各有一篇论文分别提到高校经费投入的充足（例如通过财

---

① 陈学飞,沈文钦. 建设高等教育强国的背景与条件分析[J]. 中国高教研究,2011,11：8 - 12.
② 瞿振元. 高等教育强国：本质、要素与实现途径[J]. 中国高教研究,2013,3：1 - 5.
③ 眭依凡. 高等教育强国：大学的使命与责任[J]. 教育发展研究,2009,23：26 - 30.
④ 岳昌军. 经济与高等教育发展的关系——基于 6 项指标的比较分析[J]. 教育发展研究,2010,17：62 - 68.
⑤ 眭依凡. 高等教育强国：大学的使命与责任[J]. 教育发展研究,2009,23：26 - 30.
⑥ 陈学飞,沈文钦. 建设高等教育强国的背景与条件分析[J]. 中国高教研究,2011,11：8 - 12.
⑦ 刘献君. 适应高等教育强国建设要求的高等学校教育理念创新[J]. 中国高教研究,2010,11：4 - 11.
⑧ 习近平. 在中国科学院第十九次院士大会、中国工程院第十四次院士大会上的讲话[EB/OL]. (2018 - 05 - 28)[2020 - 06 - 26]. http://cpc. people. com. cn/n1/2019/0606/c64094-31123936. html.

政性高教经费GDP占比这一指标来衡量①)以及高等教育担负的社会公平(包括农民工子女异地高考、经济困难学生资助、毕业生就业等挑战②)。整体而言,关键技术自我研发、高校经费投入充足、对弱势群体的政策倾斜在上述论文发表之时尚属"曲高和寡"的超前意识,但在当下的中美贸易战、新冠疫情暴发等时代背景下,考虑到以上三点反映了相关学者对全球格局变化的准确预判以及对高等教育强国的全面思考。

3. 一流本科建设的提出

梳理高等教育强国建设初期的六篇代表性论文发现,它们强调对外展示的一流大学建设、高校制度创新以及世界高等教育中心转移,加上"强化内功"的结构优化、质量提升、人的发展、社会贡献以及自主研发,这八大核心类属构成了高等教育强国建设的一个理想模型。马丁·特罗在修正其高等教育"精英化—大众化—普及化"三阶段模型时提醒:从经验性事实抽象而来的理想模型"并非为不同时代和地点的现代高等教育系统作一个简单概述,重点在于分析转型时产生的紧张状态③。我国高等教育从大众化到普及化的转型阶段,时逢中美贸易战、新冠疫情等全球政治、经济、公共卫生等领域出现变局,如同多重波峰叠加。在此特定的时代背景及其复杂张力下,最初提出的高等教育强国的建设思路是否需要调整?例如关键核心技术的自主研发是否需要强化?对弱势群体的入学、资助以及就业服务是否也需纳入?从长期战略规划与实施路径来看,"建设高等教育强国是目标,'双一流'建设是手段,是过程"④,这是贯穿始终的一条主旋律,基本不会动摇。2015年国务院印发《统筹推进世界一流大学和一流学科建设总体方案》⑤,这标志

---

① 陈学飞,沈文钦. 建设高等教育强国的背景与条件分析[J]. 中国高教研究,2011,11:8-12.
② 瞿振元. 高等教育强国:本质、要素与实现途径[J]. 中国高教研究,2013,3:1-5.
③ 马丁·特罗. 从精英到大众再到普及高等教育的反思:二战后现代社会高等教育的形态与阶段[J]. 大学教育科学,2009,3:5-24.
④ 周远清. 走中国特色之路　建高等教育强国[J]. 中国高教研究,2017,卷首.
⑤ 国务院. 统筹推进世界一流大学和一流学科建设总体方案[EB/OL]. (2015-10-24)[2020-06-28]. http://www.moe.gov.cn/jyb_xxgk/moe_1777/moe_1778/201511/t20151105_217823.html.

着高等教育强国建设从学术界的理念先行、院校层面的制度探索上升到国家层面的战略布局、资源配置以及统一行动。

前期的学术讨论并未强调本科教育,除了对普通高校在学人数的简单统计以及对个别高校(北京大学或清华大学)本科生留美读博的比例估算,本科阶段的招生方式、课程设置、人才培养、就业质量等议题都未出现在高等教育强国或"双一流"建设的相关讨论里。这一空白已被政府决策者、高教管理者以及研究者觉察并加以填补。"一流本科建设"最先作为政策话语进入研究视野,其标志性起点是2016 年"一流本科教学高峰论坛"的举行,强调本科教育的主要驱动力来自高教强国建设过程中重科研轻教学、重研究生轻本科、重学科轻专业等隐忧。然而从政策驱动到院校制度再转化为师生行动,人才培养目标、课程与教学体系、创新创业改革等本科教育关键环节都需展开有针对性的理论梳理与实践探索①。

"一流本科建设"的提出扎根于本土国情,具有鲜明的中国特色。从国内科研的整体架构来看,由于科学院系统也在培养研究生(虽已成立国科院与社科院两所大学来涉足本科教育,但其人才培养主体仍为研究生),本科教育是普通高校与科研机构的一个重要分野。"没有本科教育则大学不复存在,没有本科教育的大学则等同于科研机构。"②从国内外高校的案例比较与文本分析来看,国外高校(尤其是研究型大学)强调博士生培养、教师科研以及师生的国际化程度③;国内高校(尤其是 C9④ 高校无一例外)更重视以拔尖人才培养、国际化教师队伍、高素质生源、跨学科专业、小班研讨课、本科生科研、荣誉学院或书院等为特征的本科教育质量提升⑤。相关研究无论是对本科人才培养的基本规律、教学深化改革等进行

---

① 张应强.从政策到行动:建设一流本科教育需要面对的关键性问题[J].江苏高教,2019,9:1-7.
② 张大良.创建具有中国特色世界水平的一流本科教育[J].中国高教研究,2016,6:1-4.
③ 黄福涛.什么是世界一流大学的本科教育[J].高等教育研究,2017,8:1-9.
④ C9 即九校联盟,中国首个顶尖大学间的高校联盟,于 2009 年 10 月启动,联盟成员包括北京大学、清华大学、浙江大学、复旦大学、上海交通大学、南京大学、中国科学技术大学、西安交通大学、哈尔滨工业大学 9 所高校。
⑤ 周光礼.一流本科教育的中国逻辑——基于 C9 高校"双一流"建设方案的文本分析[J].湖南师范大学教育科学学报,2019,2:15-22.

学理分析(例如识别一流本科教育的基本特征与建设路径①),还是基于问卷调查对本科生的学习动机、行为、效果等进行数据挖掘(例如比较中美八所高校的本科生学习旨趣②),都对构建"一流本科建设"这一中国语境下的高等教育制度创新具有重要意义,甚至可以辐射到东亚或其他地区主要依靠政府力量办学的高等教育系统③。

二、本书视角：本科人才培养的制度探索

我国高等教育在 2019 年正式迈进普及化阶段,高等教育强国建设已有十余年耕耘,一流本科建设也在近期受到关注,这是本书在构思及写作期间我国高等教育发展的整体趋势。从外部的政治、经济、技术、国际关系、公共卫生等子系统来看,伴随着中美贸易战升温,华为以及中兴等被美、加两国起诉或制裁,新冠疫情在全球暴发等历史事件及其持续发酵,高等教育系统需要适应的宏观环境以及全球格局变得更为复杂并难以预测。由于篇幅与精力有限,本书聚焦本科人才培养这个重要议题,以学生发展为中心,围绕招生入口、培养过程以及预期出口这三个关键环节进行文献梳理与理论拓展,开展问卷调查、学生访谈以及数据建模,并根据分析结果提出有针对性的高等教育政策、管理以及行动建议。

本书侧重本科人才培养的制度探索,主要考虑以下三点:从高等教育普及化来看,与研究生阶段相比,本科面临的扩招压力更大,培养方式的转变以及毕业生

---

① 林健.一流本科教育:认识问题、基本特征和建设路径[J].清华大学教育评论,2019,2:22-30.
② 吕林海,龚放.求职旨趣:影响一流大学本科生学习经历质量的深层动力——基于中美八所大学SERU(2017—2018)调研数据的分析[J].江苏高教,2019,9:57-65.
③ 黄福涛.什么是世界一流大学的本科教育[J].高等教育研究,2017,8:1-9.

就业的压力也更大;与高等职业教育相比,本科生源构成的异质性更为复杂,大类招生、小班化教学、宽口径培养等给本科教学改革带来更多挑战。马丁·特罗对"精英—大众—普及"高等教育三阶段理想模型修订之后概括的十个核心类属里[①],国内相关文献集中在高等教育功能、院校特征、决策中心、学术标准、行政管理以及内部管理等特征,对入学态度、选拔标准、课程与教学、学生生涯的学理探究与实证分析还有待加强。本书的贡献之一在于根据学生发展相关的入学政策、学习过程及其效果的调查数据,识别与提炼我国高等教育进入普及化阶段之后本科教育的基本特征、主要挑战以及制度创新。

从高等教育强国建设的本质内涵与实施路径来看,已有文献强调高等教育的根本使命在于对人的自身发展与人类社会的共同发展作出贡献[②]。与国内相关文献以 GDP、人类发展指数[③]等宏观统计不同,本书侧重学生的家庭背景、学习动力、在校体验以及毕业之后预期目标等微观变量的数据采集与模型构建。关于高等教育强国建设的文献有另一特点:只关注诺奖得主、教师的论文高被引率、国内一流大学(尤其是北京大学或清华大学)本科生留美读博的比例[④]、拔尖创新人才培养[⑤]、本科荣誉项目[⑥]等个别或少数特例。本书在研究设计里注意"以点带面":抽样调查时既适当增加"双一流"建设高校所占的样本比例,以突出其示范作用,也覆盖足够数量的非"双一流"建设的地方高校,且在地区分布上具有全国代表性,以反映整个高等教育系统的本科人才培养现状。这是本书的第二个贡献。

本书的第三个贡献在于关注具有中国特色的一流本科建设,不直接照搬欧美等国的本科培养模式(例如博雅教育),而是扎根本土进行本科阶段人才培养的制度探索与模式创新。这种探索包括呵护与发扬深植于吾国吾民的信念,例如父母

① 马丁·特罗.从精英到大众再到普及高等教育的反思:二战后现代社会高等教育的形态与阶段[J].大学教育科学,2009,3:5-24.
② 刘献君.适应高等教育强国建设要求的高等学校教育理念创新[J].中国高教研究,2010,11:4-11.
③ 陈学飞,沈文钦.建设高等教育强国的背景与条件分析[J].中国高教研究,2011,11:8-12.
④ 眭依凡.高等教育强国:大学的使命与责任[J].教育发展研究,2009,23:26-30.
⑤ 张大良.创建具有中国特色世界水平的一流本科教育[J].中国高教研究,2016,6:1-4.
⑥ 周光礼.一流本科教育的中国逻辑——基于C9高校"双一流"建设方案的文本分析[J].湖南师范大学教育科学学报,2019,2:15-22.

都没有受过高等教育的农村家庭坚信教育能够改变命运①,从科举考试到现代的高考制度都不论出身且严惩作弊②,半数以上的本科生倾向于政府机关、事业单位或国有企业等体制内工作③。这种创新也包括对欧美教育模式的本土化改造,例如国内对本科生参与科研的实证研究远比国外深入且全面(包括学生跟着教师做课题、参与"挑战杯"等学术竞赛、参加学术会议并做口头报告、发表论文或申请专利等具体参与方式④)。上述制度探索与模式创新对东亚以及其他地区(例如俄罗斯等金砖国家⑤)的高等教育系统产生的影响力逐渐增强,例如另一人口超级大国印度常被拿来与我国比较⑥,金砖四国的高等教育综合竞争力也受到关注⑦,东亚高校的群体性崛起及其东西兼容的"混搭"风格近年来成为国际高等教育领域的重要议题之一⑧。尽管影响本科人才培养质量的因素众多且机制复杂⑨,本书集中笔墨在招生制度、学生在校经历、毕业之后预期目标这三个要素,通过文献梳理、数据分析以及结果讨论,形成具有穿透力的理论视角来洞察上述一系列既扎根于本国土壤,又对欧美经验有所借鉴,并反映出本科人才培养范式转移的制度探索。

---

① 曾东霞."斗室星空":农村贫困家庭第一代大学生家庭经验研究[J].中国青年研究,2019,7:38-43.
② 郑若玲.自主招生改革何去何从[J].华中师范大学学报(人文社会科学版),2010,4:135-142.
③ 郭娇.教育过度与不足的薪资效应——基于2015年全国高校毕业生调查的分析[J].复旦教育论坛,2019,2:70-77.
④ 郭娇.本科生高影响力活动与其毕业后预期目标的匹配——基于2019年中国本科教与学调查数据[J].教育发展研究,2019,23:18-26.
⑤ 马丁·卡诺依,罗朴尚,格雷戈里·安卓希查克.知识经济中高等教育扩张是否促进了收入分配平等化——来自金砖国家的经验[J].北京大学教育研究,2013,11(2):64-83,189.
⑥ 德瓦什·卡普尔,裴宜理.中国与印度高等教育改革中的国家角色[J].清华大学教育研究,2015,3:1-20.
⑦ 唐晓玲."金砖国家"高等教育竞争力研究——基于巴西、俄罗斯、印度、中国的数据比较[J].现代教育管理,2018,9:123-128.
⑧ Sheng-Ju Chan, Molly N. N. Lee, Rui Yang. The hybrid university in East Asia: searching for the new paradigm [J]. Studies in Higher Education, 2017,10:1803-1808.
⑨ 黄福涛.什么是世界一流大学的本科教育[J].高等教育研究,2017,8:1-9.

三、本书结构

从本书结构来看,第二章先介绍理论框架与研究设计。通过对学生发展、招生制度改革、高影响力活动、学习动机等核心概念的文献梳理,本书尝试构建的基本理论框架逐步清晰。该框架基于高教领域常见的"输入—过程—输出"结构,类似于阿斯汀(Astin,A. W.)的"投入—环境—产出"模式①,但每一部分的侧重点与之前文献有所不同,突出高等教育强国建设的时代背景与制度创新。实证分析的数据来源是 2019 年《中国本科教与学调查》(China College Teaching & Learning Survey,CCTL)。该调查由线上问卷与线下访谈两部分构成。线上调查为主,答题邀请共覆盖全国高校数量较多的 8 个城市 43 所院校(其中 25 所为"双一流"建设高校)的 8 600 名在校生。经过审核的有效问卷为 4 461 份。线下访谈遵循目的抽样原则,根据问卷调查的初步发现,从上述 8 个城市里选择一个东部一线城市寻找典型个案进行深度访谈。最后的访谈对象来自当地 7 所高校的 18 名在校生(其中 10 人就读于"双一流"建设高校)。

第三章到第七章构成了本书的主要内容,分别从我国高等教育进入普及化阶段之后的本科生家庭背景、入学方式、在校经历、(毕业之后的)预期目标以及学习效果这五个维度对上述的理论模型进行实证分析。除了通过质性编码来捕捉学生视角下的本科难忘经历,其余分析主要依靠回归模型对具体的研究假设进行检验。量化建模与质性编码的研究方法与过程在此不再一一赘述。每章按照问题

---

① Astin,A. W. . What matter in college four critical years revisited[M]. San Francisco:Jossey-Bass,1993:7.

提出、数据来源、主要发现、结论探讨以及国外高校案例这一结构来组织内容。各章要点如下：第三章，在控制性别、高考分数等背景变量之后，家庭第一代大学生在本科期间的挂科数、专业排名以及奖学金获得情况都与非第一代大学生没有显著差异；第四章，2012年之后面向贫困地区的定点招生计划初见成效，农村生源通过自主招生被录取的概率显著高于城市生源；第五章，本土情境里高影响力活动具备的四个核心类属（真实挑战、合作学习、巅峰体验以及根本改变）可根据逻辑关系整合成一个对本科生在校经历具有解释力的理想类型；第六章，在本土情境下的十项高影响力活动里，立志读硕的学生对其中六项活动的参与度都较低，立志读博的学生参与学术相关的活动（老师的课题或项目、各种竞赛）更为踊跃；第七章，参与科研或担任学生干部对本科生在学业表现、能力提升以及态度认同的各项指标都有正面效应。在校期间"一心两用"创业或攻读双学位则在学业表现、能力提升与态度认同上都有负面效应。

第八章基于上述主要发现，对本科人才培养的制度探索提出三条有针对性的建议：1.我国高等教育迈进普及化阶段之后，学生发展的异质性需重视。不同本科生群体面临的发展瓶颈存在显著差异。一流本科建设现阶段的挑战在于弥补不同学生群体在信息素养、批判思维以及问题解决等核心能力上的"短板"。2.本科生（尤其是家庭第一代大学生等弱势群体）的专业认同亟需加强。这种认同感的强化不能单靠"入口"的招生制度改革，而要贯穿整个人才培养过程，甚至延伸到学生毕业之后继续深造或就业的未来规划。3.高影响力活动是对学生发展有显著效应的课内外教育实践。对其进行清晰界定以及准确测量不能脱离国情，而要充分考虑不同高教系统的本质特征、不同类型高校的重要使命或不同学生群体的特殊需要。以创新创业教育为例，忙于创业的学生在学业表现、专业以及核心能力的提升、对就读高校的推荐度等各项指标上都显著低于未创业的学生，这种现象值得警惕。下一阶段的深化改革需严把质量关，避免低水平、功利化以及给学生带来负面影响的创业活动。

理论框架

  本科人才培养的相关概念如学生发展、招生制度改革、高影响力活动、学习动机等，在已有文献里都有较为清晰的概念界定以及较为丰富的实证研究，但限于期刊论文发表的篇幅，苦于信息采集时部分变量的缺失，抑或困于整个逻辑路径梳理起来的庞杂，目前尚未出现一个对上述概念进行整合的理论框架。这种整合意味着对本科人才培养模式的提炼，对涉及到的主要概念、参考文献、实证依据以及现有结论进行梳理，并对存在争议或分歧的关键环节或要素进一步加以实证检验。在介绍具体的研究设计之前，本章先对国内外的已有文献进行梳理，并提出一个基于"招生入口—培养环节—预期出口"的本科人才培养理论框架。

理论是对现象的观察、解释以及预测，其拉丁文"theōria"的希腊词源为"θεωρία"。还原到希腊语境里，θεωρία源自毕达哥拉斯对奥林匹亚运动会上三种群体的划分，从低到高依次是来会场贩卖物品获利的商人，在赛场争夺荣誉的赛手，以及在看台欣赏比赛的观众。既在现场又置身事外的超脱身份，始终保持一种"观战而不下场"的闲暇心态，并对比赛形势进行理性分析从而预测结果，这赋予了旁观者一种神性的视角。理论的本质特征由此可追溯到柏拉图超越欲望与激情的"理性"（Reason）以及亚里士多德能够持续自足的"沉思"（Contemplation）①。

伴随着学科分野与实证兴起，一方面基于学科视角产生不同的观察路径与分析框架，以高等教育毛入学率为例，经济学家聚焦该指标与 GDP、人口等宏观社会经济发展的关联；社会学家侧重不同性别、区域、家庭收入的学生群体入学机会平等。另一方面，实证研究的工具不断成熟，量化数据与质性资料不断积累，现有理论的前提假设不断被挑战并拓展，尤其在不同学科的交叉领域。心理、经济、脑神经等学科交叉产生的行为经济学对古典经济学理性人假设的质疑、检验与超越就是典型例证之一。总之，任何实证研究都不能忽视理论框架的支撑，如同先有房屋的基本结构，才能添砖加瓦。离开理论指引的实证研究终将沦为大量碎片化表面结论的重复呈现或简单罗列，不能从本质上揭示现象的意义、规律及其产生条件，也无法在不同学科之间进行"对话"乃至产生逻辑自洽且令人信服的观点②。

---

① 高秉江. 亚里士多德的 Contemplation 初探［J］. 哲学动态，2007，12，http://phil. cssn. cn/zhx/zx_wgzx/201410/t20141010_1357562_3. shtml.

② Sutton，R. I.，Staw，B. M.. What Theory Is Not［J］. Administrative Science Quarterly，1995，40（3）：371-384.

一、本科人才培养理论框架

　　学生发展是指就读期间学生通过投入时间与精力参与课内外各种活动在多个维度获得的成长。已有文献对这一概念在高等教育范畴内进行清晰界定离不开三个前提：首先,高等教育机构是典型的多投入、多产出组织,因此学生发展具有明显的多维度或综合性特征。国内外学者通常从认知(包括智力水平、学业表现、专业知识等)、能力(尤其是信息素养、问题解决等可迁移的核心能力)以及社会情感(例如沟通表达、自我效能等)这三个维度来构建学生发展的指标体系[1][2][3][4]。其次,主体性的参与(involvement)、投入(engagement)、感知(perception)或体验(experience)对学生发展或成长起到关键的中介作用。换而言之,学生如果总是在行为上缺席或精神上游离,那么外部环境里的各种资源或支持也无法转化为学生个体的成长[5]。最后,现有研究对学生发展的测量以学生在调查问卷里自我报告(self-reported)的认知获得、能力提升或情感成长为主,且多

① 李湘萍. 大学生科研参与与学生发展——来自中国案例高校的实证研究[J]. 北京大学教育评论,2015,13(1)：129-147.
② 李宪印,杨娜,刘钟毓. 大学生学业成就的构成因素及其实证研究——以地方普通高校为例[J]. 教育研究,2016,10：78-86.
③ 鲍威,张晓玥. 中国高校学生学业参与的多维结构及其影响机制[J]. 复旦教育论坛,2012,10(6)：20-28.
④ 朱红. 高校学生参与度及其成长的影响机制——十年首都大学生发展数据分析[J]. 清华大学教育研究,2010,31(6)：35-43.
⑤ Pascarella, E. T., Terenzini, P. T.. How college affects students：findings and insights from twenty years of research [M]. San Francisco：Jossey-Bass Publishers,2005.

采用五级量表,只有个别研究采用挂科数这样的学习结果指标[1]。本科人才培养质量的提升需要对学生发展进行全面理解与准确评价才能形成一个完整的"闭环",以终为始,才能把以学生为中心、以结果为导向的本科教育教学深化改革落到实处。

招生制度改革在教育领域具有"牵一发而动全身"的重要战略意义。以 2014 年国务院发布《关于深化考试招生制度改革的实施意见》为标志,之前的尝试始于 2001 年东南大学等江苏省三所高校的试点改革,即通过自主招生对以高考分数为唯一录取依据的传统招生方式进行补充[2];之后的探索则是从上海市与浙江省 2014 级高中生开始的"3+3"高考改革。上海"新高考"的学业等级考是 6 选 3,总计满分 660;而浙江的学业等级考是 7 选 3(多了一门技术学科),总计满分 750[3][4]。由于参加"新高考"的学生从 2017 年才进入大学,在 CCTL 数据采集时点还无人毕业,对这些学生在校期间的学业表现、能力提升或其他成长发展也尚无实证依据。仅有的一项学生调查发现"新高考"并未在 2017 级本科生"进入想就读的专业"或"在高中打下扎实专业基础"等维度上达到预期效果[5]。遗憾的是该研究仅对调查结果进行了简单的描述统计,未能结合学生的高考分数、进入大学之后的学业表现等进行更为系统的回归分析,以评价"新高考"的实施成效并进一步揭示背后的复杂机制。

高影响力活动(High-impact Educational Practices,HIPs)由乔治·库(George Kuh)于 2008 年提出。他对高影响力活动的本质特征归纳如下:(1)学生日常需要投入大量的时间与精力;(2)学生需要在课外与教师或同学进行实质性的互动;

---

[1] 鲍威,张晓玥. 中国高校学生学业参与的多维结构及其影响机制[J]. 复旦教育论坛,2012,10(6): 20-28.

[2] 郑若玲. 自主招生改革何去何从[J]. 华中师范大学学报(人文社会科学版),2010,49(4): 135-142.

[3] 董秀华,王薇,王洁. 新高考改革的理想目标与现实挑战[J]. 复旦教育论坛,2017,15(3): 5-10.

[4] 最新出台的招生制度改革举措是 2020 年开始试点的"强基计划",旨在为国家重大战略储备与输送基础学科拔尖创新人才,参考文献:赵婀娜. 试点高校发布招生简章 为国家储备输送拔尖人才[EB/OL]. [2020-05-12]. http://www.moe.gov.cn/jyb_xwfb/s5989/202005/t20200512_452957.html.

[5] 邵光华,吴维维. 我国高考招生制度综合改革的成效与问题研究——基于浙江省 2017 年高考录取学生的调查[J]. 中国高教研究,2018,6: 50-55.

(3)学生接触到不同背景的人;(4)学生频繁得到关于其个人表现的反馈;(5)学生有机会在校内外不同场景下运用自己学到的知识。乔治·库的十项高影响力活动包括新生研讨课、写作强化课程、合作性任务、服务性学习等[①]。国内外学者的后续研究都沿用这一研究思路,他们建议的高影响力活动在五到九项之间[②③④⑤⑥⑦]。高影响力活动不仅对学生从大一到大二的巩固率(Retention)、GPA、毕业率等学业表现有正面影响,还促进了师生互动,增强了学生对所在社区的归属感以及对学校的满意度,并且在批判性思维、问题解决等高阶思维能力上有显著提高。弱势群体(例如来自低收入家庭或家庭的第一代大学生)通过参与高影响力活动获得的知识拓展、能力提升以及素质培养效果尤为明显。值得关注的一点是弱势群体对高影响力活动的参与度低于其他学生。总之,高影响力活动可被视为"有效实践"(effective practices)的浓缩精华,其在实证研究中的操作性定义是大学生在校期间参与的课内外活动中与其学业表现、综合能力、人格素养等显著正相关且效应值相对较大的教育实践。

学习动机是另一个值得深入分析的要素。动机是由某个特定目标所激发并维持个体行为的内在心理力量。已有研究表明,学习动机是影响大学生整体学习状态的重要因素。学习动机明确的学生投入更多课外时间学习,其自我报告的通

---

① Kuh, G. D.. High-impact Educational Practices: What They Are, Who Has Access to Them, and Why They Matter [R]. Washington, DC.: American Association of College & University(AAC & U), 2008: 16.

② Brownell, J. E., Swanger, L. E.. Outcomes of Higher Educational Practices: A Literature Review [M]. Washington: AAC & U, 2010.

③ Finley, A., McNair, T.. Assessing Underserved Students' Engagement in High Impact Practices [R]. Washington, DC.: American Association of College & University (AAC & U), 2013: 8.

④ 文雯,初静,史静寰."985"高校高影响力教育活动初探[J]. 高等教育研究,2014,35(8): 92-98.

⑤ McMahan, S.. Creating a Model for High Impact Practices at a Large, Regional, Comprehensive University: A case Study [J]. Contemporary Issues in Educational Research, 2015,8(2): 111-115.

⑥ 张华峰,郭菲,史静寰.促进家庭第一代大学生参与高影响力教育活动的研究[J].教育研究,2017,6: 32-43.

⑦ 鲍威.跨越学术与实践的鸿沟:中国本科教育高影响力教学实践的探索[J].北京大学教育评论, 2019,17(3): 105-129, 190.

识学习收获(经典体悟、科学素养与多元视野等)也更显著①。进一步对动机类型加以区分的研究发现,通过死记硬背复制学习内容的表层或外部学习动机对于学校制度化的学习结果(班级排名、获得奖学金等)以及学生自我报告的学习收获(个人书面或口头表达能力、分析批判能力等)都有负面影响;通过新知识与已有知识整合来寻求学习意义的深层或内部学习动机对学校制度化的学习结果没有影响,但对学生自我报告的学习收获有正面影响②。已有文献还发现学习动机在年级与性别这两个维度上都存在显著差异。从年级来看,大一新生的小群体取向显著高于大三学生,但物质追求、求知进取以及个人成就动机都显著低于大三学生③。从性别来看,实证结果尚存在分歧,既有学者发现女生的深层或内部学习动机显著高于男生④,也有研究表明女生的内生动机显著低于男生,即男生比女生更喜欢接受挑战或解决复杂问题,而女生更依赖他人评价,其社会取向、害怕失败、小群体取向等动机显著高于男生⑤。本科阶段人才培养与中小学的本质区别之一在于大学生较为成熟,相对于教师与家长对中小学生的指导与监护,大学更强调学生个人的自主学习⑥。深层学习动机或内部动机是学生发展的一个重要影响因素,也有助于解释学生在校期间各种高影响力活动的参与行为,其在性别、年级等维度上存在的差异假设也需要进一步加以实证检验。

通过对学生发展、招生制度改革、高影响力活动、学习动机等核心概念的文献梳理,本书的基本理论框架也逐步清晰(见图 2.1),在此仅略加补充说明:其一,

---

① 陆一,黄天慧. 通识教育效果的影响因素辨析[J]. 复旦教育论坛,2019,17(1):45-52.

② 赵必华. 大学生学习成效影响因素的调查研究——基于 35 所本科院校的数据[J]. 高教探索,2017,11:36-44.

③ 刘淳松,张益民,张红. 大学生学习动机的性别、年级及学科差异[J]. 中国临床康复,2005,20:96-97.

④ McMahan, S.. Creating a Model for High Impact Practices at a Large, Regional, Comprehensive University: A case Study [J]. Contemporary Issues in Educational Research,2015,8(2):111-115.

⑤ 池莉萍,辛自强. 大学生学习动机的测量及其与自我效能感的关系[J]. 心理发展与教育,2006,2:64-70.

⑥ 本科生在学习过程中这种自主、自控或自我调节的能力属于元认知范畴,表现为对其学习行为、方法、态度以及结果的自我审视、评价与调整。

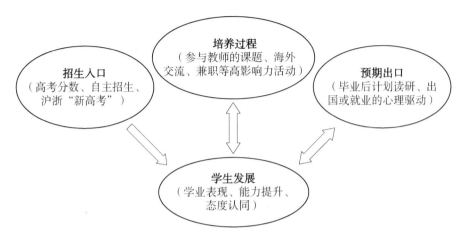

图 2.1　基于"招生入口—培养过程—预期出口"的本科人才培养理论框架

该框架沿用高教领域常见的"输入—过程—输出"结构,类似于阿斯汀(Astin, A.
W.)的"投入—环境—产出"模式①。但每一部分的侧重点与之前文献有所不同,
例如入口部分关注招生制度改革(自主招生以及"新高考"),培养环节强调本土化
的高影响力活动(涉及参与竞赛、双学位、创业等深化本科教育教学改革的举措),
而出口部分则针对毕业之后的预期目标(包括学生期待的最高学历、深造院校或
雇主类型)。其二,该框架始终以学生发展为核心,聚焦在其余变量与学生的学业
表现、能力提升以及态度认同之间的直接关联,充分体现以学生为中心与以结果
为导向的原则。因此即使其余变量之间存在互相影响(例如自招生与普招生本科
期间参与各项课外活动的行为差异),这不是本书关注的内容,图 2.1 中未用箭头
显示出来。同理适用于常见的性别等人口学变量与学科等教育学变量,回归分析
将对这些背景变量进行控制并检验是否存在显著差异,但为了突出重点,图 2.1
中的简化框架也未纳入上述控制变量。其三,由于高考分数代表学生进入大学
之前的学业准备,招生制度改革的实施也不会受到学生个体的影响,因此招生入
口对学生发展的影响是单向的。培养过程与预期出口对学生发展的影响却是双

---

① Astin, A. W.. What matter in college four critical years revisited [M]. San Francisco: Jossey-Bass,
1993: 7.

向的。这是面向在校生的阶段性评价或过程性评价的一个特点。只要尚未毕业,学生在上一阶段的学业、能力或态度变化都会影响到下一阶段参与各项活动的意愿以及行为,进而也会影响到他们毕业之后的计划。图 2.1 中的双向箭头就是为了揭示这样一种动态的调整过程。受横截面数据一次性采集的局限,本书基于 CCTL 的分析难以呈现这种动态变化。后续进行的个案访谈通过回溯,从学生视角补充他们在本科期间参与老师课题、实习、考研等活动前后的转变,还原当时的情景,并对激发这种转变的要素(例如师生互动、巅峰体验)进行提炼。

二、本书量化数据来源

2019 年《中国本科教与学调查》(China College Teaching & Learning Survey (CCTL))邀请在校大学生通过问卷星线上平台完成电子问卷,答题时间三个月(从 5 月 5 日到 8 月 5 日)。根据分层抽样设计,从区域分布来看,前期的答题邀请集中发至北京、上海、南京、武汉、西安、广州、长春以及郑州这八个高校数量相对较多的城市,后期根据回收情况追加了中西部的高校。从院校层次来看,受邀答题的院校既包括"双一流"建设高校(共 25 所),也包括非"双一流"建设地方高校(共 18 所)。每所高校自选一个优势专业,再从各年级抽取 50 名学生答题。根据此抽样框架,答题邀请共覆盖 43 所高校的 8 600 名在校生。考虑到完成一份问卷的时间在 20 分钟左右,每名完成问卷的学生可领取 10 元红包。领取红包需通过人工审核,答题时间过短(短于 10 分钟)或过长(超过 1 小时)、数据存疑(例如自填的挂科数多达 90 门)等则判定为无效问卷。实际回收的答题数量为 6 027 份,回收率为 70.08%;经过审核的有效问卷为 4 461 份,即有效率为 74.02%。

1. 样本分布

CCTL 样本在城乡分布以及家庭背景方面具有全国代表性,在性别与年级分布上较为均衡,但地方高校与人文学科占比略少,因此结论更适用于"双一流"建设高校的工程、自然以及社会学科(样本分布详见表 2.1)。在此仅对三处略加说明:(1)城乡分布里生源地来自农村与乡镇的占比分别为 26.97% 与 7.67%,两者之和(34.64%)与已有研究估算的 2019 年乡村人口在大学阶段的比例(36.16%)基本持平[1],这反映出抽样策略的合理性。(2)已有文献里家庭第一代大学生的占比在 42.1% 到 74% 之间[2][3][4],CCTL 样本的这一比例为 67.25%,也在上述区间里较为合理的位置。(3)从年级分布来看,大四占比略少,这是由于答题期间正值应届毕业生离校前后。

表 2.1　主要人口学变量与教育学变量的样本分布(样本量＝4 461)

	变量名	选项	占比(%)
人口学变量	性别	男	47.25
		女	52.75
	生源地	农村	26.97
		乡镇	7.67
		县城或县级市	28.38
		地级市	21.50
		直辖市或省会城市	15.49
	父母学历	家庭第一代大学生	67.25
		家庭第二代大学生	32.75

① 孙百才,蔡翼飞,高春雷,等.2016—2030 年人口变动及城乡、区域分布对教育供给的影响研究[J].教育经济评论,2018,3:14-39.
② 鲍威.第一代农村大学生的升学选择[J].教育学术月刊,2013,1:3-11.
③ 熊静.第一代农村大学生的学习经历分析——基于结构与行动互动的视角[J].教育学术月刊,2016,5:74-81.
④ 林玲,彭曦.我国第一代大学生的生涯规划特点研究——以上海 8 所高校为例[J].大学(研究版),2016,12:48-61.

	变量名	选项	占比(%)
教育学变量	年级	大一	26.88
		大二	29.41
		大三	26.56
		大四	17.15
	学科门类	社会	19.97
		工程	50.77
		自然	20.17
		人文	8.88
	就读院校	"一流大学"建设高校	22.26
		"一流学科"建设高校	35.17
		非"双一流"建设高校	42.57

2. 主要变量

因变量(Outcome)是学生从学业表现、综合能力以及态度认同这三个维度自我报告的成长发展。具体来看,学业表现指学校制度化的学习结果,包括挂科数、专业排名以及获得的奖学金这三项指标。调查问卷里对应的问题分别是:(1)"共有____门挂科"。(2)"目前为止,您按学习成绩在专业的平均排名情况为( )":A. 前10%以内;B. 前10%—20%;C. 20%—40%;D. 40%—60%;E. 60%—80%;F. 80%以外。(3)"您在大学期间获得的最高级别奖学金为( )":A. 国家级;B. 省部级;C. 校级;D. 其他(包括捐赠);E. 未获得。调查问卷里针对学生综合能力发展的一道问题为"请评价大学经历对你的能力提升( )":A. 毫无提升;B. 很小提升;C. 一般;D. 较大提升;E. 很大提升。具体涉及的八项能力可分为专业能力(专业基础知识、学科前沿成果以及实践操作能力)与通用能力(良好的口头/书面表达、信息素养、批判性思维、问题解决能力以及对未来的规划)。学生对所在社区(就读院校或所属专业)的认同程度从另一个角度反映了其学习收获。调查设计通过"如有亲戚朋友咨询高考志愿,您对所在学校的推荐度( )"以及"您对所在专业的推荐度( )"这两道问题从侧面采集到相关信息。学生发展的理想状态为挂科数少、专业排名靠前、曾获得奖学金、专业能力与通用能力均有明显提升、对所在学校与所在专业的推荐度都较高。

入口变量(Admission)围绕高考来设计,既包括反映传统考试制度的高考分数,也包括体现自主招生以及沪浙两地新高考的变量。高考分数由学生自我报告并表示为连续变量CEE。调查问卷里涉及自主招生的一道问题为:"您通过何种招生方式进入大学( )":A.统一招考(不含自主招生);B.自主招生;C.保送生。对自主招生公平与效率的实证分析详见本书第四章。根据生源所在省份以及学生所在年级,CCTL还生成了代表新高考的虚拟变量$Reform2$:沪浙两地2017年与2018年的考生(即样本里的大一与大二在读本科生)受到新高考影响($Reform2=1$)。

过程变量($HIPs$)侧重分析高影响力活动。其对应的具体调查问题为:"在大学期间,您参与以下活动的收获大小(未参与的勾选"未参与")":A.双学位;B.辅修;C.海外交流;D.跟着老师做课题(项目);E.发表学术论文(或申请专利);F.参加各类竞赛;G.学生会活动;H.社团活动;I.兼职;J.创业。每一项高影响力活动的参与及收获S_{HIP}都用0到4的定序变量来表示(未参与=0;完全没有收获=1;有点收获=2;收获较大=3;收获极大=4)。

出口变量($Goal$)为本科生毕业后读研、出国以及就业这三大预期目标,其操作性定义分别来自问卷里的三道问题:(1)"您期待获得的最高学历是( )":A.本科;B.硕士;C.博士。(2)"您想要在何种高校获得最高学历( )":A."985"高校;B.非"985"的"211"高校;C.海外高校;D.其他高校。(3)"您期待在毕业后工作的单位类型是( )":A.政府机关、事业单位;B.国有企业;C.集体企业;D.外资企业(中外合资/外资/独资);E.民营企业;F.非营利机构;G.自主创业。根据采集到的数据,预期目标由对应的三组虚拟变量来表示并默认上述选项A为参照组,分别为学历层次$DegreeGoal$(参照组为本科)、高校类型$UniversityGoal$(参照组为"985"高校)以及单位类型$EmployerGoal$(参照组为政府机关或事业单位)。预期目标可被视为学习动机的一种间接测量：期待获得博士学位或者去非营利机构工作的学生倾向于被兴趣、理想、意义等内部或深层动机激发；选择其他学历水平或雇主类型的学生更易被收入、地位等外部或表层动机驱使。对本科生高影响力活动的参与度与预期目标的匹配研究详见本书第六章。

三、本书质性访谈设计

1. 访谈对象

　　线下访谈遵循目的抽样和强度抽样的原则，在量化研究发现的基础上，寻找典型个案进行深度访谈，旨在找到能够提供最大信息量的研究对象，完成的访谈来自东部一个发达省市 7 所高校的 18 名在校生。所有访谈皆进行录音并逐字转录。考虑到研究伦理，所有访谈对象都有知情同意权。他们知晓本书的目的、资料采集方法以及结果呈现形式，例如相关个人信息都作匿名处理且资料仅用于学术发表。如果对访谈问题或提问方式感觉不妥，访谈对象可拒绝回答或随时中止。

　　访谈对象的选择考虑了学校类型（地方高校和"双一流"建设高校）和学科差异，以便分析学校氛围与学科文化是否带来与学生在校经历相关的新属性。重点选择大学在校经历较为丰富的高年级学生。访谈对象的确定并非按照人口学变量抽样，而是依据理论性饱和即属性基本完备。如果增加新的访谈对象或采集新的访谈资料，生成的属性出现重复，那么资料采集工作可被视为基本饱和。具体在选取访谈对象时，异常个案（例如参军、海外实习）或反例值得留意。这些特殊经历或有悖于最初推断，从而促使笔者在资料分析过程里不断调整理论框架并充实情境细节。

表 2.2　访谈对象基本信息

序号	性别	年级	院校	专业
GR1	女	大二	地方高校	物流管理
GR2	女	大四	地方高校	财务管理
GR3	男	大三	地方高校	航空管理
GR4	男	大四	地方高校	国际金融与贸易
GR5	女	大三	地方高校	市场营销
GR6	女	大三	地方高校	市场营销
GR7	女	大三	地方高校	市场营销
GR8	女	大二	"双一流"高校	数学
GR9	女	大二	"双一流"高校	财务管理(计算机转)
GR10	男	大四	"双一流"高校	应用心理
GR11	女	大四	"双一流"高校	对外汉语
GR12	女	大四	"双一流"高校	学前教育
GR13	女	大四	"双一流"高校	经管
GR14	女	大三	"双一流"高校	计算机
GR15	男	大三	"双一流"高校	计算机
GR16	女	大二	地方高校	环境设计
GR17	女	大二	"双一流"高校	德语
GR18	女	大二	"双一流"高校	日语

2. 研究方法

从执行访谈的具体实施来看,CCTL(2019 年)课题组有 8 名成员(包括 2 名教师、4 名博士与 2 名硕士)参与访谈。除一名教师与一名博士独立访谈之外,其余成员皆合作进行,即在访谈过程中一人主要进行交流,另一人负责观察与记录。在访谈的实施中,考虑到本书不涉及私人或敏感问题,为了减少学生面对访谈者的心理压力,鼓励研究对象之间的相互启发和对话,本书采用焦点小组访谈的形式。每次访谈由 2—3 名学生参与,访谈者注意协调发言时间,确保每位受访者充分发表自己的观点。实际的访谈过程证明了这种设计的合理性。例如前一位受访者提到实习或参加学生会,其他受访者也会先分享类似经历,或强调自己的不同观点。这种"回音壁"效应本身也成为资料分析的内容之一,生生互动是大学经历不可分割的体验之一,本书的访谈设计恰好提供了这种两到三人的微型日常互动场景。

由于整个访谈设计覆盖本科教与学的方方面面,访谈通过开放式问题引入,再根据学生的回答分别采取聆听、说明、追问、确认等方式。补充说明的主要是"经历"所指的课内外活动范围,例如提醒"跟学习相关的呢?"或"比如竞赛、上课、做课题、实习等都可以"。追问是当学生提到一段经历之后促其提供更多细节,例如:"你觉得这一门课与其他课的不同是什么?""别人反驳你的时候,你有什么感受?"确认是让学生进一步澄清或提炼其感受,例如:"你觉得难忘的点就在于时间长,对吗?"除了回应方式之外,提问的细微措辞差异或许也会影响到学生的回忆与描述。例如"收获/帮助"更倾向于引出正面的情绪;"影响/改变"则可好可坏。还有课题组成员曾明确问到:"参赛前后你感觉自己的观点、能力各方面有没有什么变化?"这种提问方式也显得引导性过强,不利于学生用自己的视角、语言、思维与感受来重构这段经历。

访谈资料的分析主要基于三级编码的扎根理论这一研究路径。扎根理论旨在呈现个体的行动变异(variation),找到各种模式(pattern)并用理论加以表述。资料分析过程通过三级编码完成(示例详见本书第五章):(1)开放编码,笔者悬置自己的假设,像高倍显微镜一样对访谈资料进行"微分析",重点在于用访谈对象的原话(或加以提取之后)生成本土概念;(2)轴心编码,通过寻找"同义词"或"反义词"形成类属(category)、属性(property)与维度(dimension)来反映概念与概念之间的关系;(3)选择编码,确定核心类属,并将其他支援类属通过逻辑关系进行概念整合,不断寻找反例以增强模型的解释力并最终形成一个"理想类型的合成肖像"。这意味着最终整合而成的本科生高影响力活动模型与任何一个访谈对象都并非完全吻合,它更为抽象,在逻辑上更为自洽,也对每一个访谈对象的相关行为都具有解释力。

37

家庭背景①

本章要点：

➢ 在控制性别、高考分数等背景变量之后，家庭第一代大学生在本科期间的挂科数、专业排名以及奖学金获得情况都与非第一代大学生没有显著差异。

➢ 家庭第一代大学生对所修专业的认同显著低于非第一代大学生。可见高校对家庭第一代大学生的帮扶重点不在学业表现，而是在高考志愿填报阶段的专业选择以及入校之后的专业认同。

➢ 农村家庭第一代大学生自我报告的各项能力提升都低于其余学生。帮扶工作还需对城乡生源予以区分，促进农村家庭第一代大学生的感知、体验以及运用高校提供的各种资源来提升沟通表达、未来规划等核心能力。

---

① 本章的部分内容改编自笔者 2020 年发表在《中国高教研究》第 6 期中的论文《基于调查数据的家庭第一代大学生在校表现》以及《中国青年报》9 月 21 日中的文章《家庭第一代大学生在校情况调查：学业表现毫不逊色》。

随着高等教育毛入学率从 2003 年的 17% 增长到 2019 年的 51.6%[1][2],我国已从高等教育大众化正式进入普及化阶段。整体而言,适龄人口接受高等教育的机会高于其父辈。这意味着越来越多的家庭培养出第一个大学生。本章的实证研究围绕家庭第一代大学生这个群体来探究家庭背景与本科期间在校表现的关联。根据国内已有研究,家庭第一代大学生(即父母学历均在高中或中专及以下)在高校所占比例为 46.8% 到 75% 之间[3][4]。他们不仅承载着家庭跨代向上流动的希望,加强了高校学生构成的多元性与异质性,也体现了促进高等教育公平的政策导向。尤其是 2012 年以来高校面向贫困地区定向招生专项计划实施之后,这种政策倾斜增加了家庭第一代大学生的升学机会,也反映出该群体的构成多为来自贫困地区的农村生源。在微观家庭文化氛围与宏观城乡社会经济的双重差异叠加之下,他们在校期间的学业表现如何? 专业能力与核心能力是否得到提升? 对就读院校与所修专业能否认同? 他们在这些方面的发展与其他学生群体(即父母接受过高等教育的非第一代大学生)相比有无差异?《三联生活周刊》在 2020 年 9 月开学季以"小镇做题家"为封面的文章里质问:当通过教育跨越阶层成为过去几十年里的一种惯性思维,当教育成为一个家庭常年持续的投资与努力,那么整个社会该反思:"我们需要什么样的年轻人? 我们在培养什么样的年轻人?"[5]

---

① 教育部. 2003 年全国教育事业发展统计公报[EB/OL]. (2004 - 05 - 27)[2020 - 01 - 28]. http://www. moe. gov. cn/s78/A03/ghs_left/s182/moe_633/tnull_3570. html.

② 教育部高教司. 全面振兴本科教育　推进高等教育内涵发展[EB/OL]. (2019 - 02 - 26)[2020 - 01 - 28]. http://www. moe. gov. cn/fbh/live/2019/50340/sfcl/201902/t20190226_371171. html.

③ 熊静. 第一代农村大学生的学习经历分析——基于结构与行动互动的视角[J]. 教育学术月刊,2016 (5):74 - 81.

④ 张华峰,郭菲,史静寰. 促进家庭第一代大学生参与高影响力教育活动的研究[J]. 教育研究,2017 (6):32 - 43.

⑤ 杨璐. 小镇做题家:如何自立?[EB/OL]. 三联生活周刊,2020,37, http://www. lifeweek. com. cn/2020/0909/54056. shtml.

一、关注家庭第一代大学生

家庭第一代大学生的文献可追溯到阿达奇（Adachi, F.）1979年完成但未发表的论文《第一代大学生人群分析（高等教育的一个新概念）》（*Analysis of the First Generation College Student Population（A New Concept in Higher Education*））。相关实证研究始于比尔森（Billson, J. M.）和特里（Terry, M. B.）于1982年对美国两所文理学院701名辍学生（含转学生）的问卷调查[1]。国内外学者对此概念内涵并无歧义，家庭第一代大学生指父母均未受过高等教育的本科生群体。然而国外文献对这一概念的操作定义存在分歧：高等教育指四年制本科还是学制更短的社区学院或职业学院？父母大学肄业如何处理？父母获得更高的研究生学位有无影响？兄弟姐妹里出现的大学生是否考虑在内？其他受过高等教育的非直系亲属是否也应包括在内？[2] 相比之下，国内学者对该概念的界定更为清晰且一致：家庭第一代大学生指父母双方的学历均在高中（含中专）及以下；非第一代大学生包括父母一方或双方的学历为专科、本科或研究生。

家庭第一代大学生的研究背后隐含的逻辑在于父母的教育经历除了影响父母职业以及家庭收入之外，还影响到他们对高等教育的价值判断以及为子女的升学指导、专业选择等给予的各种支持，甚至潜移默化地影响到子女从阅读、写作、

---

① Billson, J. M., Terry, M. B.. In Search of the Silken Purse: Factors in Attrition among First-Generation Students [R]. The Annual Meeting of the Association of American Colleges, 1982, 58: 57 – 75.

② Nguyen, T., Nguyen, B. M. D.. Is the "First-Generation Student" Term Useful for Understanding Inequality? The Role of Intersectionality in Illuminating the Implications of an Accepted-Yet Unchallenged-Term [J]. Review of Research in Education, 2018, 42: 146 – 176.

艺术欣赏等文化活动里获得的乐趣。对家庭背景进行透视的立体棱镜里不仅包括父母学历这一视角,还需聚焦到"父母是否受过高等教育"这种集中体现家庭社会经济地位不平等的具体衡量指标。换而言之,家庭第一代大学生的概念是由研究者在围绕教育公平的多重差异下主观选择的一个切入角度或观察焦点。与之对应的实证依据在于即使控制学生的性别、年龄、父母职业、家庭收入、高考分数等背景变量,家庭第一代大学生与非第一代大学生仍然存在显著差异。已有文献表明背景变量的选择存在国情差异(见表 3.1)。基于从 1986 年到 2017 年的 450 篇学术论文,美国学者对家庭第一代大学生的研究主要控制学生的种族、母语等变量[①];国内学者则根据本土情境考虑到学生的户籍所在地以及是否就读重点高中等特点。

表 3.1　国内外主要相关文献除父母学历之外控制的背景变量(1986—2017 年)

	兹尼 (Terenzini, 1996)等	洛芬克、保尔森 (Lohfink & Paulsen, 2005)	秋 (Cho, 2008)等	帕吉特 (Padgett, 2012)等	鲍威 (2013)	陆根书, 胡文静 (2015)	熊静 (2016)	张华峰等 (2017)
性别	✓	✓	✓	✓	✓	✓		✓
年级/年龄	✓		✓	✓		✓		
民族/种族	✓	✓						✓
城乡户籍					✓		✓	✓
父母职业								✓
家庭收入	✓	✓	✓	✓				
重点高中					✓			✓
高考/ACT 成绩	✓	✓		✓				✓

---

① Nguyen, T., Nguyen, B. M. D.. Is the "First-Generation Student" Term Useful for Understanding Inequality? The Role of Intersectionality in Illuminating the Implications of an Accepted-Yet Unchallenged-Term [J]. Review of Research in Education, 2018,42: 146 - 176.

国情差异不仅体现在背景变量的选择，还反映在国内外学者关注的结果变量。2001 年美国教育统计中心(NCES)估算大一结束时的整体辍学率接近 25％，其中家庭第一代大学生的辍学率高达 50％[①]。针对该现象，国外对家庭第一代大学生的相关实证研究有以下特点：(1)聚焦本科辍学并分析其背后原因，大多数研究以是否辍学为结果变量，仅有少数学者关注学生在知识(例如数学或阅读)、能力(例如批判性思维)以及态度(例如对学校的整体满意度)上的发展指标。(2)侧重于从高中到大学过渡的关键时期，即大一。该过渡阶段可向前延伸到升学时的学校或专业选择。(3)通常与校园里的种族歧视、多元文化等结合起来分析，例如有研究发现家庭第一代大学生倾向于选择对少数族裔更为友好的高校。整体而言，上述国外研究发现的家庭第一代大学生具有相似的行为模式：较少住校、较少参与学校社团、与教师较少互动、在校外打工时间较长，并且最好的朋友也多在校外。目前关于家庭第一代大学生辍学的根本原因尚存分歧：部分学者认为是学业挑战，例如绩点偏低[②]；另一部分学者则归因于社交融入困难，他们发现家庭第一代大学生在校园里成为相对疏离的"局外人"(outsider)乃至遭遇歧视[③④]。

国内学者针对本土研究对象的特征对分析思路做出相应调整：(1)他们更为关注家庭第一代大学生的在校经历与能力提升，而非辍学原因；(2)覆盖从大一到大四的所有年级；(3)考虑到生源所在地的城乡差异等基本国情。对比国内外研究发现可知，家庭第一代大学生的在校行为与能力增值具有共性：参与师生互动

① Cho, S. J., Hudley, C., Lee, S., et al.. Roles of gender, race, and SES in the college choice process among first-generation and nonfirst-generation students [J]. Journal of Diversity in Higher Education, 2008,1: 95 - 107.

② Lohfink, M. M., Paulsen, M. B.. Comparing the determinants of persistence for first-generation and continuing-generation students [J]. Journal of College Student Development, 2005,46: 409 - 428.

③ Terenzini, P. T., Springer, L., Yaeger, P. M., et al.. First-generation college students: Characteristics, experiences, and cognitive development [J]. Research in Higher Education, 1996, 37(1): 1 - 22.

④ Padgett, R. D., Johnson, M. P., Pascarella, E. T.. First-generation undergraduate students and the impacts of the first year of college: Additional evidence [J]. Journal of College Student Development, 2012,53: 243 - 266.

较少,参与各项课外活动也较少;入校时各项能力(如学术研究、信息技术等)的起点较低但进步显著高于非第一代大学生。值得注意的是家庭第一代大学生在个别能力(如写作、文艺欣赏等)上存在的"短板"难以在大学期间弥补,这种缺憾反映了来自家庭的氛围熏陶与长期的习惯养成。除此之外,国内学者根据自己的研究兴趣以及数据特点进行拓展,包括鲍威基于 2011 年北京新生调查数据进行的路径分析揭示出升学意愿、高中学业表现以及高中学业参与(即课后完成作业或进行阅读的时长)都影响到家庭第一代大学生的高考分数[①];陆根书与胡文静对 2012 年西安交通大学本科生的调查发现家庭第一代大学生在师生互动与同伴互动两个维度上均显著低于非第一代大学生[②];熊静对 2013 年江苏省两所"985"高校学生的访谈发现农村家庭第一代大学生尽管入校时起点较低("学科基础、时间规划方面都跟人家差了一截"),但通过自身努力("比别人泡图书馆的时间要多")在学术研究与信息技术这两个维度上的能力提升都更为显著[③];张华峰等基于 2015 年清华大学 CCSS 调查数据发现家庭第一代大学生参与扩展性学习活动(如海外交流)的比例较低,而参与社会实践类(如实习)的比例较高[④]。

国内外已有文献为本章的分析思路提供了概念界定、背景变量选取等操作依据,也指出了进一步探索的研究方向。从结果变量来看,笔者关注家庭第一代大学生入校之后在学业表现、能力提升以及态度认同这三个维度上的发展,这不同于国外学者聚焦的本科辍学现象,也比国内现有研究涉及的学习经历或能力增值更为丰富。这种多维度的分析有助于为面向家庭第一代大学生的帮扶工作提供更有针对性的建议。从数据代表性来看,国内已有的研究多局限于个别高校或某一地区,仅有的一项基于全国调查数据的研究侧重于家庭第一代大学生在校期间

① 鲍威.第一代农村大学生的升学选择[J].教育学术月刊,2013(1):3-11.
② 陆根书,胡文静.师生、同伴互动与大学生能力发展——第一代与非第一代大学生的差异分析[J].高等工程教育.2015,5:51-58.
③ 熊静.第一代农村大学生的学习经历分析——基于结构与行动互动的视角[J].教育学术月刊,2016(5):74-81.
④ 张华峰,郭菲,史静寰.促进家庭第一代大学生参与高影响力教育活动的研究[J].教育研究,2017(6):32-43.

各项活动的参与行为,其缺憾在于未能反映该群体在学业等方面的表现①。从理论拓展来看,家庭第一代大学生的概念本土化除了结合城乡差异、高考成绩等进行综合考量,还需从本质上思考其作用机制。以师生互动为例,尽管国内外研究都发现家庭第一代大学生与大学教师的课后交流较少,对此结果的解读却存在分歧。大多数研究建议教师主动加强与家庭第一代大学生的互动,包括激发学习志趣、规划人生发展等②;但也有学者发现这种互动对学生在认知能力与心理健康上反而有负面效应。他们将此归因于家庭第一代大学生在高中期间未能养成向老师请教或求助的习惯,所以从大学里的师生互动也难以获益③。可见家庭第一代大学生行为模式下的心理驱动远比想象中的复杂,亟需找到新的实证依据并展开更为深入的探讨。

二、反映本科生家庭背景的研究设计

1. 数据与样本

本章数据来自 2019 年《中国本科教与学调查》(*China College Teaching & Learning Survey*(CCTL))。从人口学背景变量来看,样本构成在城乡分布以及家庭背景方面具有全国代表性(详见表 3.2)。具体而言,根据已有文献里对"农村"

---

① 张华峰,郭菲,史静寰. 促进家庭第一代大学生参与高影响力教育活动的研究[J]. 教育研究,2017 (6):32 - 43.

② 陆根书,胡文静. 师生、同伴互动与大学生能力发展——第一代与非第一代大学生的差异分析[J]. 高等工程教育,2015,5:51 - 58.

③ Terenzini, P. T., Springer, L., Yaeger, P. M., et al.. First-generation college students: Characteristics, experiences, and cognitive development [J]. Research in Higher Education, 1996, 37(1):1 - 22.

的界定"指县城以下的广大地区,包括建制镇、一般乡镇、村庄及其所管辖的行政区域"①,本次调研把户籍所在地行政区域划分为农村与乡镇的学生定义为农村生源。两者在样本里占比之和为34.64%,该比例与之前研究估算的2019年乡村人口在大学阶段的比例(36.16%)基本持平②,这反映出抽样策略在城乡分布上的合理性。从父母学历来看,双方受教育程度均在高中(含中专)及以下的样本占比为67.25%。该比例在已有文献里的区间在46.8%到75%之间,可见样本里的父母学历构成落在该区间里较为适中的位置。

表3.2 主要人口学变量的样本分布(样本量=4 461)

变量名		选项	占比(%)
人口学变量	性别	男	47.25
		女	52.75
	生源地	农村	26.97
		乡镇	7.67
		县城或县级市	28.38
		地级市	21.50
		直辖市或省会城市	15.49
	父母学历	父母学历均在高中及以下	67.25
		父母至少一人学历在大专及以上	32.75

2. 主要变量

结果变量(*Outcome*)是学生从学业表现、综合能力以及态度认同这三个维度自我报告的成长发展。从操作性定义来看,学业表现包括挂科数、专业排名以及获得的奖学金这三项指标。综合能力则是学生针对在校期间三项专业能力与五

① 鲍威. 第一代农村大学生的升学选择[J]. 教育学术月刊,2013(1): 3 - 11.
② 孙百才,蔡翼飞,高春雷,等. 2016—2030 年人口变动及城乡、区域分布对教育供给的影响研究[J]. 教育经济评论,2018,3: 14 - 39.

项通用能力获得的提升进行自我评价。学生对所在社区的认同程度通过学校推荐度与专业推荐度这两个从1("强烈不推荐")到5("强烈推荐")的等级变量采集信息。

问题变量是根据户籍所在地与父母学历把学生划分为三类群体的一组虚拟变量:农村家庭第一代大学生 $RuralFG$ 是父母受教育程度均在高中(含中专)及以下的农村生源;城市家庭第一代大学生 $UrbanFG$ 是父母受教育程度均在高中(含中专)及以下的城市生源;参照对象则为父母至少有一方学历在专科及以上的非第一代大学生。这三类学生群体的样本数分别为 2 241、759 以及 1 461,对应的占比为 50%、17%以及 33%。相关的描述统计详见数据分析结果表 3.3。

3. 研究假设

通过构建的回归模型(因变量 $Outcome_i$ 包括学生自我报告的学业表现、能力提升以及态度认同),本章检验以下具体假设:

$$Outcome_i = \alpha + \beta_1 RuralFG_i + \beta_2 UrbanFG_i + \sum_{j=3}^{n} \beta_j X_j + \varepsilon$$

假设 1:农村家庭第一代大学生在本科期间的学业、能力以及态度上的成长都显著低于非第一代大学生,即回归系数 β_1 为负且显著。

假设 2:城市家庭第一代大学生的在校表现尽管不及非第一代大学生,但优于农村家庭第一代大学生,那么回归系数 $\beta_1 < \beta_2 < 0$。即回归系数 β_2 显著为负,且绝对值小于 β_1。

假设 3:模型里的控制变量 X 包括性别、高考分数[①]、就读年级、学科门类以及就读学校。本研究分别假设女性、高考分数较低、大一新生、文科以及非"双一流"建设的地方高校学生群体在学业、能力以及态度这三个维度上的成长较少,即回归系数 β_j 都为负且显著。

---

① 考虑到各年以及各省的高考命题存在差异,模型里的高考分数并非学生自我报告的裸分,而是根据学生年级以及生源所在省份进行回归之后的高考成绩。

三、聚焦家庭第一代大学生的数据分析结果

1. 描述统计

　　基于 CCTL(2019 年)调查数据,笔者从学业表现、能力提升以及态度认同这三个维度来对本科生的在校表现进行描述统计,并且对根据城乡生源与父母学历划分的三类学生群体进行均值比较。从整体的学业表现来看,去掉 20 个特异值(即挂科在 10 门以上的学生)之后,挂科数 Fail 的均值为 0.43,标准差为 1.15。样本里多数学生(79%)从未挂科,但也有 2% 的学生挂科在 5 到 10 门之间,不容忽视。样本里的专业排名 Rank 趋正态分布。根据变量的操作性定义,排名的数值越大,排名越靠后。奖学金 Award 的数值越大,奖学金级别则越高,样本里47% 的学生曾获得奖学金。从三类学生群体的比较来看(见表 3.3),农村家庭第一代大学生在专业排名上与非第一代大学生不相上下,奖学金级别略高但是挂科数垫底;城市家庭第一代大学生的学业表现最好,挂科数最少,专业排名最为靠前,奖学金级别也最高。

　　从能力提升来看,学生自我报告的每一项专业能力与通用能力的提升分别用 K 与 S 开头的定序变量表示,数值越大,则进步越大。整体而言,在专业能力方面,学生的基础知识进步最大(3.06),对学科前沿成果的了解收获最小(2.56);在可迁移的通用能力方面,学生的问题解决能力提升最大(2.93),书面与口头表达能力进步最小(2.75)。基于三类群体的均值对比,无论是专业能力还是通用能力,农村家庭第一代大学生自我报告的能力提升都与其余学生差距明显;城市家庭第一代大学生与非第一代大学生则在能力提升上相差无几,甚至在动手操作与批判思维这两项上还略有反超。

从态度认同来看,院校推荐度(Urecommend)与专业推荐度(Mrecommend)的数值越大,学生对自己所在高校与所修专业的认同度越高,越愿意在亲戚朋友咨询高考志愿时向其推荐。整体上学生对就读高校的认同度(3.46)略高于对所修专业的认同度(3.23)。相比而言,农村家庭第一代大学生对院校与专业的推荐度都在三类群体里居中;城市家庭第一代大学生在这两项上的均值却都明显偏低。

基于三类群体结果变量的均值比较,初步结论如下:(1)对家庭第一代大学生的数据分析不可忽视其户籍所在地。正如已有文献里指出,农村家庭第一代大学生在校表现的弱势现象既是宏观城乡二元结构分化的结果,也是微观家庭文化对个体潜移默化的影响①。对来自农村与来自城市的家庭第一代大学生加以区分并跟踪其入校之后的行为以及成长既有理论基础,也有实证依据。(2)家庭第一代大学生在学业表现上与非第一代大学生不相上下,但在其余维度上却差距明显,分别表现为农村家庭第一代大学生的能力提升以及城市家庭第一代大学生对院校与专业的态度认同。这既突出了从多个维度来进行比较的必要性,也反映了学生自我报告的局限性。学业表现的结果变量(挂科数、专业排名以及奖学金获得情况)便于记忆与量化,学生自我感知到的能力提升与态度认同则更为主观化,其背后的心理因素也需要进一步分析。(3)学生在校表现受到多个变量的影响,需对人口学与教育学变量加以控制之后通过回归模型得出更有说服力的结论。性别、高考成绩、年级、学科等背景变量都会直接或间接影响到家庭第一代大学生入校之后的成长。单凭均值比较这样的描述统计无法得出令人信服的结论,也不能推广到样本之外的人群,因此需要构建回归模型来进一步检验在控制其他背景变量之后,上述发现在统计意义上是否依然显著。

---

① 熊静. 第一代农村大学生的学习经历分析——基于结构与行动互动的视角[J]. 教育学术月刊,2016(5):74-81.

表 3.3　基于城乡户籍与父母学历划分的三类学生群体结果变量的均值比较

维度	变量	均值 mean		
		农村家庭第一代大学生(N=2 241)	城市家庭第一代大学生(N=759)	非第一代大学生(N=1 461)
学业表现	挂科数①	0.48	0.37	0.40
	专业排名靠后	3.18	3.07	3.19
	奖学金	1.08	1.12	1.01
能力提升	基础知识	3.00	3.11	3.13
	学科前沿	2.52	2.56	2.63
	操作能力	2.75	2.84	2.81
	沟通表达	2.72	2.76	2.79
	信息素养	2.83	2.91	2.92
	批判思维	2.78	2.89	2.85
	问题解决	2.89	2.96	2.97
	未来规划	2.79	2.85	2.86
态度认同	学校推荐度	3.45	3.40	3.52
	专业推荐度	3.20	3.18	3.30

2. 回归结果

　　控制性别、高考分数等背景变量之后,家庭第一代大学生在本科期间的学业表现与非第一代大学生不相上下。回归结果表明,无论是来自农村还是城市的家庭第一代大学生在通过高考进入大学之后的学业表现都与非第一代大学生没有显著差异(详见表3.4)。换而言之,样本里这三类学生群体自我报告的本科期间挂科数、专业排名以及奖学金获得情况存在的差异不具备统计意义。

　　需要注意其他与本科学业表现显著关联的人口学与教育学变量。(1)性别差

---

① 除了挂课数(Fail)这一变量删除了20个特异值即学生自我报告的挂科超过10门,表3.3里统计的其余结果变量都为全样本数(N=4 461)。

异突出,这与之前文献的结论一致,即女生在各项学业指标上的表现均优于男生①。(2)高考成绩对本科学业表现具有显著预测作用。高考分数越高,学生本科期间的挂科数越少,专业排名越靠前,获得的奖学金级别也越高。(3)年级差异明显。原因主要在于对应的调查问题是让学生报告入学以来的挂科数、获奖情况等。大一新生累积的选课数量以及参与的评奖机会都少于高年级学生。(4)学科差异也不容忽视。相对于文科而言,理工科学生的挂科数较多,这从侧面反映了不同学科在考核方式与考核难度上的差异。理工科通过解题或动手操作来考核学生的方式较文科的口头报告或书面论文而言更为硬性。(5)院校差异主要体现在"一流大学"建设高校,其本科生在挂科数与奖学金获得情况这两项指标上的表现显著优于非"双一流"建设高校的学生。总之,父母学历可以通过高考分数、专业选择、学校选择这些进入大学之前的学业准备与志愿填报来间接影响学生在本科期间的学业表现,但在控制这些背景变量之后,家庭第一代大学生并未在学业表现这个维度上处于弱势。

表 3.4　家庭第一代大学生本科期间的学业表现

变量	挂科数	专业排名靠后	奖学金
农村家庭第一代大学生	0.034	0.043	0.051
	[0.039]	[0.047]	[0.041]
城市家庭第一代大学生	−0.058	−0.028	0.084
	[0.051]	[0.061]	[0.053]
性别(女=1)	−0.277***	−0.233***	0.142***
	[0.037]	[0.045]	[0.039]
高考成绩	−0.001***	−0.001**	0.001***
	[0.000]	[0.000]	[0.000]

① 李宪印,杨娜,刘钟毓.大学生学业成就的构成因素及其实证研究——以地方普通高校为例[J].教育研究,2016(10):78-86.

变量	挂科数	专业排名靠后	奖学金
理科	0.109*	-0.082	0.095
	[0.052]	[0.063]	[0.055]
工科	0.168***	-0.111	0.129**
	[0.046]	[0.055]	[0.048]
大二	0.272***	-0.182**	0.839***
	[0.046]	[0.055]	[0.049]
大三	0.380***	-0.186**	1.070***
	[0.048]	[0.057]	[0.050]
大四	0.433***	-0.301***	1.386***
	[0.053]	[0.063]	[0.055]
"一流大学"建设高校	-0.208***	0.095	0.159***
	[0.045]	[0.053]	[0.047]
"一流学科"建设高校	-0.005	0.178***	-0.006
	[0.039]	[0.047]	[0.041]
df	4 413	4 433	4 433
调整后 R^2	0.045	0.016	0.161

注：* $p<0.05$，** $p<0.01$，*** $p<0.001$。括号里为标准误。年级以大一为参照。学科类别以文科为参照。学校以非"双一流"建设的地方高校为参照。

农村家庭第一代大学生自我报告的八项能力提升都显著低于非第一代大学生。无论是专业的基础知识、学科前沿或者实践操作，还是通用的沟通表达、信息素养、批判性思维、问题解决或者未来规划，来自农村的家庭第一代大学生在这八项能力上自我感知到的提升都低于其余学生（见表 3.5）。同为家庭第一代大学生，城市生源并未报告在上述任何能力上与非第一代大学生的显著差异。可见大学经历带来的能力提升或许取决于学生所处的宏观城乡二元化背景而非他们成长的微观家庭环境。城市家庭第一代大学生是否更加善于运用学校提供的支持系统（例如导师、辅导员、社团等）来弥补家庭资源的不足？农村家庭第一代大学生是否在自我评价并报告各方面的成长时更加保守？这两类群体在求助行为、自我效能等各方面的差异需要进一步探讨。

其他背景变量有助于揭示本科生综合能力提升背后的复杂影响机制。性别差异依然存在,但方向相反。在学业表现上各项领先的女生在信息素养与批判性思维这两项核心能力上的提升均显著少于男生。学科差异需要针对不同的能力加以区分:理工科的学生在实践操作方面优于文科生;理科生对专业基础知识与学科前沿的掌握也优于文科生;与文科相比,工科生的沟通表达与批判性思维尚有提升空间。年级差异集中在大四。大四学生在信息素养、批判思维以及未来规划这三项通用能力上的成长都显著超过大一新生。这体现了本科人才培养从"入口"到"出口"的能力增值。院校差异也值得关注:"一流大学"建设高校对学生能力提升的效应在专业能力与通用能力(如信息素养与问题解决)这两方面均显著;"一流学科"建设高校在专业能力培养上优于其他非"双一流"建设的高校,但两者在通用能力培养上并无显著差异。这从侧面反映出"一流大学"建设高校在人才培养上"两手硬",既重视以传授专业知识为主的显性教学,也不放松提升各种可迁移的通用能力(如沟通、规划)的隐性课程。

表 3.5　家庭第一代大学生本科期间的能力提升

变量	专业能力			通用能力				
	基础知识	学科前沿	实践操作	沟通表达	信息素养	批判性思维	问题解决	未来规划
农村家庭第一代大学生	-0.112^{***}	-0.062^{*}	-0.076^{**}	-0.075^{*}	-0.071^{**}	-0.075^{**}	-0.058^{*}	-0.076^{**}
	[0.026]	[0.031]	[0.029]	[0.029]	[0.028]	[0.029]	[0.027]	[0.029]
城市家庭第一代大学生	-0.014	-0.043	-0.015	-0.040	-0.000	0.033	-0.003	-0.012
	[0.033]	[0.041]	[0.038]	[0.038]	[0.036]	[0.037]	[0.035]	[0.038]
性别(女=1)	0.002	-0.029	-0.012	-0.048	-0.081^{**}	-0.083^{**}	-0.050	0.002
	[0.024]	[0.030]	[0.028]	[0.028]	[0.026]	[0.027]	[0.026]	[0.028]
高考成绩	0.000	-0.000	0.000	-0.000	0.000	0.000	-0.000	0.000
	[0.000]	[0.000]	[0.000]	[0.000]	[0.000]	[0.000]	[0.000]	[0.000]

变量	专业能力			通用能力				
	基础知识	学科前沿	实践操作	沟通表达	信息素养	批判性思维	问题解决	未来规划
理科	0.142***	0.099*	0.278***	0.009	0.037	0.024 9	0.094**	0.073
	[0.034]	[0.042]	[0.039]	[0.039]	[0.037]	[0.038]	[0.036]	[0.039]
工科	0.049	−0.003	0.262***	−0.115***	−0.025	−0.076*	0.039	0.002
	[0.030]	[0.037]	[0.034]	[0.034]	[0.032]	[0.033]	[0.031]	[0.034]
大二	−0.019	−0.024	−0.002	−0.036	0.034	0.055	−0.010	−0.043
	[0.030]	[0.037]	[0.034]	[0.034]	[0.032]	[0.034]	[0.032]	[0.034]
大三	0.042	−0.017	0.015	−0.004	0.097**	0.085*	0.057	0.022
	[0.031]	[0.038]	[0.036]	[0.036]	[0.033]	[0.035]	[0.033]	[0.035]
大四	0.017	0.066	0.038	0.059	0.138***	0.149***	0.092	0.080*
	[0.034]	[0.042]	[0.039]	[0.039]	[0.037]	[0.038]	[0.036]	[0.039]
"一流大学"建设高校	0.148***	0.228***	0.149***	0.053	0.109***	0.044	0.108***	0.042
	[0.045]	[0.036]	[0.033]	[0.033]	[0.031]	[0.032]	[0.031]	[0.033]
"一流学科"建设高校	−0.047	0.109***	0.089**	−0.006	0.014	−0.025	0.004	0.009
	[0.025]	[0.031]	[0.029]	[0.029]	[0.027]	[0.029]	[0.027]	[0.029]
df	4 433	4 433	4 433	4 433	4 433	4 433	4 433	4 433
调整后 R^2	0.024	0.018	0.039	0.005	0.013	0.010	0.011	0.004

注：* $p<0.05$，** $p<0.01$，*** $p<0.001$。括号里为标准误。年级以大一为参照。学科类别以文科为参照。学校以非"双一流"建设的地方高校为参照。

无论是城市生源还是农村生源，家庭第一代大学生对所修专业的推荐度均低于非第一代大学生。学校推荐度与专业推荐度反映了本科生在校期间对所在社区的认同度与归属感，这可以从另一个角度来侧面体现学生的心理发展。表 3.6 的回归结果表明，家庭第一代大学生对所修专业的推荐度显著低于非第一代大学生。这与之前文献的结论一致，高中阶段的升学及职业规划是家庭第一代大学生无法从家里获得的支持，这会导致他们难以在高考志愿填报时选择自己足够了解或真正满意的专业[1]。

　　其他影响院校推荐度或专业推荐度的背景变量也值得关注。以年级差异为例,与大一新生相比,大二和大三学生对就读院校的推荐度均较低,大二至大四各年级学生对所修专业的推荐度都较低。这种院校与专业推荐度"双低"现象背后的原因值得探讨。另一个例子是院校的整体氛围,就读于"一流大学"建设高校的本科生对所读院校与所修专业的推荐度"双高";就读于"一流学科"建设高校的本科生在专业推荐度上与非"双一流"建设高校并无显著差距,这反映了增强本科生的专业认同度是"一流学科"建设高校尚需努力的一个方向。

表 3.6　　家庭第一代大学生本科期间的态度认同

变量	院校推荐度	专业推荐度
农村家庭第一代大学生	0.031	-0.080^{*}
	[0.028]	[0.032]
城市家庭第一代大学生	-0.067	-0.115^{**}
	[0.036]	[0.042]
性别(女=1)	-0.035	-0.032
	[0.027]	[0.031]
高考成绩	0.000	-0.000
	[0.000]	[0.000]
理科	0.043	-0.005
	[0.038]	[0.043]
工科	0.062	-0.020
	[0.033]	[0.038]
大二	-0.067^{*}	-0.112^{**}
	[0.033]	[0.038]
大三	-0.096^{**}	-0.201^{***}
	[0.034]	[0.039]

---

[1] 鲍威.第一代农村大学生的升学选择[J].教育学术月刊,2013(1):3-11.

续表

变量	院校推荐度	专业推荐度
大四	0.054	−0.214***
	[0.038]	[0.038]
"一流大学"建设高校	0.402***	0.100**
	[0.032]	[0.037]
"一流学科"建设高校	0.108***	−0.035
	[0.028]	[0.032]
df	4 433	4 433
调整后 R^2	0.059	0.011

注：* $p<0.05$，** $p<0.01$，*** $p<0.001$。括号里为标准误。年级以大一为参照。学科类别以文科为参照。学校以非"双一流"建设的地方高校为参照。

四、为家庭第一代大学生打造全方位支持网络

已有文献分别对家庭第一代大学生的升学选择、师生互动、课外活动参与等进行探索，加上本章补充的在校表现，对该群体的实证研究初步形成一个完整的"闭环"：从入学之前的准备到在校期间的行为模式，再拓展到学生在学业表现、能力提升以及态度认同这三个维度上的成长。回归结果表明：在控制性别、高考分数等背景变量之后，家庭第一代大学生在各项学业指标上的表现（挂科数、专业排名、奖学金获得情况）与非第一代大学生并无差异；来自农村的家庭第一代大学生在专业能力与通用能力上自我报告的提升均不及其余学生群体；家庭第一代大学生向亲戚朋友推荐自己所选专业的意愿显著低于非第一代大学生。上述发现有助于高校根据该学生群体的特征与需求来设计与开展有针对性的帮扶工作。

57

招生环节侧重为家庭第一代大学生的专业选择提供指导。本章的数据分析结果从侧面呼应了已有文献对该群体升学选择的研究。非经济因素(例如父母学历)对升学需求的觉醒与相关信息的采集会产生大于经济因素(例如家庭收入)的影响。家庭第一代大学生在高中阶段的升学及职业规划难以获得父母的直接指导与其他协助①。尤其在"新高考""强基计划"等招生改革新举措出台较为频繁的时代背景下,未受过高等教育的父母更难以洞察政策走向、获取可靠信息并指导志愿填报。因此家庭第一代大学生可作为高校开展招生宣传与答疑的重点对象。如果该群体在入校之后对最初专业选择不满意,高校还可密切关注并为其提供二次选择(转专业)、辅修、双学位、"插班生"考试等多路径支持。

加强农村生源的心理建设,让他们能够从原生家庭与成长环境里汲取不断进取的力量。由于面临从中学到大学、从乡土到都市的双重过渡,来自农村的家庭第一代大学生面临更大的挑战。本研究表明在控制高考分数与其它背景变量之后,这种挑战并非来自学业,而是该群体自我感知并报告的各种能力。这从侧面反映出对专业能力与通用能力进行理性且客观的自我评价是农村生源亟需加强的心理建设,其关键在于学生与原生家庭之间拉扯与牵挂的张力。理想状态下双方能够达成和解(例如学生能够理性且客观的评价父母及其期待等)而非割裂或疏离。"斗室星空"等以家庭为单位展开的田野研究可为相关工作提供理论依据。曾东霞对湖南某高校15名来自农村贫困家庭的第一代大学生进行个案访谈,她发现家庭在物质匮乏下依然存在的希望,父母对知识改变命运的执着信念,用行动营造出来的相互关爱、务实严厉的父亲与细心体贴的母亲这五点共同产生潜移默化的作用②。国外对"奖学金孩子(scholarship boy/girl)"的质性研究得出相似结论:靠奖学金上大学的拉美裔贫困生为自己讲的西班牙语感到自豪,从辛勤劳作的父母身上汲取力量,并且更为关注少数族裔教育公平的相关研究③。围绕农

---

① 鲍威.第一代农村大学生的升学选择[J].教育学术月刊,2013(1):3-11.
② 曾东霞."斗室星空":农村贫困家庭第一代大学生家庭经验研究[J].中国青年研究,2019,7:38-43.
③ Rendon, L. I.. From the Barrio to the Academy: Revelations of a Mexican American "Scholarship Girl"[J]. New Directions for Community Colleges, 1992,80.

村家庭第一代大学生的个案访谈以及家庭田野调查可作为下一阶段的研究重点，这将有助于揭示该群体行为模式背后的复杂心理机制。

　　通过夏令营、住宿安排等为家庭第一代大学生打造全方位的支持网络。家庭背景与成长环境是个体无法选择的先赋条件，成年之后的升学、求职等一系列行为却可形成并影响后生的文化及社会资本①。以从中学到大学的过渡为例，这种影响既取决于学生个体的应对态度（例如参加各种课外活动的积极性），也取决于高校营造的校园环境（例如是否让大一学生在新的环境里获得自信心与被接纳感②）。在高考之后的暑假为已被录取的"准大学生"开设夏令营是高校可尝试的举措之一。夏令营课程既能弥补家庭第一代大学生在外语、计算机、学术写作等知识上的短板，也有助于他们提前与导师见面或结识新同学，还可通过参观博物馆、听音乐会等活动熟悉所在的城市并感知艺术氛围。国内高校目前正式开展的此类夏令营较少③，公益机构提供的高中大学衔接项目尚在小规模探索阶段④，针对家庭第一代大学生特定需求的项目设计更少。另一项举措是室友搭配的多元化与异质化，国内高校通常根据年级、专业等统一安排集体宿舍，大多数学生都住校且在四年里很少更换室友。室友之间的接触时间与互动频率远高于学生与教师、行政人员或其他同学的交流⑤。因此在室友分配需考虑城乡户籍、父母学历以及其他背景因素的平衡。不能让宿舍成为一个高校管理的"盲区"，而要通过住宿安排来优化同伴效应，为家庭第一代大学生打造"从课堂到课外活动再到宿舍氛围"的全方位支持网络。

---

① 陈乐."先赋"与"后生"：文化资本与农村大学生的内部分化[J].江苏高教,2019,8：39-46.

② Terenzini, P. T., Rendon, L. I., Upcraft, M. L., et al.. The transition to college：Diverse students, diverse stories [J]. Research in Higher Education, 1994,35(1)：57-73.

③ 熊静,杨颉.招生政策倾斜背景下农村、贫困专项计划大学生学业适应研究——基于某"双一流"建设高校的实证调查[J].中国高教研究,2018,7：30-38.

④ PEER 毅恒挚友,高中大学衔接项目[EB/OL].[2021-01-31].http://peerchina.org/projects/pre-college/.

⑤ 陆根书,胡文静.师生、同伴互动与大学生能力发展——第一代与非第一代大学生的差异分析[J].高等工程教育,2015,5：51-58.

附录 1

家庭第一代大学生资助案例——哈佛大学 Shoestring

哈佛大学最近设计开发了一款专门教学生如何省钱的手机应用软件,取名叫做 Shoestring(鞋带)①。在英语语境里,大家不是"勒紧裤腰带过日子",而是要"系紧鞋带"。具体起源众说纷纭,有人说是因为鞋带又细又长还不结实,有人说是英国的囚犯用鞋带把鞋子扔到监狱外的树上求施舍,有人说是因为一根鞋带坏了,另一根还能用来捆东西。总之,这款叫做鞋带的 APP 就是要告诉哈佛学生如何在校园里少花钱,甚至不花钱。

第一代,求学难

首先说明一下背景,为什么哈佛开发了这样一款省钱 APP,还放在学生资助中心的官方网站上宣传?

从 2003 年起,哈佛加大了对贫困学生的资助力度。凡是家庭年收入在 65 000 美元以下的学生都可以免学费,并获得助学金及在校打工的机会。在这种资助政策的影响下,贫困学生在哈佛的比例有所上升。这些学生的父母不光收入偏低,受教育程度也偏低。父母没有受过高等教育的学生被称为"家庭第一代大学生"(first-generation college students)。

---

① Language Tip, Shoestring [EB/OL]. China Daily, [2001 - 06 - 26]. http://www.chinadaily.com.cn/english/doc/2001-06/26/content_362599.htm.

目前在哈佛的家庭第一代大学生比例为18%，远远低于美国高校的平均水平（约为30%）。这些家庭第一代大学生在哈佛面临各种挑战——从学业上、经济上的严重压力，到社会上、文化上的孤立，到哈佛与家里两种生活的脱节。

在哈佛校刊上，曾有校友撰文回忆自己作为家庭第一代大学生的求学经历："我大一那年刚到哈佛广场时睡眼惺忪，因为父母负担不起酒店的钱，所以他们从北卡罗来纳州开了一晚上的夜车送我来报到。那天早上，我们只能干坐在波士顿郊外的一家廉价煎饼屋里打发时间，等着把行李搬进宿舍。我靠着平时兼职与暑期全职打工，辛辛苦苦存了两年的钱，只够用来买第一学期的书和日用品。'大衣基金会'（Harvard Overcoat Foundation）给了我一些钱（我没有适合波士顿冬天穿的大衣，也没有一双抵抗雨雪的靴子）。当时我为自己的贫穷处境感到羞愧，并坚持向学生导师说我不需要这笔钱，其实我对此深表感激，感谢那些校友能预先想到有些学生可能在刚到哈佛时缺少一些生活必需品，例如冬天的大衣。哈佛的生活对我来说就是一个谜，我不知道该向谁寻求建议（我的学生导师刚从普林斯顿大学毕业，开始在哈佛医学院读研，他基本上就没有什么存在感）。更讽刺的是我的加拿大男友能够参加专门为国际学生准备的新生导引项目，而我却在这个校园里感觉自己像个外国人。"

学生省钱也有"导师"

这款APP如何能帮助家庭第一代大学生适应哈佛的生活？从功能上看，鞋带APP主要提供学习、日常生活、娱乐、兼职工作、理财这五方面的信息，关键就是花最少的钱（甚至免费）使用哈佛提供的各种资源。

以前面提到的教科书为例，美国的教材出了名的昂贵，如果按照老师提供的书单去一趟书店，家庭第一代大学生们恐怕就得"破产"。鞋带

APP专门为此支招,建议哈佛学生可以从图书馆里借阅[①],也可以从图书馆里下载电子书,从亚马逊、Chegg等网站上购买或租赁二手书,从脸书(Facebook)上找师哥师姐购买他们使用过的旧书。

再以大衣、靴子等日常用品为例,虽然"大衣基金会"不再存在,但是鞋带APP标明了校园附近的二手店。家庭第一代大学生不仅可以去用"白菜价"购买服装,还可以出售一些礼服、套装等穿着次数不多的衣物。APP上还提供了校园里新潮服装店例如Urban Outfitter的半价打折信息,方便学生们抢购。

更受学生们欢迎的是校园里便宜美食的地图。鞋带APP上推荐的这些美食都在10美元以下,包括教堂门口每天早上不要钱的咖啡,期末复习时本科生院长到图书馆亲手给熬夜的学生发晚餐,体育馆门口小路上5美元的匹萨,风靡校园的素食餐馆里3美元的早餐三明治,哈佛广场上新开的超市里每周三只要5美元的寿司等。别小看这一条条信息,在冬天下雪的早上,学生挣扎着从被窝里爬出来,吸引他们的可能就是一杯热气腾腾的咖啡;在深夜的体育馆跟朋友打完球,就去路边的小店里吃两片洒满番茄酱和奶酪的匹萨。这些味道、食物、谈话、地点、天气混在一起,构成了学生们对校园生活的难忘记忆,就像北大校友们念念不忘的冬菜包、酱肘子或者西门鸡翅。

贴心的学习辅导

鞋带APP不仅仅教学生省钱,更重要的是让学生知道哈佛大学提供的各种支持与服务,其中最让人受益的是学习辅导中心(Bureau of Study Counsel,BSC)[②]。

---

① 哈佛学生的一大福利就是图书馆借书不限数量,一旦该书有别人预约,得在一周内归还。

② Bureau of Study Counsel [EB/OL]. [2021-07-01]. http://bsc.harvard.edu.

BSC 是在 1947 年经过哈佛大学的教授们投票成立的。它位于哈佛广场附近一条安静的小路上,靠近本科生活动的地盘,是一栋漂亮的三层独栋小楼。中心主任立普顿(Abigail Lipton)博士对学习的定义发人深思。她说:"学习是一种深刻的个人努力——一种持续的过程带我们发现未知的地域,给我们的经历赋予意义,同时尽力实现我们的目标。有时我们觉得自信,受到鼓舞;有时我们难以避免会感到困惑,挫败或者恐惧。最好的学习让我们质疑自己的前提假设,找到我们的勇气,寻求帮助,适应失败,也适应成功,并且尝试那些我们从未做过的事情。"

只要是跟学习相关的支持与服务,BSC 基本上都能提供。在鞋带 APP 上列出的一对一咨询、同伴辅导以及小型工作坊覆盖了学习的方方面面,共有 30 个主题,包括时间管理、写作、学习技巧(分成人文、数学与自然科学、社会科学三类)、压力/焦虑/自我关爱、睡眠、演讲/社交技巧、人际关系、阅读、拖延症、完美主义、记笔记、备考、成绩、动机/目标/意义、倾听、记忆、人生挑战、身份/认同/多元化、英语/国际交流/语言学、决策、创造力、注意力/聚焦、学习障碍/多动症、学术诚信/抄袭等。

以专门面向新生的工作坊为例,BSC 在 2015 年秋季开展了 6 次活动,分别是 9 月的"创造一种平衡的生活""阅读策略""准备半期考试",10月的"时间管理",以及 12 月的"聪明地使用期末复习时间""准备期末考试"。具体到"时间管理",鞋带 APP 上除了给出工作坊的时间与地点,还提供了由教育学博士内达(Sheila Reind)在 2011 年写的《时间管理:视角与实践》。资料里的建议都很实用,比如一个学生说"我只有 15 分钟,所以我没法完成任何事情",内达博士建议这个学生可以换个视角,说"我只有 15 分钟,尽管如此我还是可以记下一些我想在这篇论文里讨论的问题,浏览一下开头或结尾找到作者想说的问题,列出别人会对我的项目提哪些批评意见,或者脑洞大开看一下我能怎么回应这些意见"。

如果学生觉得这些资料还不够,那么可以去参加工作坊,使用一对一咨询或同伴辅导。BSC 提供的服务都是收费的,整套阅读与学习策略是 150 美元,但是哈佛本科生与文理学院的研究生只需要 25 美元;同伴辅导每小时 18 美元,但是哈佛本科生前 10 个小时只需 7 美元,之后每小时也只需 14 美元。对于家庭第一代大学生而言,基本上都是拿着助学金上哈佛,他们使用 BSC 的各项服务差不多都免费,具体的费用由助学金办公室与 BSC 协商。除此之外,BSC 还为部分家庭第一代大学生提供了在校打工的机会。但是哈佛大学禁止学生在校期间私下通过辅导同学功课来收钱①,也就是只能在 BSC 成为一名学生辅导员,名正言顺地既帮到同学,又挣点外快。根据鞋带 APP 上公布的数据,2014 学年共有 450名学生成为 BSC 的辅导员,为 700 多名同学提供了 185 门课程相关的4 750 个小时的一对一辅导。有了 BSC 提供的这些辅导与支持,即使是刚进大学的家庭第一代大学生也不会觉得"哈佛就像一个谜"或"自己在校园里就像一个外国人",他们可以参加为新生提供的多次工作坊,可以跟师兄师姐进行一对一的咨询,还可以选择学习技巧、压力/焦虑/自我关爱、演讲/社交技巧、身份/认同/多元化等各种主题来获得新的视角与实用建议。

---

① 哈佛对本科生的学术诚信要求严格,在类似于《学生手册》的文字材料里规定:学生上交的任何资料都必须是自己独立完成的,不得使用任何辅导班或补习公司提供的商业服务。学生不得向任何辅导班或补习公司出售任何讲义、笔记、论文或翻译作品,也不得在以上这些辅导班或补习公司任职。违反规定的学生将受到纪律处罚,严重的可被要求退学。如果学生想通过辅导同学功课来获得收入,必须事先向负责本科教育的院长提交书面申请(这一书面申请由院长委托 BSC 代为审批)。这些规定也在鞋带 APP 上可以查到。

做朋友而非导师

鞋带 APP 在设计上也煞费苦心,让省钱变成一件又酷又好玩的事儿,不让家庭第一代大学生为精打细算过日子而感到不好意思。在界面设计上它采用了清新的绿色,还想出了不少轻松幽默的口号,例如在学习方面,鞋带 APP 说"当学霸真的不用花钱";在日常生活方面,鞋带 APP 说"你不可能每天都能治好癌症,但是你可以把每一天都用到极致";在娱乐方面,鞋带 APP 说"跟我念:生活不只是上网,赶快走出去享受这个校园给你的一切,享受这个城市给你的一切";在兼职工作方面,鞋带 APP 说"成为你宿舍里最能挣钱的人生赢家";在理财方面,鞋带 APP 说"不管你的钱包是否厚实,聪明理财都很重要。了解关于预算、银行、信用累积、贷款的真相,你的未来会感谢你"。这种朋友对话一样的口气,配上充满活力的界面设计,向家庭第一代大学生传递出一种善意,让他们感觉可以融入这个校园以及这个城市,踏实地学习,体面地打工,开心地生活。

总之,鞋带 APP 代表了哈佛大学对家庭第一代大学生提供的实实在在的支持,不只是增加招生名额、提供助学金、动员全校师生去关注或停留在学术上的研究与探讨,还发布各种学生所需的生活信息,解决学生学习过程中需要的各种困难,用学生喜欢的手机 APP 这种形式,让学生放下心理负担,不再为自己是家庭第一代大学生而自卑或焦虑,而为用最少的钱享用哈佛提供的各种资源而感激和快乐。

第四章

招生改革①

本章要点：

➢ 从招生公平来看，2012 年之后面向贫困地区的定点招生计划初见成效，农村生源通过自主招生被录取的概率显著高于城市生源；而其他群体（女生、家庭第一代大学生）在自主招生竞争里处在不利地位。

➢ 控制高考分数之后，自招生在本科期间获得的奖学金显著优于统招生，但在对所在高校的推荐度这一指标上显著低于统招生。这种混合效率意味着高校需妥善使用招生改革这一"双刃剑"，在选拔过程里考察学生与学校之间的匹配程度。

➢ 下一阶段的高校自主招生深化改革更需突出其促进社会公平、降低民众焦虑的"稳定器"功能，确保过程透明、结果公正与支持到位。

---

① 本章的部分内容改编自笔者 2020 年发表在《江苏高教》第 3 期中的论文《高校自主招生公平与效率的实证研究——基于 18 所"双一流"高校的调查数据》。

　　高校招生改革具有"牵一发动全身"的重要战略意义,其动向不仅具有指引高中办学方向、保障本科生源质量等教育功能,而且关乎维护社会公平、缩小城乡差距、促进代际流动等社会责任①。前者基于认识论基础,以好奇心、勤勉、专注等智力的德性为选拔标准;后者则遵循政治论的逻辑即精英阶层的开放性,这体现为招生过程里的公开透明以及分数面前的人人平等②。两者之间的利弊权衡集中呈现为高校招生改革的效率与公平并衍生出一系列重要的研究问题:谁从招生制度改革中获益? 招生改革是否达到预期目标? 招生改革是否对普通高考起到补充作用? 招生制度改革后选拔出的学生是否表现更优秀?

　　自主招生、浙沪"新高考"、强基计划等与高校招生相关的制度改革都备受瞩目,本章聚焦在自主招生这一具体举措。主要原因在于:自主招生实施时间较长,从 2001 年东南大学等三所江苏高校的试点算起已有近二十年,相应数据也较为丰富。自主招生实施效果的结论尚存分歧,既有学者发现自招生的成绩优于统招生,也有研究表明自招生的在校表现并未达到预期效果③④。教育部从 2012 年启动农村专项招生计划到 2014 年进一步加强对自主招生的管理,2019 年明确提出自主招生"十严格"要求,2020 年高校自主招生退出历史舞台。自主招生政策从试点到取消走过了一个完整的"生命周期",这正适合从政策评估的角度对该项制度改革进行"复盘"。

---

① 刘海峰.高考改革的教育与社会视角[J].高等教育研究,2002,(5):33-38.
② 刘云杉.自由选择与制度选拔:大众高等教育时代的精英培养——基于北京大学的个案研究[J].北京大学教育评论,2017,15(4):38-74.
③ 马莉萍,卜尚聪.重点大学自主招生政策的选拔效果分析[J].北京大学教育评论,2019,17(2):109-126.
④ 崔盛,吴秋翔.自主招生、学业表现和就业薪酬[J].复旦教育论坛,2017,15(2):101-107.

一、自主招生的政策演变

　　自主招生是高校自主选拔与高考统一选拔相结合的招生方式,通过高校考核(笔试与面试)的学生可获得降分录取、优先选择专业等待遇[①]。其发展历程(见图4.1)可分为以下四个阶段:(1)局部试点(2001—2002年),教育部在2001年批准东南大学、南京理工大学与南京航空航天大学三所高校率先开展自主招生的探索,次年江苏省新增另外三所试点高校。(2)全国推广(2003—2010年),教育部在2003年的《关于做好高等学校自主选拔录取改革试点工作的通知》[②]公布北京大学等22所重点高校首批面向全国自主招生,各校自招人数不得超过年度招生计划总数的5%。(3)定向倾斜(2011—2014年),教育部等各部委在2012年联合发布《关于实施面向贫困地区定向招生专项计划》并安排面向贫困地区的1万名定向招生计划[③]。该计划在2014年扩大至5万名,覆盖全国832个贫困县。这一定向招生任务主要由部属高校与"211"高校承担,原则上不低于各校年度招生总数的2%[④]。参与自招的高校数量在2013年达到90所高校之后不再新增,其中13所高校的自招仅限于本省考生。(4)逐步退出(2015—2020年),这种从严从紧的

[①] 吴晓刚,李忠路.中国高等教育中的自主招生与人才选拔:来自北大、清华与人大的发现[J].社会,2017,(5):139-164.

[②] 教育部办公厅关于进一步加强高校自主选拔录取改革试点管理工作的通知[EB/OL].(2013-12-24). http://old. moe. gov. cn//publicfiles/business/htmlfiles/moe/s3110/201312/161571. html.

[③] 教育部、国家发展改革委、财政部、人力资源社会保障部、国务院扶贫办关于实施面向贫困地区定向招生专项计划的通知[EB/OL].(2012-04-23). http://old. moe. gov. cn//publicfiles/business/htmlfiles/moe/s6512/201206/137342. html.

[④] 教育部办公厅关于做好高等学校自主选拔录取改革试点工作的通知[EB/OL].(2003-2-24). http://old. moe. gov. cn//publicfiles/business/htmlfiles/moe/s3110/201006/89058. html.

趋势在教育部《关于做好 2019 年高校自主招生工作的通知》[①]里明确体现为"十严格"要求,例如严格制定录取标准(即要求高校进一步降低优惠分值)、严格控制招生规模(即要求高校适度压缩自招名额)等。2020 年伊始,教育部发布《关于在部分高校开展基础学科招生改革试点工作的意见》,自主招生正式退出历史舞台,代之以主要选拔数理化生以及文史哲等基础学科拔尖人才的"强基计划"[②]。通过对自主招生近二十年政策演变的梳理,可见政策重心在 2011 年后是一次"从效率到公平"的战略转移:前期的试点与推广侧重于效率,即通过招生改革选拔专才与择优录取;后期的定向招生与严格管理则强调公平,即通过招生改革缩小城乡差距并促进代际流动。

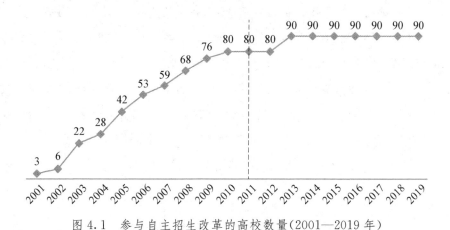

图 4.1　参与自主招生改革的高校数量(2001—2019 年)

自主招生改革的动向涉及优质教育资源(即参与自招的 90 所高校的入学机会),公平与效率成为这些稀缺资源分配过程中凸显的一对主要矛盾[③]:自主招生是缓解还是加剧优质高等教育资源分配的不平等?耗费额外人力物力选出的自

①　教育部办公厅关于做好 2019 年高校自主招生工作的通知[EB/OL]. (2018 - 12 - 29). http://www. moe. gov. cn/srcsite/A15/s7063/201901/t20190104_365994. html.

②　教育部. 关于在部分高校开展基础学科招生改革试点工作的意见[EB/OL],(2020 - 01 - 13)[2020 - 05 - 15]. http://www. gov. cn/zhengce/zhengceku/2020-01/15/content_5469328. htm.

③　吴晓刚,李忠路. 中国高等教育中的自主招生与人才选拔:来自北大、清华与人大的发现[J]. 社会, 2017,(5):139 - 164.

招生入校之后的表现是否优于统招生？以上探讨既需要从改革的应然状态对自主招生的源起、本质以及走向进行学理分析[1]，也需要基于数据从实然层面来评估自主招生的实施效果并揭示其背后复杂的作用机制[2]。从教育机会公平的视角来看，实证研究结论较为一致：在2012年启动面向农村的定向招生计划之前，自主招生的实施加剧了优质教育资源分配的不平等，即向男生、城市家庭、父母受教育程度较高、家庭收入较高、重点中学毕业生等群体倾斜[3][4][5]。在定向招生落地之后的相关实证研究甚少，仅有一篇文献发现该计划提高了重点高校里的农村生源比例。但该研究限于高校层面的公开可获得数据，其分析未能进一步细化到学生个体层面[6]。

从人才选拔的效率来看，已有研究对自主招生的实施结果提供了较为丰富的实证依据，覆盖自招生在校期间的学业表现、能力素养、社会实践以及毕业之后的去向与薪资等维度。有学者发现自招生大一的学业成绩显著优于统招生，自招生获得加分越多，其必修课以及全部课程的成绩越出色[7]。也有研究表明自招生在获得国家奖学金等学业表现指标上显著优于统招生，但在专业素养上（对学科发展前沿的了解、操作动手能力、知识面和视野等）这两个群体没有显著差异[8]。还有研究得出的结论是在控制高考成绩后，自主招生对大学期间的班级排名没有显

① 郑若玲.自主招生改革何去何从[J].华中师范大学学报(人文社会科学版),2010,49(4)：135-142.
② 鲍威.高校自主招生制度实施成效分析：公平性与效率性的视角[J].教育发展研究,2012,19：1-7.
③ 吴晓刚,李忠路.中国高等教育中的自主招生与人才选拔：来自北大、清华与人大的发现[J].社会,2017,(5)：139-164.
④ 鲍威.高校自主招生制度实施成效分析：公平性与效率性的视角[J].教育发展研究,2012,19：1-7.
⑤ 黄晓婷,关可心,陈虎,等.自主招生价值何在?——高校自主招生公平与效率的实证研究[J].教育学术月刊,2015,(6)：28-33.
⑥ 曹妍,张瑞娟,徐国兴.补偿还是选拔?"高校专项计划"政策落实的效果分析[J].江苏高教,2019,(5)：84-90.
⑦ 马莉萍,卜尚聪.重点大学自主招生政策的选拔效果分析[J].北京大学教育评论,2019,17(2)：109-126.
⑧ 鲍威.高校自主招生制度实施成效分析：公平性与效率性的视角[J].教育发展研究,2012,19：1-7.

著影响,但对学生毕业之后第一年的起薪与第三年的薪酬增长有显著正向效应①。可见目前对自主招生选拔效率的结论在本质上尚存分歧。换而言之,自主招生的实施效果是一种混合效率:既对统一高考起到补充作用,也产生预期之外的异化作用(例如高校提前圈定生源的掐尖行为),且对不同学生群体产生异质效果②。这种分歧的产生一方面源于高等教育的内在特征,高等教育机构是典型的多投入、多产出组织,因此学生在校表现也具有明显的多维度或综合性特征。国内外学者通常从认知(包括智力水平、专业知识等)、能力(尤其是信息素养、问题解决等可迁移的核心能力)以及社会情感(例如学生满意度、自我效能等)这三个维度来构建本科生在校表现的指标体系③。另一方面是技术层面的各种挑战,包括数据采集时点不同(入学人群的跨度从 2005 到 2016 年)、样本局限突出(只限于某一所高校或某一个省市)、分析方法迥异(从描述统计、回归分析到近邻匹配)④等。

综上所述,已有文献对自主招生的评估存在三个薄弱环节:(1)基于评估视角,亟需采集相关数据来评价最新阶段的改革动向,即从 2015 年开始的自招政策收紧、管理严格直至 2020 年的正式取消;(2)基于公平视角,亟需对面向贫困地区的定向招生计划从学生层面进行评估;(3)基于效率视角,亟需构建多维指标体系,从学业表现、能力素养以及社会情感这三个维度来比较自招生与统招生在入校之后的表现。上述三点提供了本章的分析思路,即从学生背景及其本科期间的在校表现切入,对自主招生改革最新动向的公平与效率进行现状分析与效果评估。

---

① 崔盛,吴秋翔.自主招生、学业表现和就业薪酬[J].复旦教育论坛,2017,15(2):101-107.
② 马莉萍,卜尚聪.重点大学自主招生政策的选拔效果分析[J].北京大学教育评论,2019,17(2):109-126.
③ 李湘萍.大学生科研参与与学生发展——来自中国案例高校的实证研究[J].北京大学教育评论,2015,13(1):129-147.
④ 马莉萍,卜尚聪.重点大学自主招生政策的选拔效果分析[J].北京大学教育评论,2019,17(2):109-126.

二、关于本科生招生改革的研究设计

1. 数据与样本

本章数据来自 2019 年《中国本科教与学调查》(*China College Teaching & Learning Survey*(CCTL))。有效问卷里参与自主招生的高校为 18 所高校,答题人数合计 1888。该样本从年级分布来看(详见表 4.1),大一与大二占比较多,而本科生在低年级的表现更能体现不同招生方式选拔出的生源质量。从就读高校来看,这 18 所大学都属于"双一流"建设高校。就读于"一流大学"建设(A 类与 B 类)高校的学生在样本里各占 34.16% 与 11.37%;就读于"一流学科"建设高校的学生占比为 54.47%。整体而言,该样本适合对"双一流"建设高校在 2015 年之后逐渐收紧的自主招生政策进行评估。

表 4.1 主要教育学变量的样本分布(样本量=1888)

	变量名	选项	占比(%)
教育学变量	年级	大一	38.55
		大二	26.23
		大三	17.66
		大四	17.55
	就读高校	"一流大学"建设(A 类)高校	34.16
		"一流大学"建设(B 类)高校	11.37
		"一流学科"建设高校	54.47

2. 主要变量

结果变量(Outcome)是学生在校期间从学业表现、综合能力以及态度认同这三个维度自我报告的成长。与之前章节里的操作性定义一致,在此不再赘述。

问题变量围绕自主招生来设计。CCTL(2019 年)调查问卷里对应的问题为:"您通过何种招生方式进入大学( )":A. 统一招考(不含自主招生);B. 自主招生;C. 保送生。由此生成一组代表招生方式的虚拟变量 $Reform$。注意保送生在这 18 所高校的答题者里仅有 3 人,不包括在 1888 份有效问卷构成的样本里。在数据分析里仅对自招生与统招生这两个群体进行比较。

3. 研究假设

本章通过构建 Logit 回归模型(其中 P_{Reform_i} 代表答题者通过自主招生被录取的概率)来检验自主招生实施效果的公平性:

$$Ln\left(\frac{P_{Reform_i}}{1-P_{Reform_i}}\right)=\alpha+\beta_1 Female_i+\beta_2 Firstgen_i+\beta_3 Rural_i+\sum_{j=4}^{n}\beta_j X_j+\varepsilon$$

假设 1:男生被自主招生录取的概率大于女生,即对应的回归系数 β_1 显著且为负。

假设 2:家庭第一代大学生被自主招生录取的概率小于非第一代大学生,即回归系数 β_2 显著且为负。

假设 3:面向农村的定向招生计划从 2012 年开始启动并在 2014 年加大力度,据此本研究假设农村学生被自主招生录取的概率大于城市学生,即对应的回归系数 β_3 显著且为正。

本研究还构建了回归模型(因变量 $Outcome_i$ 包括学生自我报告的学业表现、能力提升以及态度认同)来检验自主招生的人才选拔效率:

$$Outcome_i=\alpha+\beta_4 Reform_i+\sum_{j=5}^{n}\beta_j X_j+\varepsilon$$

假设 4:在理想状态下,自招生在每个维度上的表现都好于统招生,即回归系

数 β_4 为正且显著。

假设 5：控制变量 X 包括性别、城乡生源、父母学历、年级、就读高校以及高考成绩。本研究分别假设女性、农村生源、家庭第一代大学生、大一新生、人文学科以及"一流学科"建设高校（参照系为"一流大学"建设高校）的学生群体在学业、能力以及态度这三个维度上的成长较少，即回归系数 β_j 都为负且显著。此外，本章假设高考分数能正面预测学生进入大学之后各方面的成长，即与高考分数对应的回归系数 β_j 显著且为正。

三、自主招生的公平与效率

1. 自主招生的公平

1888 份有效问卷的答题者包括 1765 名统招生与 123 名自招生，即自招生在样本里所占比例为 6.5%。这一比例略高于教育部限定的 5%。考虑到答题选项不包括艺体特长生、保送生以及港澳台境外生源等其他选拔模式，可以推断自招生在 CCTL 调查样本里的占比较为合理。对于自主招生公平性的判定，关键在于比较统招生与自招生在性别、父母学历以及户籍所在地上是否存在显著差异，即自主招生政策是否向某一学生群体倾斜以助其获得优质高等教育资源。根据研究假设构建的 Logit 回归模型表明（见表 4.2），在控制高考分数[①]之后，女生通过自主招生被录取的概率显著低于男生；家庭第一代大学生（即父母学历都在高中

---

① 高考分数由学生在填写问卷时自我报告。去掉 8 个缺失值之后，样本里高考分数的最小值为 305，最大值为 796，均值为 577，标准差为 85.33。考虑到各省高考命题差异，笔者对数据进行分析时对高考分数根据不同高考年份以及生源所在不同省份进行了处理。模型里使用的是处理之后的高考分数。

及以下)被自招录取的概率也显著低于非第一代大学生。这些发现与之前的文献一致。例如学校管理者发现女生在统一高考里略占优势,因此在自主招生时增加男生录取机会来促进学校性别构成的均衡[1]。也有研究表明父母的受教育水平代表了家庭积累的文化资本并影响到学生的形象气质、语言谈吐等面试表现,这使得家庭第一代大学生在自主招生的竞争中处于不利地位[2]。

表 4.2　根据学生背景预测自主招生录取概率的 Logit 模型回归结果(样本＝1888)

变　　量	回归系数	标准误
女生	−0.035**	0.012
家庭第一代大学生	−0.025*	0.013
户籍:乡镇	−0.036	0.025
县城或县级市	−0.057***	0.017
地级市	−0.074***	0.018
直辖市或省会	−0.067***	0.019
年级:大二	−0.004	0.015
大三	−0.041*	0.016
大四	−0.022	0.017
院校:"一流大学"建设 A 类	0.042***	0.013
"一流大学"建设 B 类	−0.048**	0.019
高考分数	−0.003	0.006
df	1869	
AIC	18.792	

　　注: * $p < 0.05$, ** $p < 0.01$, *** $p < 0.001$。模型的参照系是户籍所在地为农村且就读于"一流学科"建设高校的大一新生。

① 黄晓婷,关可心,陈虎,等. 自主招生价值何在?——高校自主招生公平与效率的实证研究[J]. 教育学术月刊,2015,(6):28-33.
② 鲍威.高校自主招生制度实施成效分析:公平性与效率性的视角[J].教育发展研究,2012,19:1-7.

与已有文献的不同之处在于表 4.2 的数据表明农村学生被自主招生录取的概率显著高于城市学生。农村生源在本章的操作性定义是户籍在农村或乡镇的学生;城市生源则包括户籍在县城或县级市、地级市、直辖市或省会的学生。回归结果表明农村生源内部无显著差异,即户籍在农村或乡镇不影响自招录取概率;但城市生源(从县城到直辖市)被自主招生录取的概率都显著低于农村生源。前面的政策梳理提到面向贫困地区的定向招生计划 2012 年启动到并在 2014 年加大力度。样本里答题者的入学时间都在 2015 年及以后。他们被自主招生录取的概率势必受到这种政策倾斜的影响。值得注意的一点是户籍在县城或县级市的生源,他们面临双重挑战:既不享受农村生源的定向计划,也不具备大城市学生的资源与优势。由此引发的"县中衰落"不容忽视,曾被视为反映县城实力的县一中近年来面临生源流失、师资匮乏而且高考成绩(尤其是一本上线率)呈下滑趋势①。

2. 自主招生的效率

自主招生的人才选拔效率可通过比较自招生与统招生在入学之后的学业表现、能力提升以及态度认同来进行评估。从学业表现来看(见表 4.3),在控制高考分数以及其他背景变量之后,自招生在本科期间的挂科数②与统招生无显著差异,但获得奖学金的表现③显著优于统招生。这与已有文献的发现一致,即自主招生具有混合效率。从直接反映学业表现的挂科数这一指标来看,自主招生与传统高考相比并无选拔优势。反而是在与综合素质或学科特长相关的奖学金这一指标上,自主招生体现了对传统高考的补充作用。需留意的一点是从控制变量来看,传统的高考分数也能预测本科生在校期间的学业表现。同等条件下,高考分数越

---

① 项开来,陈弘毅. 警惕! 高考成绩呈下滑趋势,"县中衰落"非个别现象[EB/OL]. 半月谈公开版, 2019,21,http://www.banyuetan.org/jy/detail/20191114/1000200033136041573698522306230938_1.html.

② 1888 份有效问卷的答题者里 362 人曾经挂科(占 19.14%)。剔除掉 7 个特异值(即挂科数大于 10)之后,CCTL 样本里的挂科数最小值为零,最大值为 10,均值为 0.35,标准差为 0.97。

③ 1888 份有效问卷的答题者里 815 人曾经获得奖学金(占 43.10%)。样本里的获奖最小值为 0("从未获得")到 4("国家级奖学金"),均值为 0.96,标准差为 1.26。用一般线性回归模型与定序回归模型得出的结果在本质上一致,因此表 4.3 里报告更为常见的一般线性回归结果。

高,学生的挂科数更少,获奖情况也更好。

表4.3 从本科生学业表现来评估自主招生的人才选拔效率(样本＝1888)

变量	挂科数	奖学金
自招生	−0.156	0.363***
	[0.090]	[0.103]
女生	−0.213***	0.145**
	[0.045]	[0.051]
家庭第一代大学生	−0.049	0.115*
	[0.049]	[0.056]
户籍:乡镇	−0.061	0.022
	[0.098]	[0.113]
县城或县级市	−0.067	−0.119
	[0.066]	[0.076]
地级市	−0.195**	−0.027
	[0.071]	[0.082]
直辖市或省会	−0.052	−0.161
	[0.076]	[0.095]
年级:大二	0.259***	1.007***
	[0.058]	[0.068]
大三	0.223***	1.348***
	[0.064]	[0.074]
大四	0.441***	1.576***
	[0.066]	[0.076]
院校:"一流大学"建设A类	−0.146**	0.021
	[0.051]	[0.064]
"一流大学"建设B类	−0.109	−0.027
	[0.075]	[0.092]
高考分数	−0.087***	0.297***
	[0.024]	[0.072]

变量	挂科数	奖学金
df	1 861	1 868
调整后的 R 方	0.051	0.262

注：＊ p＜0.05，＊＊ p＜0.01，＊＊＊ p＜0.001。括号里为标准误。模型的参照系是户籍所在地为农村且就读于"一流学科"建设高校的统招大一新生。

从学生自我报告的能力提升来看，自招生与统招生在本科期间并无显著差异。无论是以基础知识、学科前沿等构成的专业能力，还是强调沟通表达、信息素养、批判性思维等的通用能力，在这些反映学科特长与综合素质的指标上自主招生的人才选拔效率均未达到预期目标。需要注意的一点是传统高考分数也未能有效预测上述各方面的能力提升。表 4.4 的数据表明本科期间能力提升并非依靠招生录取时的筛选方式，而是遵循人才培养的本质规律。其特征表现如下：一方面在于时间累积，能力提升在高年级（尤其是大四）更为突出，大四学生的实践操作、信息素养、批判性思维以及问题解决能力都显著高于大一新生；另一方面在于整体氛围，即使在"双一流"建设高校内部，除了个别指标（实践操作或未来规划），"一流大学"建设高校的本科生在各方面的能力提升都显著高于"一流学科"建设高校的本科生。

表 4.4　从本科生能力提升来评估自主招生的人才选拔效率（样本＝1888）

变量	专业能力			通用能力				
	基础知识	学科前沿	实践操作	沟通表达	信息素养	批判性思维	问题解决	未来规划
自招生	−0.037	−0.005	−0.057	−0.073	−0.079	−0.057	−0.095	−0.149
	[0.071]	[0.083]	[0.076]	[0.082]	[0.078]	[0.079]	[0.075]	[0.083]
女生	0.019	0.037	0.018	−0.031	−0.084＊	0.009	−0.016	−0.012
	[0.035]	[0.042]	[0.038]	[0.041]	[0.039]	[0.040]	[0.037]	[0.041]
家庭第一代大学生	−0.001	0.026	0.001	−0.035	−0.041	−0.023	−0.004	−0.026
	[0.039]	[0.045]	[0.041]	[0.045]	[0.042]	[0.043]	[0.041]	[0.045]

变量	专业能力			通用能力				
	基础知识	学科前沿	实践操作	沟通表达	信息素养	批判性思维	问题解决	未来规划
户籍：乡镇	−0.048	−0.079	−0.128	−0.077	−0.073	0.014	−0.008	0.099
	[0.078]	[0.091]	[0.084]	[0.090]	[0.085]	[0.087]	[0.082]	[0.090]
县城或县级市	0.005	0.057	−0.022	0.069	−0.012	−0.004	0.026	0.011
	[0.052]	[0.065]	[0.056]	[0.060]	[0.057]	[0.058]	[0.055]	[0.061]
地级市	0.091	0.112	0.047	0.039	0.057	0.104	0.105	0.063
	[0.056]	[0.065]	[0.060]	[0.064]	[0.061]	[0.062]	[0.059]	[0.065]
直辖市或省会	0.120*	0.089	0.089	0.032	0.036	0.038	0.060	−0.019
	[0.060]	[0.070]	[0.064]	[0.069]	[0.065]	[0.067]	[0.063]	[0.069]
年级：大二	−0.004	0.083	0.060	−0.005	0.034	0.044	−0.023	−0.000
	[0.046]	[0.054]	[0.049]	[0.053]	[0.050]	[0.051]	[0.048]	[0.053]
大三	0.055	0.164**	0.041	0.017	0.081	0.130*	0.072	0.048
	[0.051]	[0.059]	[0.045]	[0.058]	[0.055]	[0.056]	[0.053]	[0.059]
大四	−0.023	0.090	0.109*	0.027	0.113*	0.140*	0.054	0.116
	[0.052]	[0.061]	[0.055]	[0.060]	[0.056]	[0.058]	[0.055]	[0.060]
"一流大学"建设A类	0.199***	0.120*	−0.004	0.092*	0.154***	0.095	0.161***	0.096*
	[0.041]	[0.048]	[0.043]	[0.047]	[0.044]	[0.058]	[0.043]	[0.047]
"一流大学"建设B类	0.188**	0.189**	0.217***	0.205**	0.198**	0.169*	0.223***	0.120
	[0.059]	[0.069]	[0.063]	[0.068]	[0.064]	[0.066]	[0.062]	[0.069]
高考分数	0.024	−0.014	0.033	−0.016	−0.002	0.009	0.001	−0.032
	[0.019]	[0.022]	[0.020]	[0.022]	[0.020]	[0.021]	[0.020]	[0.021]
df	1868	1868	1868	1868	1868	1868	1868	1868
调整后的R方	0.023	0.009	0.012	0.003	0.015	0.009	0.014	0.004

注：* p<0.05，** p<0.01，*** p<0.001。括号里为标准误。模型的参照系是户籍所在地为农村且就读于"一流学科"建设高校的统招大一新生。

学生对自己就读高校或所选专业的推荐程度①反映他们对所在社区的归属与认同,这也从侧面体现了招生效率。从回归结果(见表4.5)来看,自招生对就读高校的推荐度显著低于统招生,这意味着自主招生过程里学生与高校之间双向选择的匹配程度还有待提高。从控制变量来看,学校的整体氛围依然重要。"一流大学"建设高校的本科生院校推荐度显著高于"一流学科"建设高校的本科生,其中"一流大学"建设A类高校的本科生在专业推荐度这一指标上也显著高于"一流学科"建设高校的本科生。个别变量的负面效应也需引起关注。户籍在直辖市或省会城市的学生对自己所在高校的推荐度显著低于农村生源,这是否说明大城市生源对高校的地理环境、硬件设备、社团活动等在入学前有更高期待且在入学后有更大落差?临近毕业的大四学生对自己所读专业的推荐度显著低于大一新生,这是否体现了求职、考研等经历对大四学生的专业认同带来冲击与动摇?上述问题并非本章的关注重点,但未来可进一步探讨与分析。

表4.5　从本科生的态度认同来评估自主招生的人才选拔效率(样本=1888)

变量	院校推荐度	专业推荐度
自招生	-0.229^{**}	-0.115
	[0.077]	[0.092]
女生	-0.072	-0.018
	[0.038]	[0.046]
家庭第一代大学生	0.001	-0.096
	[0.042]	[0.050]
户籍:乡镇	-0.068	-0.082
	[0.084]	[0.100]
县城或县级市	-0.103	-0.082
	[0.056]	[0.067]

① CCTL样本里院校推荐度最小值为1("强烈不推荐"),最大值5("强烈推荐"),均值为3.61,标准差为0.82。专业推荐度的取值区间也从1到5,均值为3.25,标准差为0.98。

变量		院校推荐度	专业推荐度
地级市		−0.073	−0.105
		[0.060]	[0.072]
直辖市或省会		−0.161**	−0.097
		[0.064]	[0.077]
年级：大二		0.020	0.035
		[0.049]	[0.059]
大三		−0.017	−0.077
		[0.054]	[0.065]
大四		0.074	−0.255***
		[0.056]	[0.067]
院校："一流大学"建设A类		0.398***	0.383***
		[0.044]	[0.052]
"一流大学"建设B类		0.174**	−0.091
		[0.064]	[0.076]
高考分数		−0.026	−0.037
		[0.020]	[0.024]
df		1868	1868
调整后的R方		0.046	0.041

注：* $p<0.05$，** $p<0.01$，*** $p<0.001$。括号里为标准误。模型的参照系是户籍所在地为农村且就读于"一流学科"建设高校的统招大一新生。

四、通过高校招生改革促进社会公平

基于 2019 年中国本科教与学调查（CCTL）数据里来自 18 所"双一流"建设高

校的 1888 份有效问卷,本章侧重分析自主招生政策在 2015 年之后的实施效果。从招生公平来看,面向贫困地区的定点招生计划初见成效,农村生源通过自主招生被录取的概率显著高于城市生源,而其他群体(女生、家庭第一代大学生)在自主招生竞争里处在不利地位。从学业表现、能力提升、态度认同这三个维度上的选拔效率来看,控制高考分数之后,自招生在本科期间获得的奖学金显著优于统招生,但在对所在高校的推荐度这一指标上显著低于统招生。在其余指标上这两个群体并无显著差异。这种混合效率意味着高校需妥善使用自主招生这一"双刃剑":通过笔试与面试选拔出具备学科特长的专才或综合素质的全才;在选拔过程里考察学生与学校之间的匹配程度;不以筛选替代培养,通过时间累积与整体氛围让以不同录取方式进入本校的学生都获得成长。

从实践层面来看,现阶段的高校招生制度改革更需突出其促进社会公平、降低民众焦虑的"稳定器"功能,确保过程透明、结果公正与支持到位。如果举措过于频繁仓促,会增加学生与家长的焦虑,甚至影响改革的正常进程与长期成效。有学者用"治大国如烹小鲜"来强调高考改革这一系统工程所需要的慎重与稳定①。而在此改革进程中尤要避免弱势群体在新一轮自主招生竞争里处于不利地位。例如非贫困县的县级中学处于"夹缝"里:既不能享受面向贫困地区的定向招生计划,又遭遇优质生源向地级市、省会或直辖市的流失困境。县域教育生态的恶化近年来也受到关注②。高校自主招生改革在教育资源(尤其是优质生源)城乡流动这一趋势里产生的影响亟需后续研究。

从理论层面来看,自主招生在本科生学业表现、能力提升以及态度认同这三个维度上的混合效率也是后续研究的重点。例如在控制高考分数与其他背景变量之后,自招生在本科期间获得的奖学金显著优于统招生,原因之一在于自招生里的学科竞赛优胜者。统考生与竞赛生在入学之后的较量被喻为"龟兔赛跑",竞

---

① 刘海峰. 高考改革的教育与社会视角[J]. 高等教育研究,2002,(5):33-38.
② 林小英. 在资本的"麻将"赌局中,县域中学是如何变得满目疮痍? [EB/OL]. (2019-07-15). https://www.guancha.cn/linxiaoying/2019_07_15_509442_s.shtml.

赛生在高中时就习惯"集训队般严筛选、强竞争、高挑战与高功利的任务式学习"①,这种不同的学习行为模式有助于解释两个群体之间的差异。有研究发现自招生课下阅读学术论文、科研报告的数量显著高于统招生,自招生也更倾向于继续攻读博士学位②。另有学者对自主招生里的掐尖与破格③、降分少(10 分)与降分多(60 分)④、面向全国与面向本省的区域差异⑤⑥等不同实施细节展开深入分析,这也为评价自主招生的效果、理解背后的长效机制并为下一阶段的招生改革方向以及拔尖创新人才的选拔(例如"强基计划"⑦⑧、中学期间参与竞赛、科创或提前学习大学课程的经历⑨)指出探索方向并提供实证依据。

① 刘云杉.自由选择与制度选拔:大众高等教育时代的精英培养——基于北京大学的个案研究[J].北京大学教育评论,2017,15(4):38 - 74.

② 文雯.自主招生学生大学学习过程初探——以九所"985"、"211"高校自主招生为例的实证研究[J].清华大学教育研究,2012,33(3):98 - 104.

③ 吴晓刚,李忠路.中国高等教育中的自主招生与人才选拔:来自北大、清华与人大的发现[J].社会,2017,(5):139 - 164.

④ 马莉萍,卜尚聪.重点大学自主招生政策的选拔效果分析[J].北京大学教育评论,2019,17(2):109 - 126.

⑤ 曹妍,张瑞娟,徐国兴.补偿还是选拔?"高校专项计划"政策落实的效果分析[J].江苏高教,2019,(5):84 - 90.

⑥ 胡浩."985 高校"自主招生的区域差异分析——基于 2018 年录取考生的实证研究[J].教育发展研究,2020,40(3):8 - 14.

⑦ 郑若玲,凌磊,吴根洲,等."新时代高考综合改革的纵深推进"笔谈[J].福建师范大学学报(哲学社会科学版),2020(4):117 - 133.

⑧ 刘宇佳,黄晶晶.我国"强基计划"的政策布局与实践审思——基于 36 所试点高校的文本分析[J].高考改革,2020,7:9 - 17.

⑨ 陆一,冷帝豪.中学超前学习经历对大学拔尖学生学习状态的影响[J].北京大学教育评论,2020,18(4):129 - 150.

附录 2

高等教育社会公平案例——美国大学社会流动指数（SMI）排名①

2014 年，CollegeNet 和 Payscale 联合发布了基于社会流动指数（Social Mobility Index，SMI）的美国大学排名。根据他们的方法，常青藤高校的排名靠后得令人震惊，以最著名的三校为例：普林斯顿第 360 名，哈佛第 438 名，耶鲁第 440 名。公众担心的事情似乎正在发生：顶尖大学成了"富孩子的俱乐部"（a country club for rich kids），那些出身贫寒但聪明上进的年轻人被这些大学拒之门外，失去了改变人生命运的机会。事实真的如此吗？这种排名的可信程度如何？常青藤高校对此有何回应？

我们先来更准确地定义社会流动，它指的是在一个分层的社会里，个人、家庭或某个特定群体所处的社会阶层或地位发生了变化，这种变化可以向上或向下。高等教育，尤其是顶尖大学，通常是年轻人实现向上流动的关键途径之一。名校的毕业证书既是一块"敲门砖"，帮毕业生向未来的雇主证明自己的能力，也是一张"邀请卡"，帮他们加入在全球各地各行各业已经事业有成的校友所组成的网络。根据耶鲁网站上的数据②，在 2013 届毕业生里，只有 15.2％通过家里关系找到工作，62.3％

---

① 郭娇. 哈佛耶鲁：富孩子俱乐部？［J］. 大学生，2015，9：42-43.

② Witt, M., Inman, S. The Dream is Very Much Alive: Is Social Mobility a Reality after Yare? ［EB/OL］. Yale Daily News, （2015-02-01）. http://features. yaledailynews.com/blog/2015/02/01/the-dream-is-very-much-alive/.

都是通过学校资源找到工作。

　　社会流动可以发生在同一代人或不同代人身上。从社会公平的角度出发,我们更关注"代际流动",即年轻人与父辈相比,他们所处的社会阶层或地位变化。同样以耶鲁网站上的学生故事为例,特雷西出生在芝加哥,跟她妈妈相依为命。她妈妈同时打两份零工,早出晚归,可还是挣扎在贫困线上。家里一到月底就断电断暖气,甚至买不起食物,特雷西经常饿着肚子睡觉。她靠自己的努力考进了耶鲁,又继续攻读伊利诺伊大学的法学院,毕业后加入了芝加哥的老牌律所,后来成为了这家律所历史上首位非裔女合伙人。"我每个季度交的税,比我妈当时整整一年的收入还多。"特雷西把她取得的成就都归功于耶鲁。而最让人难忘的一点是,耶鲁带给特雷西的不仅是收入、职业等用经济指标来衡量的成功,还有眼界、信念、责任感等难以量化的深刻变化。在从耶鲁毕业后的二十多年里,特雷西一直服务于 Y-Apply 这个机构,鼓励跟她背景相似的年轻人勇敢地申请耶鲁,同时推动耶鲁招生部门录取更多这样的年轻人。她说:"即使我这辈子没什么其他成就,只要能帮助一个曾经胆怯的年轻人鼓起勇气申请耶鲁,坚持梦想,并完成一些大事,我也就满足了。一次一个就够了。""相信我,一个年轻人就能改变整整一代人。"

　　结合毕业生就业数据和特雷西这样的个案,常青藤高校交出了一份帮助寒门子弟圆梦的"成绩单"。但是公众对此并不满意。基于社会流动指数的美国大学排名就此产生,社会流动指数 SMI 主要考察五项指标:学费,低收入家庭比例,毕业率,毕业后收入,学校基金总数。学费越高、学校基金总数越高(代表学校的声望越高),学校的排名越靠后,代表不利于社会流动;贫困生比例越高,毕业率越高,毕业后收入越高,学校的排名越靠前,代表有利于社会流动。这种新颖的排名方式以"让人跌破眼镜"的结果,把常青藤高校排到 400 多名以后,引起了社会关注与热烈讨论;它公布了哈佛等名校里来自低收入家庭的学生比例不到10％这样"尴尬"的数据,希望这些大学会迫于舆论压力来采取行动提高这一比例;它增加了毕业后五年内收入这一指标,可以直观地反映出学生在经济状况上的变化。

这种排名方式还有不少可以改进的地方:首先,学校网页上标明的学费不等同于学生实际负担的费用。哈佛每年的学费是42 000多美元,但是年收入在65 000美元以下的家庭都不用负担学费。如果SMI排名针对的是来自低收入家庭的学生,那么就该考虑在减免学费之后,这部分学生实际缴纳的学费为零。单单对这一项指标进行调整,常青藤高校的SMI排名就会不同。其次,低收入家庭比例反映了社会流动的规模,不能体现这种流动的程度与影响力。常青藤高校的招生人数有限,即使让所有的常青藤高校只招来自低收入家庭的学生,其招生规模加在一起还比不过加州大学系统。但是,进入常青藤高校的学生有可能实现人生的飞跃,对身边的人乃至整个社会产生更大的影响力。就像前面提到特雷西的例子,耶鲁录取了她,产生了一种涟漪效应(ripple effect),就像扔一颗石子到平静的水面,会产生一圈圈越来越大的涟漪。特雷西不是一个普通的律师,她成为了所在律所的首位非裔女合伙人,她还推动了耶鲁的招生改革,这会对更多跟她背景相似的年轻人产生激励。她的社会流动产生了超过其他人数倍的影响力,但却不能反映在SMI排名里。就好像评价教师队伍,只看有博士学位的比例,不看有几位诺奖获得者。最后,毕业后收入不能反映出学生在信念、责任感等方面的变化。对选择从事学术研究的毕业生而言,他们在读研或者读博期间的收入微薄,可能还需要靠贷款来付学费。哈佛统计大神加里·金(Gary King)教授当年是靠兼职开出租车完成了博士学业。他上课时开玩笑说:"从统计数据来看,我们把人口分为高收入、中等收入、低收入。其实还有低低收入的人群——他们就是在读的博士生。"每年的毕业生里,还有人选择去经济欠发达国家或地区担任志愿者。他们的收入只维持在当地最低水平,通常还需要家里倒贴生活费、差旅费等。在常青藤高校的毕业生里,选择学术或志愿工作这两类群体的比例都不低,因此在 SMI 排名里对毕业后收入进行统计,要考虑这两类群体的存在以及它们对收入水平的影响。

虽然这是一个"不完美"的排名,但如果能让社会流动成为大学除了教学、科研、服务之外的第四大功能,也算是实现了这个排名的使命。但是仅仅根据这些指标对大学进行排名是不够的,帮助这些学生成功地实现向上的流动才是关键。具体来看,以下几个环节都值得去尝试或推广:首先是帮助更多来自低收入家庭的学生进入大学,尤其是名校。前面提到特雷西服务的 Y-Apply,这些机构为这些学生与大学招生部门之间搭建桥梁。美国这方面最成功的机构是 1994 年在斯坦福成立的公益组织 QuestBridge,免费地帮助出身贫寒的高中生申请名校(包括申请奖学金),让这些年轻人可以集中精力学习,不用操心学费或者与招生官"套瓷"的问题。他们的一个主要项目是"大学预科学者奖"(College Prep Scholars),共有 1500 多名高中生参加,去哈佛等常青藤高校的暑期学校学习,跟招生官面对面交流等。另一个主要项目叫做"全国大学配对"(National College Match),通过向 35 所名校推荐合适的申请者,这些拿到录取通知书的优秀高中生同时也获得四年的全额奖学金,平均价值在 20 万美元左右。在 2012 年,共有 383 名高中生通过这个项目获得了全奖,另有 1600 多人通过 QuestBridge 的帮助获得了其他形式的奖学金。从 2007 年与耶鲁建立起合作关系以来,QuestBridge 成功地为耶鲁推荐了 700 多名来自低收入家庭的高中生。

其次是帮助这些学生在进入大学之后拓展社交网络。在 20 世纪初,哈佛院子(the Yard)的宿舍条件很简陋,没有自来水、暖气、电灯以及室内卫生间。富家子弟们就自己出钱在芒特奥本街(Mount Auburn Street)租房居住,这条街被称为"黄金海岸"(gold coast)。街上有餐馆、舞厅、体育馆、艺术中心等设施,但是很少有出身贫寒的学生前来光顾。为了促进不同背景的学生更多互动,哈佛大规模改建宿舍,把这些学生集中起来同吃同住,增进了解,从而建立起深厚的友谊。与什么样的人为友,这是大学阶段很重要的一个选择。通过宿舍安排让来自不同社会阶层的年轻人产生交集,这是大学常用的一种策略。除了宿舍以外,各种选修课、社团活动、比赛等也是拓展网络的机会。如何更好地运用这些机会对来自低收入家庭的学生来说是一种挑战。一方面因为需要打工补贴收入,他们参加聚会的课外时间有限;另一方面在兴趣爱好方面,他们与来自富有阶层的同学们也很少有交集。哈佛的年轻非裔经济学家小罗兰·福莱尔(Roland Fryer Jr.)教授就是这样一个来自社会底层的"穷小子"。妈妈离家出走,爸爸是个强奸犯,从小他就在街头混黑帮长大。在哈佛招待青年学者的晚宴上,他完全不懂别人在讨论的红酒与白酒的区别。但是这个"穷小子"带来了与众不同的视角与坚韧乐观的精神,30岁就被评为哈佛历史上最年轻的非裔教授,2011年获得了麦克阿瑟天才奖。他不忘自己的出身,定期通过手机短信与跟他成长背景相似的高中生保持联系,鼓励他们脱离黑帮,申请大学,做出正确的人生选择。小罗兰教授就是一个实现了社会流动的活生生的例子。即使没有时间和精力去培养其他兴趣爱好,通过自己的专业学识就可以赢得认可与尊敬,进而回报社会。

最后是帮助这些学生在毕业以后顺利过渡到人生的下一阶段。对美国学生而言,毕业以后要立刻面临偿还学生贷款的压力。据2015年统计,美国学生贷款总额在一万亿美元左右。来自低收入家庭的学生如果不能获得奖学金,光靠打工收入不够支付大学期间的开销,他们必须申请有政府补贴的低息贷款。一旦毕业开始领薪水,就是他们还贷之日的开始,每年都有学生一毕业就因为还不起贷款而申请破产。为了缓解这种经济压力,大学往往会出台一些优惠政策,例如常青藤高校的法学院、商学院的学费昂贵,不少学生都是靠贷款完成学业。如果他们在毕业后选择去非营利机构工作,收入就会大打折扣。通常学院会贴钱来帮他们偿还部分甚至全部贷款。大学在这里扮演了"父母"的角色,不仅通过校友网络提供人脉,还通过偿还贷款这样的实际行动来支持学生去追求理想。而这正是大学真正的重要使命之一:帮助每一个聪明上进的年轻人成功,不管出身于什么样的家庭,都让他们比父辈有更强的社会责任感,更丰富的想象力与体验,更热爱的工作与生活。

第五章

高影响力活动①

本章要点：

➢ 高影响力活动是对大学生发展具有显著正向作用的五到十项课内外教育实践活动。这一概念最早由乔治·库(George Kuh)在 2008 年根据美国 1 300 多所高校的本科教育实践提出。

➢ 本土情境里高影响力活动具备的四个核心类属，分别是真实挑战、合作学习、巅峰体验以及根本改变。这四个核心类属可根据逻辑关系整合成一个对本科生在校经历具有解释力的理想类型。

➢ 高影响力活动的理想类型在用于不同高校时呈现差异，例如本科高影响力活动的参与效果落差在"双一流"建设高校更为突出，包括考试挫败带来的负面情绪、师生在毕业论文阶段的疏离、过于实用主义而感觉简历不够丰富多彩等反例。

---

① 感谢华东师范大学高等教育研究所李琳琳副教授对本章的研究方法以及主要发现的修改。

"高影响力活动"(High-impact Educational Practices)这一概念由乔治·库在2008年根据美国1300多所高校的本科博雅教育实践凝练而得①。其背后隐含的前提假设包括：本科生在校期间经历的课内外活动数以百计；这些活动占用学校资源；学生也需投入时间精力；各项活动对本科生的学业表现、综合素质、未来规划等产生的效果迥异；上述活动并非随机发生，而是由校方专门提供或学生主动选择。如果高校只能集中资源提供有限的支持或学生只能集中精力参与有限的活动，那么乔治·库建议从新生研讨课、写作强化课程等十项高影响力活动里加以选择。总之，高影响力活动研究的初衷是公众对本科教育质量的重视、高校管理者优化资源配置的需要以及学生希望本科四年真正"学有所得"的诉求。

高影响力活动理论框架的构建不能脱离每个国家高等教育系统面临的时代背景以及肩负的独特使命。伴随着我国高等教育进入普及化阶段以及本科教学改革进入"深水区"，高影响力活动研究的战略意义与应用价值更为突出。从高校来看，2019年我国高等教育毛入学率达到51.6%，全国本科院校的校均规模达到15 179人②，万人校园成为常态，院校管理更具挑战性。高影响力活动研究可为高校优化资源配置提供决策依据与工作思路，从学生来看，他们一方面置身于深化本科教学改革的洪流中，承担课程"增负"的压力；另一方面就业竞争加剧，2021届高校毕业生总规模预计909万人，同比增加35万人，就业形势复杂严峻③。高影响力活动可为学生加强时间管理、应对学业挑战、提高就业胜任力等助一臂之力。

---

① Kuh，G. D.. High-impact Educational Practices：What They Are，Who Has Access to Them，and Why They Matter [R]. Washington，DC. ：American Association of College & University(AAC & U)，2008,16.

② 教育部. 2019年全国教育事业发展统计公报[EB/OL]. (2020 - 05 - 20)[2020 - 05 - 27]. http://www.gov.cn/xinwen/2020-05/20/content_5513250.htm.

③ 教育部. 2021届高校毕业生总规模预计909万人[EB/OL]. (2020 - 12 - 01). http://fx.xwapp.moe.gov.cn/article/202012/5fc5e232658f5d1b4c8dd895.html.

一、本科培养过程里的高影响力活动

在过去十余年里，国内外学者对高影响力活动的探索都沿用乔治·库的研究模式[1][2][3][4][5][6][7]：通过大规模的本科生问卷调查采集量化数据，让学生自我报告对各项课内外活动的参与度以及个人收获，根据人口学变量划分不同的学生群体并比较他们在行为模式与学习效果上是否存在显著差异，基于相关分析或回归模型识别出本科期间对学生发展具有显著正向效应的五到十项课内外教育实践活动，针对这些高影响力活动为院校提供管理咨询或者为学生提供行动建议。现有文献已按这一脉络对高影响力活动的概念界定、指标测量、量化分析等进行详尽梳理[8]，笔者在此不再赘述，而是重点思考后续研究（尤其是理论框架构建过程中）

[1] Brownell，J. E.，Swanger，L. E.. Outcomes of Higher Educational Practices：A Literature Review [M]. Washington：AAC & U，2010.

[2] Finley，A.，McNair，T.. Assessing Underserved Students' Engagement in High Impact Practices [R]. Washington，DC.：American Association of College & University（AAC & U），2013，8（2）：111 - 116.

[3] 文雯，初静，史静寰. "985"高校高影响力教育活动初探[J]. 高等教育研究，2014，35（8）：92 - 98.

[4] McMahan，S.. Creating a Model for High Impact Practices at a Large，Regional，Comprehensive University：A case Study [J]. Contemporary Issues in Educational Research，2015，8（2）：111 - 115.

[5] 张华峰，郭菲，史静寰. 促进家庭第一代大学生参与高影响力教育活动的研究[J]. 教育研究，2017，6：32 - 43.

[6] Johnson，S. R.，Stage，F. K.. Academic Engagement and Student Success：Do High-Impact Practices Mean Higher Graduation Rates [J]. The Journal of Higher Education，2018，89（5）：753 - 781.

[7] 许丹东，吕林海，傅道麟. 中国研究型大学本科生高影响力教育活动特征探析[J]. 高等教育研究，2020，2：58 - 65.

[8] 鲍威. 跨越学术与实践的鸿沟：中国本科教育高影响力影响教学实践的探索[J]. 北京大学教育评论，2019，17（3）：106 - 129，190.

不可回避的根本问题：最初源自美国的这一概念能否用来解释我国高等教育的本土实践？上面罗列的数项课内外活动具有什么本质特征？高影响力活动产生效果的逻辑何在？这些活动的实施是否存在不显著（甚至负面）的非预期结果？如何从学理层面探讨与反思这些活动对学生发展的深远影响？

国内学者对高影响力活动的研究从具体的活动内容、弱势群体的参与以及结果变量的选取这三方面进行了本土化尝试①②③④。以活动内容（即"是什么"）为例，国外文献对本科生科研（Undergraduate research）这项高影响力活动仅有笼统表述，国内学者则将该项活动细致地划分为参与教师的课题或项目、参与各种学术竞赛、向学术期刊（或会议）投稿、发表论文或申请专利等。国外高校提供的新生研讨课、写作强化训练等高影响力活动在国内高校则较为少见，可见对国外高影响力活动的直接套用或简单模仿是一种不可取的做法。从学生背景（即"对谁有效？"）来看，除了大龄非传统学生，国外文献里常见的弱势群体还包括非裔或拉美裔、难民或非法移民、低收入阶层、家庭第一代大学生等。国内学者同样关注父母职业、收入以及学历，但除了家庭社会经济地位，户籍所在地带来的城乡差异这一宏观结构要素也不可遗漏。从结果变量（即"对什么有效？"）来看，根据美国教育部 2015 年的统计数字，只有半数的美国大学生能在六年里毕业⑤。与之对应的指标包括大一到大二的新生巩固率、四年毕业率以及六年毕业率等。对国内高校管理者与研究者而言，学生流失、辍学或延期毕业尚未形成群体现象，反而是在校期间的厌学情绪以及临近毕业的就业压力更需重点关注。现阶段国内的高影响

① 文雯，初静，史静寰. "985"高校高影响力教育活动初探[J]. 高等教育研究，2014，35(8)：92 - 98.
② 张华峰，郭菲，史静寰. 促进家庭第一代大学生参与高影响力教育活动的研究[J]. 教育研究，2017，6：32 - 43.
③ 鲍威. 跨越学术与实践的鸿沟：中国本科教育高影响力影响教学实践的探索[J]. 北京大学教育评论，2019，17(3)：106 - 129，190.
④ 许丹东，吕林海，傅道麟. 中国研究型大学本科生高影响力教育活动特征探析[J]. 高等教育研究，2020，2：58 - 65.
⑤ Johnson, S. R., Stage, F. K.. Academic Engagement and Student Success：Do High-Impact Practices Mean Higher Graduation Rates [J]. The Journal of Higher Education，2018，89(5)：753 - 781.

力活动研究仍以学生的参与行为为主,尤其是结合家庭背景、自主学习以及职业规划来展开分析。对学业表现、学生满意度、校园归属感、综合素质提升等结果进行考量时,国内文献多是单独分析一项高影响力活动①②③(例如本科生科研、师生互动、实习等),而非综合考察多项高影响力活动。

国内文献缺少对多项高影响力活动整体效应的研究,除了本土国情差异,另一个主要制约因素是高影响力活动的学理分析较为薄弱。围绕深度学习、自主学习、合作学习以及基于问题的学习(Problem-based learning)理论,乔治·库对高影响力活动的本质特征归纳如下:学生日常投入大量时间精力;学生在课外与教师或同学进行实质性的互动;学生接触不同背景的人;学生频繁得到关于其个人表现的反馈;学生有机会在校内外不同场景下运用自己学到的知识④。仅有少数国内学者尝试探索并拓展高影响力活动的理论内涵,重点关注学生主动学习、学术自我效能、职业发展方向以及未来规划的清晰程度⑤。此类研究多采用问卷调查,善于呈现趋势、找出群体差异并检验具体假设,但在应对上述学理拷问时略显乏力,仅有两项混合研究聚焦高影响力活动的实证检验与特征概括⑥⑦。但这两项研究的样本选取有其局限性,均限于某一"985"高校,未在不同院校类型的教育场景里加以验证,其结论的推广性(即对不同高校的本科生在校经历的解释力)存疑。上述两项研究的另一缺憾在于对访谈内容或开放题进行文本分析时仅平行列出四或八个特征,尽管在理论探索阶段采用罗列法具有开放性,但难以构建一个逻

① 李湘萍.大学生科研参与与学生发展——来自中国案例高校的实证研究[J].北京大学教育评论,2015,1:129-147.
② 陆根书,胡文静.师生、同伴互动与大学生能力发展——第一代与非第一代大学生的差异分析[J].高等教育研究,2015,5:51-58.
③ 丁小浩,宋哲.大学生实习失度与就业满意度分析[J].教育发展研究,2017,5:7-15.
④ Kuh, G. D.. High-impact Educational Practices: What They Are, Who Has Access to Them, and Why They Matter [R]. Washington, DC.: American Association of College & University(AAC & U), 2008,16.
⑤ 鲍威.跨越学术与实践的鸿沟:中国本科教育高影响力影响教学实践的探索[J].北京大学教育评论,2019,17(3):106-129,190.
⑥ 文雯,初静,史静寰."985"高校高影响力教育活动初探[J].高等教育研究,2014,35(8):92-98.
⑦ 许丹东,吕林海,傅道麟.中国研究型大学本科生高影响力教育活动特征探析[J].高等教育研究,2020,41(2):58-65.

辑自洽的理论框架,例如"活动"或"实践"等概念之间的边界如何划分? 不同特征之间是否存在因果关系? 学生访谈里出现的反例或异常个案如何理解?

综上所述,从国内外已有文献来看,本科高影响力活动理论框架尚在构建之中。本章拟从两方面推动这一进程:一方面扎根于本土国情。针对高等教育普及化、本科教学改革深化以及大学生就业竞争白热化的时代背景,研究我国本科生在校期间参与的高影响力活动及其体验。另一方面采用质性研究。悬置外部的结构要素及预先的主观假设,通过对典型个案的访谈资料进行详尽分析,从而理解本科高影响力活动"是怎样被创造并被赋予意义的"①。相比量化分析而言,质性研究在高等教育领域偏少②,以本科生为访谈对象的更少,且集中在课堂沉默、基层就业的认知失衡、教育失败者等现象③④⑤。质性研究对本科阶段诸多教育议题的理论贡献与应用价值尚待发掘。

二、与本科培养过程相关的研究设计

1. 研究对象

本研究完成的访谈来自 7 所高校的 17 名在校生(见表 5.1)⑥。访谈对象的选

① [英]大卫·希尔弗曼.如何做质性研究[M].李雪,张劼颖,译.重庆:重庆大学出版社,2009:8,21.
② 陆根书,刘萍,陈晨,等.中外教育研究方法比较——基于国内外九种教育研究期刊的实证研究[J].高等教育研究,2016,10:55-65.
③ 祝振兵,陈丽丽,金志刚.大学生课堂沉默的影响因素分析——基于内隐理论的视角[J].大学教育科学,2017,6:52-58,124.
④ 蒋承,罗尧,张晗雨.大学生基层就业中的认知失调现象研究[J].高教探索,2017,2:105-111.
⑤ 刘云杉.教育失败者究竟遭遇了什么?[J].清华大学教育研究,2014,4:7-15,26.
⑥ 还有一名研究对象 GR18(女,大二,"双一流"高校,日语专业)的访谈是一对一进行,但以此开放式问题引入,因此该访谈资料未能提供编码素材。

择考虑了学校类型(地方高校和"双一流"建设高校)和学科差异,以便分析学校氛围与学科文化是否带来与学生在校经历相关的新属性。重点选择大学在校经历较为丰富的高年级学生。访谈对象的确定并非按照人口学变量抽样,而是依据理论性饱和即属性基本完备。如果增加新的访谈对象或采集新的访谈资料,生成的属性出现重复,那么资料采集工作可被视为基本饱和。具体在选取访谈对象时,异常个案(例如参军、海外实习)或反例值得留意。这些特殊经历或有悖于最初推断,从而促使笔者在资料分析过程里不断调整理论框架并充实情境细节。

表5.1 访谈对象基本信息

序号	性别	年级	院校	专业	本科难忘经历
GR1	女	大二	地方高校	物流管理	建模大赛
GR2	女	大四	地方高校	财务管理	参加辩论队
GR3	男	大三	地方高校	航空管理	参军;双创
GR4	男	大四	地方高校	国际金融与贸易	加入学生会;双创;考研
GR5	女	大三	地方高校	市场营销	加入社团
GR6	女	大三	地方高校	市场营销	参加英语沙龙社
GR7	女	大三	地方高校	市场营销	大三的航空管理课
GR8	女	大二	"双一流"建设高校	数学	和同学一起复习
GR9	女	大二	"双一流"建设高校	(计算机转)财务管理	军训;大一的计算机考试
GR10	男	大四	"双一流"建设高校	应用心理	暑期志愿活动;毕业论文
GR11	女	大四	"双一流"建设高校	对外汉语	在美国小学实习
GR12	女	大四	"双一流"建设高校	学前教育	在幼儿园与高中的实习
GR13	女	大四	"双一流"建设高校	经管	双创;管理案例大赛
GR14	女	大三	"双一流"建设高校	计算机	双创;比赛;学生会
GR15	男	大三	"双一流"建设高校	计算机	春招;考研
GR16	女	大二	地方高校	环境设计	兼职
GR17	女	大二	"双一流"建设高校	德语	写作;看心理学书籍

2. 研究方法

在访谈的实施中,笔者考虑到内容不涉及私人或敏感问题,为了减少学生面对研究者的心理压力,鼓励研究对象之间的相互启发和对话,因此采用焦点小组访谈的形式,每次访谈由 2—3 名学生参与。实际的访谈过程证明了这种访谈设计的合理性,例如前一位受访者提到实习或参加学生会,其他受访者也会先分享类似经历,或强调自己的不同观点。这种"回音壁"效应本身也成为资料分析的内容之一,生生互动是大学经历不可分割的体验之一,访谈设计恰好提供了这种两到三人的微型日常互动场景。在访谈过程中,围绕"大学期间,你最难忘(或者印象最深刻)的经历是什么?"以及"这段经历对你有什么影响/收获/帮助/改变?"这两个问题进行引入,访谈者根据学生的回答分别采取追问、聆听、说明、确认等方式逐步深入展开。

访谈资料的分析主要基于扎根理论三级编码的策略,扎根理论旨在呈现个体的行动变异(variation),找到各种模式(pattern)并用理论加以表述[1]。采用这一研究路径可体现高等教育普及化背景下本科生的异质构成,识别他们参与各种课内外活动的行为模式并形成立足于本土国情的高影响力活动理论模型。三级编码(见表 5.2)过程如下:第一级开放编码,悬置研究者的假设,对访谈资料逐句进行"微分析",用访谈对象的原话(或加以提取之后)生成本土概念;第二级轴心编码,通过寻找"同义词"或"反义词"形成类属(category)、属性(property)与维度(dimension)来反映概念与概念之间的关系;第三级选择编码,确定核心类属,并将其他支援类属通过逻辑关系进行概念整合,最终形成一个"理想类型的合成肖像"[2]。这意味着本科生高影响力活动的理论模型与任何一个访谈对象都并非完全吻合,其更为抽象,在逻辑上更为自洽,对每一个访谈对象的相关行为都具有解释力。

---

① 陈向明.扎根理论在中国教育研究中的运用探索[J].北京大学教育评论,2015,1:2-15.

② 林小英.分析归纳法与连续比较法:质性研究的路径探析[J].北京大学教育评论,2015,1:16-39.

表 5.2　中国本科生高影响力活动的三级编码示例

原始文本	一级：开放编码	二级：轴心编码	三级：选择编码
认识了很好的带教老师，然后就把我当女儿一样……老师一整天都待在教室里，除了音乐课和体育课都给学生们上课，那我也一整天待在教室里帮老师各种各样的事情，就觉得这种全科的老师太辛苦了。(GR11) 如果是辩论赛，组员之间可能有一个头脑风暴之类的讨论，然后会跟组员之间的联系和沟通更紧密。我是大二进去，然后大三是组长。(GR1) 我觉得就是同学之间那种相互的交流，有时候你真的会感觉其实很多同学有一些可能比别人更擅长的事情……可以听到大家的分享，或者在上面演讲或者想什么的时候，大家真的会听你的，来针对你，给你提一些问题，甚至是反驳你。(GR7) 上课没有注意到的点，大家聊着聊着就会突然聚焦到一个点，有时候考试也会考。(GR8) 在我们小组的讨论中，首先我找到了一个可以发展自己，表现自己的平台，另外我学会了如何去尊重跟吸纳别人的意见。(GR10) 因为还是喜欢文字类的原因，就喜欢给人家写点东西。但是光写信这种还是比较尴尬尬苍白了，就会给他们寄点小礼物之类的，然后联络一下感情。(GR17)	当女儿一样 长时间互动 协助老师 体谅老师 辩论赛 头脑风暴 沟通更紧密 组长 同伴交流 比别人更擅长 演讲 被关注 听你的 针对你 反驳你 突然聚焦 考试 小组讨论 发展/表现自己 尊重/吸纳别人的意见 写信/书面表达 送礼物 联络感情	类属　属性　维度 互动学习　时间　短-长 　　　　　空间　近距 　　　　　　　离-远程 　　　　　形式　松散- 　　　　　　　结构化 　　　　　关系　陌生- 　　　　　　　亲密 师生互动　角色　被教- 　　　　　　　协助 　　　　　情感　冷漠- 　　　　　　　同情 生生互动　角色　成员- 　　　　　　　组长 　　　　　能力　不足- 　　　　　　　擅长 　　　　　观点　反驳- 　　　　　认同 　　　　　交流　封闭- 　　　　　分享 　　　　　关注　自我- 　　　　　　　他人 　　　　　沟通　书面- 　　　　　　　口头	核心类属： 互动学习 支援类属： 师生互动 生生互动 初步假设： 1. 本科生在校期间的互动关系主要分为师生与生生两类。 2. 相对于师生互动而言，生生互动对本科生的影响更为频繁。(GR11与老师的互动发生在国外实习期间) 3. 互动时间越长，内容越丰富，则关系越亲密。这种互动的表现形式或许较为松散，类似课后的发散讨论或整天待在同一空间。 4. 互动可发生在课内或与学业相关，但更多发生在课外。 5. 互动的目的可以是功利的（例如考试要考），但更多是非功利的自我成长驱动。为此学生能够理性聆听针对自己的提问或反驳。 6. 由于大多数本科求学期间远离父母，师生互动可以达到一种"替代父母"(substitute parents)的程度。 7. 生生互动似乎语言胜过行动，包括课上的小组讨论、演讲，也包括课下的辩论、头脑风暴等。

三、本科生高影响力活动的理想类型

基于对访谈资料的三级编码,本科生高影响力活动浮现的四个核心类属分别为:巅峰体验、真实挑战、互动学习以及根本改变。每一个核心类属都由访谈对象与笔者(兼任访谈者与编码者两个角色)共同构建,但略有不同:例如"巅峰"直接引用访谈对象的原话(GR4),"根本改变"则来自对多处访谈资料的概括,包括"转折点"(GR3)、"整个人都变了"(GR6)、"改变人生轨迹"(GR14)等。根据斯特劳斯的编码范式,不同的类属按照事情通常发展的顺序可分为原因、现象、情境、中介条件、行动/互动策略、结果①。上述核心类属分别对应其中的四个环节并初步形成一条自洽的逻辑链条(见表5.3)。从理论饱和度来看,每一个核心类属至少有三名访谈对象提供相关的在校经历,增强理论的密度,避免概念过于空洞抽象;并且至少有一名访谈对象的体验可作为反例或异常个案,有助于笔者确认概念的边界并洞察概念之间的逻辑漏洞。

表5.3 中国本科生高影响力活动的四个核心类属

核心类属	巅峰体验	真实挑战	互动学习	根本改变
编码范式	现象	情境	行动/互动策略	结果
相关经历	GR4、GR5、GR7、GR10、GR12、GR13、GR17	GR10、GR12、GR13、GR16	GR1、GR7、GR8、GR10、GR11、GR13、GR16	GR3、GR6、GR10

① 陈向明.扎根理论在中国教育研究中的运用探索[J].北京大学教育评论,2015,1:2-15.

核心类属	巅峰体验	真实挑战	互动学习	根本改变
反例或异常个案	GR9	GR3、GR15	GR5	GR14
支援类属及属性	沉浸感、排他性、持续长度、情绪感知、计划明确、执行坚定、自我审视、峰值凸显	空间转换、文化冲击、就业导向、可预测性或可控程度、挑战难度或复杂程度、时间平衡	师生互动或生生互动的时间长度、空间范围、正式程度、表现形式、情感投入、观点碰撞	彻底性、可逆转性、多重叠加、首次经历、思想认识、性格、言行
属性与维度（举例）	情绪感知（负面-正面）	就业导向（无关-相关）	生生互动的表现形式（语言-行为）	各种变化的叠加（单独-多重）
初步假设（举例）	沉浸其中的体验既可来自正面情绪，如被课堂气氛引带而积极思考教师的提问；也可来自负面情绪，例如枯坐数小时后依然挫败的考试经历（GR9）	就业导向明显的准备简历、参与春招（GR15）等行为让学生对在校经历（尤其是课上学习）更为疏离	生生互动语言胜过行动，包括课上的小组讨论、演讲、针锋相对（GR7）等，也包括课下的辩论、头脑风暴、发散式讨论等（GR8）	学生变化既可是单一维度，如换专业（GR7）、更为自信等；也可是多维度叠加的复杂转型，如"从不懂事到懂事"（GR3）

对本科高影响力活动的四大核心类属逐一进行分析。巅峰体验的主要特征是持续一段时间的高强度学习投入，除了沉浸感之外，巅峰体验还具有排他性、持续长度、情绪感知、计划明确、执行坚定、自我审视、峰值凸显等属性。曾经沉浸于巅峰体验的学生在访谈时提及的标志性感知是时光飞逝如电，其原话例如"你就觉得时间过得很快，怎么就下课了？（GR7）"。这种沉浸感或投入度在学生行为上表现出排他性，即与其目标或计划无关的日常活动时间被挤占。例如GR12对暑期实习经历的描述是"白天去幼儿园，回来之后吃完饭哪儿都不去，就在电脑跟前开始啪啪啪地打结论"。GR4为了考研"一整年没有上课"，导致大四"还有一门课"。这种高强度投入的持续长度可以长达一年，也可以短到一天。例如GR9回忆大一的计算机考试"早上先考两小时热身，下午又坐了五小时"。"在机房里坐了一天""题也做不出来"的煎熬让她印象深刻并随后决定从计算机改学财务管理。这一异常个案至少在两个维度上引人深思：巅峰体验带来的情绪既有正面的

興奋、愉快等(GR17对读书与写作"特别感兴趣",感觉"自己在不停地写东西"或是"泡在书里"),也有负面的焦灼、挫败等,这种深刻体验与另一核心类属(即根本改变)之间的逻辑关系尚需进一步梳理。如果单以"成败论英雄",这种直接归因可被GR4证伪。GR4在投入整整一年备考之后依然考研失败,但他表明"考研这段时间可能是我大学四年以来的学习巅峰",并补充了更多行动细节,包括计划明确(清楚"什么阶段做什么事")、自我审视("哪一科薄弱了,就花更多的时间")以及状态对比(除了考研都是"跟着课表走";考研之后"热情又慢慢掉下来")。除此之外,GR4的描述还揭示了巅峰体验与剩下两个核心类属(真实挑战与互动学习)存在千丝万缕的联系。考研本身与学生毕业之后的去向以及职业发展密不可分,属于本科生这一群体面临的现实挑战之一。在生生互动里GR4则分饰两个角色:他既以一名"学霸"室友为榜样,在两人一起备考的过程中模仿该室友"一旦有了明确目标就坚定执行";同时他又以过来人的身份给学弟学妹分享自己的切身经验或教训,例如政治不用太早准备,考研辅导班不要乱报。由此可见,这四个核心类属并非彼此割裂或是平行并列的关系。

真实挑战指本科生在陌生、复杂、难以控制或预测的现实情境下去分析与解决问题。从物理空间而言,这种情境通常发生在校园之外,包括学生去校外实习、当志愿者、社会实践等。这种空间的转换伴随着文化的冲击,学生从熟悉的校园文化一头扎进陌生的职场、群体、社区等。跨度最大的访谈对象是大三参军一年的GR3与去美国小学实习的GR11。尽管跨境实习的本科生较少,求学中途去参军的更为鲜见,但这两个异常案例有助于确定概念的边界:这段经历发生的概率再小、距离再远、环境再陌生,但它内嵌于本科四年的培养周期,是学校认可或倡导的活动,并且在学生的成长轨迹里留下不可磨灭的印记。除了文化陌生感之外,与求职密切相关的简历准备、兼职实习、校园招聘等活动让学生不仅面临时间管理的挑战(GR16在外兼职"每天大概要设计五、六张展板,工作压力很大、学业压力也很大,自身要去调整,过得还挺丰富"),更切身感受书本知识与课程内容在实用性上的欠缺,例如"老师在课堂上不会教,需要自己去查自己去做。我学到了书本上找不到但是很实用的东西(GR14)","春招跟我们学的东西相差还是挺大的,他们都会学一些很专业化的编程语言,本科阶段一般不会开设这样的课程(GR15)"。就业导向明显会抑制其他核心类属(巅峰体验与根本改变),典型案例就是GR14,她在校期间曾任学生会副主席与创新创业项目负责人,却未描述任何持续一段时间的高强度学习投入,并且认为自己"从简历上来看,经历不是那么丰富多彩","没有什么改变人生轨迹的大事发生"。另一核心类属(互动学习)在真实挑战里则类似"双刃剑",既可成为学生适应陌生环境的支持网络,也可能施加压力令人不堪重负。

　　具体来看学生如何运用师生或生生互动的行动策略来应对上述真实挑战。师生互动除了常见的时间长度、空间范围、正式程度等属性之外,从访谈对象的描述里出现的情感属性及其维度(从冷漠疏远到感同身受)值得关注。GR11 在异国他乡的小学里实习,她与当地的带教老师长时间("一整天")身处同一空间("待在教室里")。期间她观察并协助老师"做各种各样的事情",在某种程度上把老师当作"替代父母(Substitute parents)"(GR11 的原话是"把我当女儿一样")并体谅老师工作的辛苦。这反映出本科生乍离父母之后的心理"断乳期"较长,尤其在陌生环境里,他们会下意识地寻找对自己表示关心与善意的成年人(尤其是教师等长辈)。如果这种投射落空,那么学生对教师会敬而远之,甚至在师生互动里感觉到巨大压力。例如 GR10 在完成毕业论文的过程里"非常焦虑,我以为我不能毕业了",原因是"毕业论文指导老师不会自己来教我……这个课题交给上一届的一个学生做,那个学生没按时毕业,然后这一年交给了我"。在她的描述里没有导师与其互动的任何细节,也没有任何情感共鸣。大致推断其论文选题出自导师(持续多年且有多名学生前仆后继参与其中)的大课题。除了布置任务,该导师没有给她直接反馈,隐约还有种不顾学生能否按时毕业的冷面无情。由于资料采集有限,笔者无法从导师、其他同学的视角来交叉验证 GR10 是否全面、如实地表述了那段经历,但意义恰恰在于反映 GR10 的主观感受并思考导致师生疏远的原因。与师生互动相比,生生互动在本科期间更为频繁,形式更为松散,而且呈现出一种"言语胜于行动"的模式。令人难忘的同辈交流多是用语言表达出来的观点碰撞,从课上针锋相对的辩论,例如"大家真的会听你的,针对你的,给你提一些问题,甚至是反驳你（GR7）"到课下天马行空的闲聊，例如"聊着聊着突然聚焦到一个点，有时考试也会考"。这种指点江山、激扬文字的经历或许是本科生与校外同龄人的差异。校园氛围、课程培养、教师示范以及学生自身刻意训练让演讲、辩论、写作等书面或口头表达在本科阶段的重要性凸显。

根本改变是学生在认知、态度、性格等维度上发生从未有过的、彻底的、且通常不可逆转的变化。离家求学对大多数本科生而言都是第一次，这不仅意味着他们脱离父母、邻居等熟人社会的庇护进入陌生的校园、社区、城市乃至国度，也意味着他们开始形成、持有并强化独立判断、迅速调适与自我管理等能力。既有访谈对象流露出对家的眷念（例如 GR6 把自己的转变归因于社团提供的归属感，她言及"整个人都变了，性格什么都变了，因为在那边有家的感觉"），也有 GR3 在经过参军等历练之后完成"从一个不懂事的人向一个懂事人的过渡期"。他回忆到大一大二"属于班级里比较收尾的，整天只知道打游戏……挂过科也重修过……无数次挣扎说要好好学习，把游戏卸载，但马上又装回来，第二天继续逃课"，参军回来之后他"晚上 10 点或 11 点睡觉、基本上不打游戏"，而且生活作息留着军旅生涯的印记，例如对宿舍"卫生要求比较高，感觉乱乱的就自己动手收拾一下"，晚上坚持跑步与整理内务等。在接受访谈时，板寸头、皮肤略黑、身板结实且腰杆笔直的 GR3 看上去就像一名脱下军装的士兵。访谈开始之前，他话不多但主动去寻找空教室并通知晚到的同学，背着双肩包跑上跑下，不再是那个每天纠结继续打游戏还是去上课的懵懂少年。可见本科期间的根本改变既可以是一次决定（例如 GR9 转专业），也可以是思想、言行、生活习惯、待人处事等多重改变的叠加，而后者对本科生的成长影响更为深远。根本改变可被视为其他三个核心类属共同作用的一种"化学反应"的产物，真实挑战（例如参军之于 GR3）是"培养皿"，巅峰体验（例如考试挫败之于 GR9）是可以观察到的火光四溅等现象，师生或生生之间的互动（例如社团活动之于 GR6）则是加剧或减弱这种化学反应的"催化物"。

整合四个核心类属而成的本科生高影响力活动理想类型（Ideal type）即让学生置身于真实挑战中，通过与教师或同学的互动，体验持续一段时间高强度投入的巅峰经历，从而实现认知、行为、态度等多重变化叠加的转型。没有一个访谈对象与此理想类型完美匹配,但各自贡献了构成该类型的部分属性与对应的丰富细节;该理想类型对每一个访谈对象的自我描述具有解释力。四个核心类属组成的逻辑链条(见表 5.3)大致不变,除了两处微调:在先后顺序上,巅峰体验作为现象,发生在真实挑战(情境)与互动学习(行动)之后;互动学习带有"双刃剑"性质,可激发也可抑制效果,因此更确切的界定应是"中介/条件"而非"行动/互动策略"。对核心类属进行重排之后的逻辑关系如下(见图 5.1)。每一个核心类属出现的反例与异常个案揭示了应然与实然之间的距离(见图 5.1 里的虚线标识),过于突出就业导向等实用主义的情境,缺乏信任基础的师生互动,"碰壁"之后无法突破的负面体验都会让预期的"化学反应"戛然而止,让学生即使参与多项高影响力活动仍然感觉"一事无成"(GR14 的原话)。

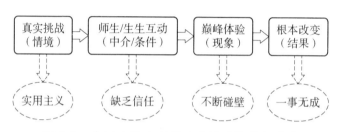

图 5.1　中国本科生高影响力活动的理想类型

反思研究设计对访谈资料采集与分析的影响,笔者对访谈对象的选择考虑到不同高校与不同学科。尽管四个核心类属未发生本质改变,但更多反例(考试受挫的 GR9、毕业论文缺乏教师直接指导的 GR10、嫌简历不够丰富的 GR14、春招之后觉得课程不够实用的 GR15)来自"双一流"建设高校,学科差异也交织其中,上述四个反例有三个来自计算机专业(包括从计算机转财务管理的 GR9)。这是否意味着背后有更为宏观的校园氛围等结构性因素(例如课程考核更为严格)?学科差异也是同理。计算机代表的工科人才培养是否面临知识升级更快、招聘要求技术更为对口等该领域特有的挑战?尽管本章涉及的资料采集工作已经结束,但这四个核心类属构建的理想类型可用于分析其他研究者对"双一流"建设高校(尤其是工科)本科生在校经历的访谈,看该理想类型是否依然具有解释力以及是否存在更为宏观的影响机制。

此外,对两名或三名学生同时进行访谈的设计本身形成了一种生生互动的微型场景。15名访谈对象里有三人用"我也是""与他一样"等描述了相似经历(包括学生会、社团以及创新大赛)。另有两人提到了与不在场的同学("专业里的大多数人""宿舍里玩得好的")趋同的经历。可见生生互动确在本科高影响力活动的理想类型里占据一席之地,设计的访谈过程恰好可观察到这种直接或间接的互动。

四、围绕高影响力活动的四个核心类属重新设计本科经历

基于2019年CCTL对17名大二至大四在校生的访谈,通过扎根理论的三级编码,本章梳理出本科培养阶段高影响力活动的四个核心类属:真实挑战、(师生或生生)互动学习、巅峰体验以及根本改变。笔者按照逻辑关系把上述核心类属整合为一个由情境、中介/条件、现象以及结果构成的理想类型。该类型能否跨越不同高校与不同学科来解释本科生在校经历?在分析访谈资料之后,笔者的疑虑之一是学科差异(例如工科人才培养的特点)。已有国内学者访谈12名应届本科生(包括3名计算机系学生),采用的开放式问题与本研究相似,即"本科期间对你冲击最强烈的教育活动是什么?"。这3名计算机系学生都能为前面提到的核心类属提供支持案例。学生的原话分别对应真实挑战(计算机系CCS收集在校生电脑送到贫困地区,从而体会到教育类公益项目"不能单凭热情")、互动学习(计算机系YH在百度实习期间"跟一群志同道合的人一起工作")以及根本改变(工程力学系YJ在发表论文前后从"觉得那是我永远也爬不上的山峰,很怀疑自己选错

了专业"变得"找回了自信……申请到加州理工深造")①。可见本章构建的理想类型对工科生本科期间的高影响力活动具有解释力,访谈里的反例不能简单归因为学科差异。

　　笔者的另一个疑虑是校园氛围,这种差异表现为访谈对象里本科高影响力活动的反例多出自"双一流"建设高校。这似乎有悖常识。现有文献里对某"双一流"建设高校本科教学改革的个案深描,有助于从以下视角探索成因:课程考核更为严格,教学院长(D03)建议"第一年至少要有5%的退学率"。理科生(FG07－2)认为"科学是高淘汰的精英教育,一将功成万骨枯"。老师更为青睐"学术继承人",文科生(L01)认为教师"只关注那些能跟上老师的思路、能与老师对话的学生。对多数普通学生,对想就业或转专业的同学,老师不太注意,甚至不太看得起"。学生对毕业之后的去向更早进行规划,学生FG16观察到身边同学无论是想做学术、进投行还是选择仕途,"共同特征是最早就明确知道自己要什么……四年里只干这一件事"②。可见本科生高影响力活动从应然状态到实然体验之间的落差在"双一流"建设高校有迹可循且不容忽视。考试挫败带来负面情绪、师生在毕业论文阶段的疏离、简历不够丰富多彩而感到"一事无成"等访谈对象自我描述的反例,为这一系列"双一流"建设高校本科生竞争"内卷化"的观察、沉思乃至疾呼增添了新的实证依据。

　　从理论层面来看,与国内外已有文献比照,本章提出的四个核心类属里的真实挑战与互动学习屡次出现,这表明学界对本科高影响力活动发生的情境与条件初步达成共识。巅峰体验偶有提及,散见于学生访谈对象的自我描述(理科生S03在看数学史时"很入迷……反复阅读……数学是一个神奇的世界,一个充满简洁的力量与旋律的美的世界。在这个独立的王国,我既能感受到立法的力量,又在其中深感安足"③)或研究者对这种沉浸状态的一带而过(高影响力活动的内隐特

---

① 文雯,初静,史静寰."985"高校高影响力教育活动初探[J].高等教育研究,2014,35(8):92-98.
② 刘云杉.自由选择与制度选拔:大众高等教育时代的精英培养——基于北京大学的个案研究[J].北京大学教育评论,2017,4:38-74.
③ 刘云杉.自由选择与制度选拔:大众高等教育时代的精英培养——基于北京大学的个案研究[J].北京大学教育评论,2017,4:38-74.

征之一即学生日常需要投入大量的时间与精力①）。本研究根据访谈对象 GR4 的原话明确提出"巅峰体验"这一核心类属,结合其他学生提供的素材丰满了该类属的沉浸感、排他性、持续长度、自我审视、峰值凸显等属性,并结合考试挫败带来的负面情绪这一反例加深对高影响力活动抑制因素的理解。本章为高影响力活动理论拓展的另一个核心类属是根本改变。该核心类属在高影响力活动理论框架里的缺位产生一个逻辑链条上的空洞,对应的疑问是"学校投入人力物力提供各种高影响力活动,学生也投入时间精力参与这些活动,为何并未达到预期效果?"从访谈资料里梳理出的根本变化这一核心类属及其多维度叠加的特点(包括学生感到"一事无成"的反例),可被视为尝试回答上述疑问迈出的第一步,后续还有大量工作需要展开。例如不直接照搬新生研讨课、写作强化训练等国外高校的高影响力活动,而是围绕下面四个核心类属来设计本科生在校经历:学生参与这项活动面临哪些真实挑战?师生与生生互动如何进行?学生是否体验到时间飞逝如电?学生在参与活动前后发生了什么变化?

　　上述设计理念可为高校教学与行政管理提供工作思路与改革方向。从真实挑战来看,大学校园可被视为学生正式步入社会之前的"训练场",既要任其探索与历练,又要防止学生过于看重简历书写或求职结果的实用主义。学生面临的挑战并不局限于物理意义上的校园空间,而要延伸到实习、扶贫公益活动、国外交流等与校外不同群体及其文化的接触。从师生或生生互动来看,该类属的重要意义在高等教育普及化的时代背景下更为突出。学生背景更为多元,教师从中找到能跟上自己思路并展开对话的"学术继承人"更为鲜见。在学生考试失利、毕业论文进展缓慢、求职受挫等关键时点,教师在学业进展与职业规划方面提供的专业指导不能缺位,且要直接联系与及时反馈。学生也需适应心理"断乳期",逐步减少把教师或辅导员等视为"替代父母"的依赖性。从巅峰体验来看,"科研的创造性

---

① Kuh,G. D.．High-impact Educational Practices：What They Are,Who Has Access to Them,and Why They Matter［R］．Washington,DC.：American Association of College & University(AAC & U),2008,16.

正是由大量的、艰苦的、日常的劳动作为支撑"[1]。持续一段时间的高强度学习投入是本科生巅峰体验的表征之一,期间他们需要教师的鞭策与鼓励,也离不开身边"学霸"同学的示范。否则由于课程考核严格、师生关系的疏离等产生的负面情绪会导致学生过早放弃,转换专业或学业倦怠等。从根本改变来看,高等教育普及化意味着我国半数以上的 18 到 22 岁人口要在大学里完成从未成年人到成年人的转型。这种转型不仅需要学生从一张纸(大学录取通知书)换到另一张纸(用人单位的录取通知),更需要他们形成独立人格、学会自我管理、掌握专业知识技能、并且能够作为团队成员以及社会公民履行责任。

---

[1] 刘云杉. 自由选择与制度选拔:大众高等教育时代的精英培养——基于北京大学的个案研究[J]. 北京大学教育评论,2017,4:38-74.

附录3

师生互动——牛津大学导师制现代版①

　　"作为老师,我们把听到你们说出'是的!我现在明白了!'的时刻视为人生中最值得珍惜的片刻。当你们真的在挑战我们自己的偏见和理解时,这是一种好现象。在学生的鸡尾酒会上提供给我们的蓝色饮品,在学生的正式餐会上放肆开玩笑,是的,还有你们惊讶于我们尽管年岁不轻却仍能在皮划艇比赛中超过你们当中的一些人,等等。这些或许酿就了一剂混合良药,能帮助我们抗击行政管理方面的无情重负,同时当某个下午我们历经四遍艰辛终于证明了一个结论之后,它可以缓解我们的紧张神经。当你们表现为自信而负责的成年人出现在我们面前时,我们仍清楚地记得几年前你们初来乍到之时那种羞涩胆怯或故作老成的新生模样,这个时候我们当惊喜于这种似乎突然产生的变化带来的难以置信的感觉。你们中间有些人将会继续从事科学技术的研究生涯,因此我们很高兴现在可以与你们在真正平等的意义上探讨基础科学及工程科学方面的专题,并且我们也会很高兴看到你们取得的成就超过了我们自己。"

　　这是牛津大学工程科学院士史密斯(Penny P. Smith)在《高等教育何以为"高"》(*The Oxford Tutorial：Thanks You Taught Me How to*

---

① 郭娇.教学皇冠上的宝石:牛津式导师制在失色?[J].大学生,2015,18：74-75.

Think）①书里反思他作为导师的教学历程。文章结尾这动情的一段话，把我带回了2012年的博士毕业典礼。5月的哈佛校园阳光灿烂，草地上搭起白色的巨型帐篷，家人和朋友都身着盛装，捧着鲜花，合影留念。最特别的是在正式典礼上，教授们会逐一介绍他们指导的博士是如何从学生变为助手再变为同事，并从家人（通常是该学生的母亲或孩子）手里接过博士帽，戴在学生头上以示毕业。导师帮我戴博士帽的那一刻终生难忘。至今在写每一篇文章，做每一个重要决定时，我都会不由自主地想：导师会提出哪些质疑？哪里是我思想的"盲区"或最容易被攻击的地方？我该如何为自己的观点或决定辩护？这种导师制的训练源于古希腊的苏格拉底与柏拉图等学生之间的对话，兴盛于牛津大学的住宿制学院，被誉为教学皇冠上最耀眼的一颗宝石。伴随着大学扩招，财政缩水，研究生助教以及工科"学徒制"的兴起，这颗古老的瑰宝是否还能继续保持它的光彩？

牛津的导师制是由导师单独为一名或两名学生进行指导的教学过程。导师通常是资深教授，也包括年轻学者。地点在导师的私人办公室或工作间。频率大多是每周一次，每次1个小时左右，时间根据师生互动的程度可以灵活地延长或缩短。导师预先给学生布置书单及论文题目，学生用一周的时间泡在图书馆，完全沉浸在学习中。《高等教育何以为"高"》书里举例谈到在准备一篇关于海星水压系统的生物学文章时，学生做梦都感受到海水的起伏，觉得海星的那些管足在他的眼皮上跳动。到了与导师见面时，学生大声朗读自己的论文（或其中章节），导师可以随时打断并提出问题，学生则为自己的观点进行辩论。这种高强度的学

---

① ［英］大卫·帕尔菲曼.高等教育何以为"高"——牛津导师制教学反思[M].冯青米，译.
北京：北京大学出版社，2011.

术活动,因为1：1或1：2的师生比例,让每个学生都觉得"无处藏身",任何准备不充分或逻辑不严密都会暴露在导师面前。在《高等教育何以为"高"》书里提到了一次尴尬的师生讨论,在导师提出一个问题后,两名学生足足沉默了三分钟。在"冷场"期间,其中一名学生在纸上写写画画,导师以为这是努力思考的表现,结果发现纸上写的是"买某某牌香水及某某牌项链"。为了避免这种尴尬而低效的讨论,部分导师会要求学生在见面前先提交论文,如果学生不能按时或保证质量地完成论文,那么这次见面就会被延期或取消。有时因为患病、家里出事或临近考试的复习压力太大,学生会申请延期,导师根据具体情况决定是否批准。如果是个一贯努力的学生,那么获得延期的可能性更大。

导师制里的师生互动也是一种私人交往,学生会看到导师的办公桌、藏书、电脑、家人照片以及各种旅游或得奖的纪念品等,书中介绍到给学生留下深刻印象的收获可以是"一种理念或一种解释,一种观点或一个事实,一个玩笑或一块饼干,一杯咖啡或一杯饮品……"。例如我对一位教授印象最深刻的是他的电脑屏保,居然是通过联网来参与超级计算,用来发现太空里是否存在外星人。其他有趣事实包括他喜欢放鲍勃·迪伦(Bob Dylan)的歌,年轻时组过摇滚乐队,现在想念家里的狗和小孙女胜过想念他老婆,在香港教过很长时间一段高中数学,会说粤语,因此在他认可我的论文时会用繁体字回复"恭喜发财"。

虽然有所准备的学生每次去见导师或其他教授时总是带着写好的论文或一堆问题,但在《高等教育何以为"高"》书里提到,有时这种交往变得太不正式,学生穿着睡衣端着一杯茶就来参加,没有完成阅读或论文也可以信口开河地跟导师侃一个小时。导师烟瘾太大,学生只得在他的吞云吐雾里度过这个小时,毕业后只记得导师办公室的烟味。更为敏感的一个问题是早期大学师生都是男性,后来有了女性入学,一对一的单独见面可能引发性骚扰等麻烦。我曾认识一位从欧洲来美国访学的女学者。她跟某教授喝了几次咖啡，有一天很激动地控诉这位教授有越界的言行。然而这种事件很难取证及展开调查，当事人双方也有不同的说辞。我后来听说这位女学者反过来被指责写邮件诽谤威胁这位教授。如果当时他们的见面方式从"一对一"变成"一对二"，有第三方在场，就可以避免这种敏感事件的发生。

即使没有这些麻烦，书中在1999—2000年对40多位牛津学生的访谈里，发现导师制的效果存在性别差异。男生通常更自信，在跟导师的辩论里更容易坚持自己的观点，连声音都更为洪亮。除了性别以外，导师制的效果还因家庭背景而出现差异。那些家境良好、从私立高中毕业的学生，在高中阶段就把每周阅读大量资料并写一篇短文当作"家常便饭"，跟老师（或父母聘请的家教）进行一对一的讨论也习以为常。而且这些学生在日常生活里也耳濡目染，从父母那里学习如何既带着敬意又充满自信地与医生、律师等专业人士进行交流。格拉德维尔（Malcolm Gladwell）在《异类：不一样的成功启示录》（*Outliers：The Story of Success*）书里提到家境良好的父母会刻意培养孩子从小就学会平等地跟成年人对话。例如母亲开车送孩子去看牙医，就会在一路上操练孩子向牙医提问，包括："我的牙怎么样？""你需要给我的牙做哪些清洗或修补工作？""我以后该如何保护牙齿健康？"等等。但是对来自工薪家庭、从普通中学毕业、更适应大班教学的学生而言，在中学里缺乏相应的广泛阅读、短文写作、公开演讲或辩论的训练，在家里也很少跟父母（或其他成年人）就学习内容或更多的严肃话题展开讨论。这些学生刚开始单独面对一位资深教授时会觉得压力山大，光是跟这个领域公认的专家进行辩论的这个想法就足够"令人窒息"。但即使是女性、毕业于普通中学或生性腼腆，只要克服了因为性别、出身或性格带来的羞涩，真正沉浸在学习钻研中,敢于在教授面前提出并捍卫自己的观点,就能从这种导师制里获益非浅。以写作《向前一步》(*Lean In*)的桑德伯格(Sheryl Sandberg)为例,初进哈佛,她觉得自己跟身边同学相比太弱了,居然不会拉丁语。但是她没有胆怯,师从(曾任哈佛校长的)经济学家萨默斯教授(Lawrence H. Summers),不仅以优异成绩毕业,还跟着萨默斯去了首府华盛顿工作,成为他最信任的得力助手之一。

　　女性和弱势群体的入学人数增多反映了高等教育大众化的趋势,这只是导师制面临的众多冲击之一。大学经费的上升速度赶不上扩招的节奏,在《高等教育何以为"高"》书中提到英国高等教育里用于本科教学的生均支出在 20 年里下降了 40%,给牛津导师制也带来了捉襟见肘的困境,不得不"用以前一半的成本来教比以前多出一倍的学生"。这种困境其实哈佛在 150 多年前就遇到了,哈佛的解决方案是用研究生助教来分担导师的部分教学工作。教授虽然还保留单独辅导学生的时间,但是只指导写论文阶段的博士生,或者把时间缩短为每人 15 分钟,一名学生刚刚坐下开始讨论,另一名学生已经在门外等候了。这种导师制与牛津的"原版"相比,像酒里掺了水,味道不那么香醇。难怪《高等教育何以为"高"》书里会提醒学生们趁牛津导师制还没有"变味",没有因为成本昂贵而减少时间、被助教替代或彻底取消之前,赶紧享用。

　　所幸这 15 分钟的讨论时间只是下限,部分教授喜欢花时间来辅导学生。我的导师开设"教育经济学",选修人数 100 多,他会在每节课后邀请不同的学生共进午餐,并试图记住每个人的名字。在我当他的助教时,共有 6 名博士生组成了一个助教小组,每周共用相同的讲义和习题,在每次批改作业之前还会集体讨论评分标准,以保证打分的公允。通常我们会随机挑选出几份作业,隐去学生名字,每个助教打分之后,给分最高与最低的两人进行辩论,最后达成一致意见,并用这种一致的标准去批改剩下的作业。最近我读到谷歌人力高管的《工作规则》一书,发现谷歌的绩效考评里使用了同样的办法,让经理们在评分时保持一致的标准,避免出现特别的严苛或松懈。这套行之有效的评分方法,原来当年我导师的助教小组早已经用上了。助教小组里还有不少充满人情味的活动,给帮我们整个学期打印资料、发邮件、订教室的行政秘书送一张感谢卡,去印度饭馆的期末聚餐让导师首次尝试了放有香料的印度茶。这些师生交往里的小事都令人难忘,而这些获益者是研究生助教,他们恰恰是将来要去世界各地传播自己学到的知识与体会到的经历。

除了高等教育大众化、经费缩水以及研究生助教的出现,工科的"学徒制"也给传统的牛津导师制带来了新的冲击。在《MIT 的魔法师和学徒们》一书中就介绍了在 MIT 媒体实验室里出现的这种现代师徒制。如果溯源的话,"学徒制"可以回到文艺复兴时期的米开朗基罗、达芬奇等人的工作室,这些大师为年轻人提供食宿和培训,并将一身绝活加以传授,所有传授和学习的活动都是在大师和年轻学徒们共同创作一件作品的过程中发生的。现在虽然很多大学生都有实习经历,但是他们承担的大部分工作只是买咖啡、订餐、打印文件等琐碎事情,并不能算成真正意义上的"学徒",缺少跟大师并肩"作战"的经历。在 MIT 媒体实验室里就不一样,学生"学徒"可以选择自己感兴趣的项目。这些"学徒"的背景各异,不是单一的工程师或程序员,而是包括了设计师、心理学家、音乐家等不同身份,这让他们在跟导师并肩工作的时候能作出特有的贡献。在本质上,这种新的"学徒制"与牛津导师制异曲同工,都是师生通过一对一或一对二的单独辅导,高强度的学术活动,面对面的私人交往来进行教学。不同之处是工科在牛津算新兴学科,在 60 年代的牛津,1/5 的学生攻读的都是哲学(Philosophy)、政治(Politics)或经济(Economics),被称为"PPE学生",因此传统上的导师制是师生共同阅读一些经典文献,然后就其中观点进行书面及口头的论辩。在工科,共同研习的地点从图书馆或办公室,换到了装有各种仪器的实验室或创客空间里,作品也从一篇篇文章换到了能被建造、组装、改良、运用的硬件设备或软件,但是师生共同研究的本质并没有变化。在《高等教育何以为"高"》书里提到,牛津的导师会在开学时给学生写上小卡片,"期待着这学期跟你一起阅读某某的作品",MIT 的导师也盼望着跟他们的"学徒"一起攻克各种"困难而有趣"(Hard Fun)的问题。

总之,伴随高等教育大众化带来的学生规模扩大(尤其是女性和弱势群体入学的人数上升),以及大学经费的缩水,牛津导师制面临着挑战,但可选的解决方案也不少。部分方案在哈佛、MIT 等高校已经有多年的探索、实践与改进(例如用研究生担任助教,在工科教学里引入"学徒制"),被验证是行之有效的。导师制这颗牛津教学过程里的瑰宝,会通过自我打磨散发出新的光彩吗? 还是会因为生均成本的下降而失去原有的水准? 让我们拭目以待。希望未来的牛津和哈佛除了古老的校园,激烈的皮划艇比赛,传统的正式餐会,还会继续有学生在毕业时给导师写"谢谢你教会了我如何思考",导师也会在毕业典礼上祝贺当年的青涩少年成长为可以跟自己平等对话的同行,甚至取得比自己更高的成就。

附录 4

高校学习空间改造案例——哈佛大学的图书馆①

　　每个作家都有自己的"灵感之地",听说海明威一定要站在自己那张桌子旁边写作。我不是作家,但在写论文最苦的那些日子,一定要去哈佛本科生最爱的拉蒙特图书馆(Lamont Library),即那家传说中半夜还人满为患的哈佛图书馆。

　　进门刷卡之后右转,就是拉蒙特图书馆内的咖啡店。先排队买杯咖啡,刷校园卡消费就行,柜台后面的服务生也是勤工助学的同学。没准大家碰巧选修同一门课,可以在等待的时间里聊聊习题或老师的八卦。话说在哈佛校园里,供应咖啡是很受学生欢迎的一项福利。想让睡懒觉的本科生去上早晨 8 点的外语课,那就在 7 点 45 开始提供限量的免费黑咖啡。想让日程繁忙的肯尼迪政府学院的研究生挤出时间看书,那就给他们专用的自习室配一台全免费的自动咖啡机。

　　再挑选一个合适的座位。拉蒙特图书馆咖啡店里有三类座位,第一类靠里,舒服的沙发和安静的角落,是熬夜撑不住的学生打盹儿用的;第二类在中间,是围坐在一起的圆桌或沙发,两人以上可以自由移动与组合,这是供学习小组的小伙伴们在一起讨论时用的,肩并肩解题或者激烈辩论的都有;第三类靠窗,是单人沙发,适合个人阅读或写作。这些沙

---

① 郭娇.忆哈佛,早出晚归,猛灌咖啡[J].大学生,2015,5:34-35.

发面向落地窗,外面可以看见新英格兰一年四季不同色彩的树,树上有松鼠,以及知更鸟。记得有一日,我听到仿佛有人在用手敲窗,抬头看时,却是一只知更鸟,不知道它在玻璃窗上看见了自己的投影,还是羡慕屋里的光亮与温暖,一次次地用头来撞,呆萌的样子真有趣。

咖啡的香味,座位的舒适,24 小时的开放时间,偶遇或邀约小伙伴一起学习的愉快,整个氛围都透露出对学生的一种善意。据说期末考试来临之际,哈佛本科生院院长还会亲自把热腾腾的晚饭送给熬夜的学生,这有时被指责为一种过分的"溺爱"。学习难道不应该是一件艰苦的事情吗? 还要提供吃吃喝喝? 还要有适合打盹的沙发? 还要院长来送饭? 哈佛图书馆里这些用心设计的细节,传递的是一个重要的信息:学生是大学最宝贵的财富,大学真正做到以学生为中心来设计图书馆的设施与功能,让每一个学生都能够不受干扰地学习,能够最大化地利用学校的资源。

这种对学生的友好设计,体现在哈佛每一个院系的图书馆里,小到一间自习室的功能,大到整栋楼的布局。哈佛肯尼迪政府学院塔波曼图书馆(Taubman Library)二楼的自习室就是一个例子,与其叫做"自习室",这里更像一个学生共用的学习空间。中心是可以围坐在一起的桌椅或沙发,配备了四面白板来纪录脑力风暴(brainstorm)的想法。带有一个开放式厨房,配有全自动咖啡机、冰箱、微波炉等,并提供电视、桌游、电钢琴等休闲设备。旁边有一排小会议室,里面配有圆桌、白板、会议电话、计时器等设备,预约后使用,适合小组讨论。感恩节前夕,外面风雪交加,我和两个小伙伴把自己关在这样一间小会议室里,从下午两点一直讨论到晚上八点,想法写满了整个白板,碰撞出了不少火花。暂停的时候去喝杯咖啡或弹下钢琴,再回来继续讨论。三个人工作效率奇高,讨论也意犹未尽,最后才跑去旁边的韩国店里吃豆腐锅。

这种集学习、讨论、餐饮与娱乐等多功能为一体的设计思路也体现在整栋建筑里,典型的例子就是我最熟悉的哈佛教育学院古德曼图书馆(Gutman Library)。这座图书馆是一栋四层的灰色建筑,四楼以教授的办公室为主,三楼主要是电脑室与教室,二楼有藏书,还有供博士生完成论文的小房间,一楼是咖啡馆与讨论区,地下是主办会议的多功能厅。

在写论文期间,我整整一天都可以在古德曼图书馆里度过:先在咖啡馆解决早饭,用自带杯灌满由星巴克特供的咖啡,一美元可以无限续杯;然后直奔二楼写着我名字的专用小房间,关上门改论文,房间里阳光充足,桌椅崭新,门外有供打盹的沙发,感觉比导师的工作环境还舒服。其间上趟三楼,因为有些付费软件只能在学院的电脑上使用,跑一跑程序,结果与预期接近,不禁心花怒放,赶紧打印出来。午饭时间回咖啡馆,偶遇其他写论文的博士同学,互相吐吐苦水,再找个靠近壁炉的温暖小角落,跟约好的小伙伴们边吃边聊,一起策划关于中国教育的论坛。午饭后首要大事是跑去找导师讨论,给他看新跑出来的程序结果,困扰很久的一个数据问题得到解决,这下可以加速论文完成过程。下午约好两个硕士学生来面谈,他们选了我担任助教的统计课,对作业里的题目有些疑问。时间飞逝,很快该吃晚饭,买个三明治或披萨回到房间,埋头改论文,可以放贝多芬或巴赫的音乐来帮助集中精神。直到晚上 9:45,房间里的灯闪了两次,提醒我离闭馆时间还有 15 分钟,把改好的论文存档,再打电话叫车,每天晚上哈佛校园里都有几辆小面包车负责接送晚归的学生,可以直接把我从图书馆送到宿舍楼下。

如果说去本科生喜欢的拉蒙特图书馆是一次“短途旅行”,去肯尼迪政府学院的自习室是我与小伙伴们脑力激荡的一次“周末聚会”,那么在教育学院古德曼图书馆里每天日以继夜的学习就是常态。读博是一份全职工作,尤其是写论文最后的冲刺阶段,几乎就是传说中“007”的生活节奏,每周七天,24 小时连轴转,不管身在何处,想的都是论文里面的一个个问题以及解决方案。哈佛图书馆就像一个培养这些"007"的训练营。

24 小时开放,集多种功能为一身……这些特点不仅体现在一间自习室或一座图书馆,而且可以成为整个大学校园或现代工业园区(industrial parks)的设计思路。朋友曾经带着我横穿 MIT 的校园,从主楼一直到 Kendall 地铁站,地下有一道悠长而曲折的走廊连通了许多大楼。我们在走廊里步行的半个小时里,就像迷宫一样,推开一扇扇门,左右都是实验室,偶尔可以一瞥到里面堆满的仪器和忙碌的身影。难怪 MIT 平日里人烟稀少,大家都在地下穿行。这种把许多建筑连通的设计,一方面是出于天气考虑,波士顿的寒冬多雨雪,能够足不出户最好;另一方面是为不同学科背景、不同兴趣的人创造偶遇的机会。当年贝尔实验室在搬到新泽西州的时候,他的负责人就有明确的思路:用一条长长的走廊把分散的实验室都连接起来,科学家和工程师们在走廊上偶遇的时候,谈一谈他们目前项目的进展或遇到的难题,说不定就能触发不少灵感,成为萌生新想法的工厂(the idea factory)。

畅想未来的大学校园设计:自习室不再是普通的教室,图书馆不再是藏书楼或阅览室,研究机构也不再是关上门不相往来的一间间独立实验室。这个方向在数码时代来临之际尤其重要:既然我们已经习惯用手机或平板阅读,用京东或亚马逊买书,为什么还要天天泡在自习室、图书馆或实验室?为什么不就待在自己的宿舍或者找一家舒服的咖啡馆?答案就可以参照哈佛图书馆这样活生生的例子。未来的大学校园要提供的是比宿舍更明亮宽敞,比外面的咖啡馆更价廉物美的一个学习空间,这里有 24 小时开放的图书馆,集多种功能为一身的自习室,与其他同学或老师偶遇并讨论问题的长长走廊或共享活动区。这些都是线上购买或阅读无法取代的，也是大学提供的独有经历：早出晚归，猛灌咖啡，自愿被关在图书馆或实验室里，完成一段"007"式的训练过程，天天跟比你优秀也比你努力的高手们联手或过招，四年以后你会发现自己不知不觉已经成为他们中的一员。

第六章

毕业后预期目标[①]

本章要点:

➢ 在十项本科阶段高影响力活动里,立志读硕的学生对其中六项活动的参与度都较低;立志读博的学生参与学术相关的活动(老师的课题或项目、各种竞赛)更为踊跃。

➢ 计划出国的群体对海外交流的参与显著高于期待去"一流大学"建设高校的学生;倾向于政府机关或事业单位的学生与向往其他单位类型的学生在参与学生会、创业等方面的行为显著不同。

➢ 本科生参与高影响力活动存在显著的性别、年级与学科差异。女生、大一新生或者人文学科的学生在高影响力活动的参与上相对较低,尤其是与科研相关的活动(例如参与老师的课题或项目、各种竞赛、发表论文或申请专利)。

---

① 本章的部分内容改编自笔者 2019 年发表在《教育发展研究》第 6 期中的论文《本科生高影响力活动与其毕业后预期目标的匹配——基于 2019 年中国本科教与学调查数据》。

本科阶段的人才培养与中小学存在本质区别。其一，高等教育是多投入、多产出的复杂过程，而与中小学生以继续升学为主要诉求不同，大学生在毕业之后面临读研、出国或就业等诸多选择。其二，相对中小学"全班一张课表"的学习模式，本科阶段的培养在个性差异上更为突出，几乎找不到两张完全一样的大学生选课计划与时间安排。其三，大学生身心较为成熟。中小学生需要老师与家长的较多指导与监护，而大学阶段强调的是学生作为独立个体的自主学习①。其四，大学生汲取知识、提升能力以及体验社会的渠道比中小学生更为丰富。除了传统的课堂学习之外，大学生在课外参与的科研、社团、兼职、海外交流等活动都对其成长发展产生影响。本科人才培养过程的优化需要充分考虑到出口多元、个性差异、自主学习以及渠道丰富这四个特征。在校期间的各种课内外资源能否满足不同学生的需要？学生是否根据自己毕业之后的预期目标有针对性地选择参与各项活动？其参与行为是否存在显著的性别、年级或学科差异？本章延续之前对本科阶段高影响力活动的分析，基于CCTL调查数据来探讨本科生参与高影响力活动的行为与其毕业之后预期目标的匹配状况。

一、国内外本科高影响力活动汇总

大学生在校期间参与的课内外活动数以百计，各项活动对其学业表现、综合能力、人格素养等产生的效果存在差异。从中识别出对不同学生群体的成长发展有显著正向作用的教育实践活动，这是优化本科培养过程并提升培养质量的关键所在。围绕这一目标开展的大规模调研可追溯到美国学院与大学协会（American

① 阎光才.大学生"翘课"行为对未来职业有何影响[J].教育发展研究，2017，23：1-5.

Association of College & University，AAC & U)对 21 世纪高等教育的展望，具体探索分为 Greater Expectations(2000—2006 年)与 LEAP(2006—2016 年)两个阶段。第二阶段的标志性成果即乔治·库(George Kuh)于 2008 年提出的"高影响力活动(High-impact Educational Practices，HIPs)"这一概念。高影响力活动的诞生基于三个重要条件：国家层面上对本科教育质量的高度重视；高等教育管理者与研究者的共同参与；通过大规模问卷调查采集数据来检验各项活动的效果。高影响力活动可被视为"有效实践"(Effective practices)的升级版或浓缩精华。引用乔治·库本人的原话，如果大学只能集中资源提供有限的支持或者学生只能集中精力参与有限的活动，那么他建议从十项高影响力活动里至少选择两项：一项活动是面向大一新生的研讨课或学习团体，另一项活动则需要与学生的专业方向契合①。

乔治·库的十项高影响力活动包括新生研讨课、写作强化课程、合作性任务、服务性学习等。国内外学者的后续研究都沿用这一研究思路，他们建议的高影响力活动在五到九项之间(详见表 6.1)②③④⑤⑥⑦。在学术科研方面最常见的高影响力活动是跟着教师做研究。需要注意的一点是美国学者对该项活动的准确表述是"本科生科研"(Undergraduate Research)，国内学者则进行了更为细致的划分，即参与教师的课题或项目、参与各种学术竞赛以及向学术期刊或会议投稿。在学

---

① Kuh，G. D.. High-impact Educational Practices：What They Are，Who Has Access to Them，and Why They Matter [R]. Washington，DC.：American Association of College & University(AAC & U)，2008，16.

② Brownell，J. E.，Swanger，L. E.. Outcomes of Higher Educational Practices：A Literature Review [M]. Washington：AAC & U，2010.

③ Finley，A.，McNair，T.. Assessing Underserved Students' Engagement in High Impact Practices [R]. Washington，DC.：American Association of College & University(AAC & U)，2013，8.

④ 文雯，初静，史静寰."一流大学"建设高校高影响力教育活动初探[J].高等教育研究，2014，35(8)：92 - 98.

⑤ McMahan，S.. Creating a Model for High Impact Practices at a Large，Regional，Comprehensive University：A case Study [J]. Contemporary Issues in Educational Research，2015，8(2)：111 - 115.

⑥ 张华峰，郭菲，史静寰.促进家庭第一代大学生参与高影响力教育活动的研究[J].教育研究，2017，6：32 - 43.

⑦ 鲍威.跨越学术与实践的鸿沟：中国本科教育高影响力教学实践的探索[J].北京大学教育评论，2019，17(3)：105 - 129，190.

习拓展方面最普遍出现的高影响力活动是海外交流。以乔治·库为代表的美国学者在这方面的特点之一是强调学生参与同一门课或同一栋宿舍楼里的学习团体(Learning communities),这是由于其关注年龄在 24 岁以上或从社区学校转入的非传统大学生对校园生活的融入,此类大龄转学生在国内高校并不常见。在社会服务方面的志愿活动与实习兼职都是国内外研究里频繁出现的高影响力活动,其区别在于国外学者用"服务型学习"(service learning)来强调志愿活动的教育目的,即学生能用到一定的课上知识、获得教师的指导并进行反思,而非纯自发的行为,而国内学者倾向于从志愿服务、社会实践或田野调查等角度对此类活动再加以细分。总之,高影响力活动扎根于高等教育的土壤中,与大学肩负的教学、科研以及社会服务这三大核心功能密不可分,并且折射出不同国家高教系统(或者不同类型高校)面临的独特挑战与重要使命。

表 6.1　国内外文献里高影响力活动(HIPs)汇总(2008—2019 年)

	高影响力活动(HIPs)	库赫(Kuh, 2008)	布劳内尔、斯瓦内尔(Brownell & Swaner, 2010)	芬利、麦克奈尔(Finley & McNair, 2013)	文雯等(2014)	麦克马汉(McMahan, 2015)	张华峰等(2017)	鲍威(2019)
学术科研	跟教师做研究	✓	✓	✓	✓	✓	✓	✓
	参与各种竞赛				✓		✓	
	期刊论文或会议投稿				✓			
学习拓展	新生研讨课	✓	✓			✓		✓
	核心课程	✓						
	辅修/双学位						✓	
	海外学习	✓		✓	✓	✓	✓	✓
	第二外语					✓		
	学习团体	✓	✓	✓	✓	✓		
	写作强化	✓						

	高影响力活动（HIPs）	库赫（Kuh, 2008)	布劳内尔、斯瓦内尔(Brownell & Swaner, 2010)	芬利、麦克奈尔(Finley & McNair, 2013)	文雯等(2014)	麦克马汉(McMahan, 2015)	张华峰等(2017)	鲍威(2019)
	毕业设计	√	√	√				
	合作学习	√				√		
社会服务	志愿服务/社团/学生会	√	√	√	√		√	√
	兼职/实习/创业	√		√	√		√	√
	社会实践或田野调查					√		
合计		10	5	6	7	5	9	6

根据深度学习、自主学习、合作学习以及基于问题的学习(Problem-based learning)理论,乔泊·库围绕学生投入对高影响力活动的本质特征归纳如下:(1)学生日常需要投入大量的时间与精力;(2)学生需要在课外与教师或同学进行实质性的互动;(3)学生接触到不同背景的人;(4)学生频繁得到关于其个人表现的反馈;(5)学生有机会在校内外不同场景下运用自己学到的知识[①]。普渡大学与加州州立大学富尔顿分校也基于各自实践对高影响力活动的特征进行提炼:前者简称为 RISE(即科研、国际化、服务型学习以及体验式学习);后者缩写为 REACH(科研、体验、主动学习、社区以及人类探索)[②]。国内学者通过对开放式问题的答案进行一级编码与频率统计,得出类似的八个特征:(1)使学生与他人广泛而深入地交流;(2)为学生创造合作机会和具有挑战性的任务;(3)知行合一,让学生在实践中学习;(4)有一定的学习自由度,促进学生自主学习;(5)使学生感受到师者风

[①] Kuh, G. D.. High-impact Educational Practices: What They Are, Who Has Access to Them, and Why They Matter [R]. Washington, DC.: American Association of College & University(AAC & U), 2008, 16.

[②] McMahan, S.. Creating a Model for High Impact Practices at a Large, Regional, Comprehensive University: A case Study [J]. Contemporary Issues in Educational Research, 2015, 8(2): 111 - 115.

范;(6)能启发学生深入思考;(7)提供大量阅读或写作的机会;(8)让学生体验多元文化[1]。这种简单罗列的局限性在上章已展开详细讨论,在此不再赘述。国内文献也指出上述特征停留在经验层面的概括总结,并从建构主义以及人本主义出发对高影响力活动的理论内涵与影响机制进行探索,他们发现高影响力活动增强学习目的性与主动性的两条主要渠道是提高学生的学术自我效能以及明确学生的职业发展方向[2]。尽管其研究并未提供实证依据来验证上述渠道的确存在,但对揭示大学生参与高影响力活动的意愿以及行为背后复杂的驱动机制提供了一种思路。

国内外学者对高影响力活动的研究达成的另一项共识在于参与高影响力活动对弱势群体具有补偿效果(Compensation effect)[3][4]。美国学者关注的弱势学生群体包括非裔或拉美裔、低收入的家庭第一代大学生以及前面提到的大龄转学生,尽管个别高影响力活动(例如参与志愿活动、海外交流)在部分研究里对学生发展的效果不显著,但整体而言,大多数高影响力活动不仅对学生从大一到大二的巩固率、GPA、毕业率等学业表现有正面影响,还在学生行为与态度方面促进了师生互动,增强了学生对所在社区的归属感以及对学校的满意度,并且在批判性思维、阅读与写作、问题解决能力等综合素质方面有显著提高。弱势群体通过参与高影响力活动获得的知识拓展、能力提升以及素质培养效果尤为明显,但值得指出的一点是弱势群体对高影响力活动的参与度低于其他学生。国内学者发现家庭第一代大学生,对各项高影响力活动的参与度都低于非第一代大学生,这种差距在参与门槛较高的扩展性学习活动(例如上新东方培训班、辅修第二外语等

① 许丹东,吕林海,傅道麟.中国研究型大学本科生高影响力教育活动特征探析[J].高等教育研究,2020,2:58-65.
② 文雯,初静,史静寰."一流大学"建设高校高影响力教育活动初探[J],高等教育研究.2014,35(8):92-98.
③ Kuh, G. D.. High-impact Educational Practices: What They Are, Who Has Access to Them, and Why They Matter [R]. Washington, DC.: American Association of College & University(AAC & U), 2008,16.
④ Finley, A., McNair, T.. Assessing Underserved Students' Engagement in High Impact Practices [R]. Washington, DC.: American Association of College & University(AAC & U), 2013,8.

课程要求之外的语言学习)最为突出①。他们建议高校通过生涯规划来积极引导家庭第一代大学生主动参与高影响力活动,但其推理链条上缺少关键的一环即家庭背景、生涯规划(或毕业之后的计划)与高影响力活动这三者之间的逻辑关系。

本科生毕业之后的计划(尤其是在读研、出国以及就业之间的抉择)与各类高影响力活动的参与度是何种关系?这种关系是否受到家庭背景(除了父母学历之外,还有父母职业、生源所在地等背景变量)的显著影响?高校到底该对面向哪类学生群体或具备哪种特征的高影响力活动提供更多支持?国内外已有研究对这些重要的问题尚未展开深入探索,更未得出一致结论。本章围绕上述问题,聚焦在本科生参与高影响力活动与其毕业之后的预期目标的匹配这一关键环节来进行数据分析与模型构建,旨在拓展本土化的高影响力活动这一理论框架,并为高校设计与开展第二课堂、生涯规划等相关活动提供更有针对性的建议。

二、针对本科高影响力活动的研究设计

本章数据来自 2019 年《中国本科教与学调查》(China College Teaching & Learning Survey(CCTL))。该样本(详见本书第二章)在性别与年级分布上较为均衡,但地方高校与人文学科占比略少。

1. 主要变量

自变量为本科生毕业后读研、出国以及就业这三大预期目标,其操作性定义

① 张华峰,郭菲,史静寰. 促进家庭第一代大学生参与高影响力教育活动的研究[J]. 教育研究,2017,6:
    32 – 43.

分别来自问卷里的三道问题：(1)"您期待获得的最高学历是( )"：A. 本科；B. 硕士；C. 博士。(2)"您想要在何种高校获得最高学历( )"：A. "985"高校；B. 非"985"的"211"高校；C. 海外高校；D. 其他高校。(3)"您期待在毕业后工作的单位类型是( )"：A. 政府机关、事业单位；B. 国有企业；C. 集体企业；D. 外资企业(中外合资/外资/独资)；E. 民营企业；F. 非营利机构；G. 自主创业。根据采集到的数据，预期目标由对应的三组虚拟变量来表示并默认上述选项 A 为参照组，分别为学历层次 DegreeGoal(参照组为本科)、高校类型 UniversityGoal(参照组为"985"高校)以及单位类型 EmployerGoal(参照组为政府机关或事业单位)。

高影响力活动(HIPs)是本章侧重分析的因变量，其对应的具体调查问题为：在大学期间，您参与以下活动的收获大小(未参与的勾选"未参与")：A. 双学位；B. 辅修；C. 海外交流；D. 跟着老师做课题(项目)；E. 发表学术论文(或申请专利)；F. 参加各类竞赛；G. 学生会活动；H. 社团活动；I. 兼职；J. 创业(这十项高影响力活动的参与度排序见图 6.2)。参与度最高的三项活动为社团活动、学生会以及兼职；参与度最低的三项活动则为创业、海外交流以及双学位。每一项高影响力活动的参与 P_{HIP} 都用虚拟变量来表示(参与＝1；未参与＝0)。

2. 研究假设

通过构建的 logistic 回归模型(其中 P_{hip_i} 代表答题者对具体某项高影响力活动的参与情况)，本章检验以下具体假设：

$$Ln\left(\frac{P_{hip_i}}{1-P_{hip_i}}\right) = \alpha + \beta_1 DegreeGoal_i + \beta_2 UniversityGoal_i$$

$$+ \beta_3 EmployerGoal_i + \sum_{j=4}^{n} \beta_j X_j + \varepsilon$$

假设 1：计划读研的本科生对学术相关的高影响力活动(包括参与老师的课题或项目、参与各项竞赛、发表论文或申请专利、辅修、双学位)的参与度高于没有继续深造计划的学生，即回归系数 β_1 为正且显著。笔者会进一步对读硕与读博的人群加以区分，假设这两个群体的学术参与均显著高于最高学历目标为本科的群体。

假设 2：计划从海外高校获得最高学历的本科生对海外交流的参与度显著高于预期在"985"高校获得最高学历的群体，即回归系数 β_2 为正且显著。

假设 3：期待在体制内（政府机关或事业单位、国有企业）就业的群体对学生会以及社团的参与度高于期待在体制外（外资企业、民营企业、非营利机构等）就业的学生，与之对应的回归系数 β_3 为正且显著；这两个群体对于兼职或创业的参与度恰好相反，则 β_3 为负且显著。

假设 4：家庭第一代大学生对各项高影响力活动的参与度低于非第一代大学生。模型里的控制变量 X 还包括性别、城乡生源、母亲职业、就读年级以及学科门类。本章分别假设女性、农村生源、母亲并非从事管理或专业技术工作、大一新生或人文学科的学生群体对高影响力活动的参与度较低，即回归系数 β_j 为负且显著。

三、本科生高影响力活动与其毕业后预期目标的匹配

1. 描述统计

基于 CCTL（2019 年）调查数据，本章从深造、出国、就业这三个维度来对本科生毕业之后的预期目标进行描述统计。具体从深造来看，答题者毕业后的预期学历目标可分为本科、硕士以及博士，这三类学历层次在样本的占比为 13.93%、55.57% 以及 30.60%，这表明 85% 以上的本科毕业生都有读研诉求。

从出国来看，期待从海外高校获得最高学历的答题者占 14.91%，该比例低于期待从"985"或"211 非 985"高校获得最高学历的答题者在样本中所占比例（分别为 63.97% 与 16.52%）。这从侧面反映国内高校开展研究生生源建设工作的成效，其中"985"高校的招生竞争力尤为突出。本科生期待去深造的高校类型与其

在校经历(例如海外交流)的关联是本章关注点之一。

从就业来看,受本科生青睐的单位类型按占比排序(见图 6.1),依次为政府机关或事业单位、国有企业、外资企业、自主创业、民营企业、集体企业以及非营利机构。本章也将探究不同的就业目标与本科经历是否存在显著关联。值得注意的是选择"政府机关、事业单位"或"国有企业"的答题者分别占 30.8% 与 26.3%,两者相加即样本里半数以上的本科生向往体制内工作,这种就业倾向与其在校期间参加学生会、创业、兼职等经历的关联可通过回归模型加以检验。

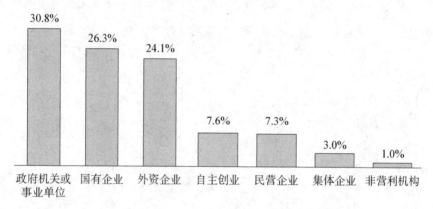

图 6.1　本科生期待在毕业后工作的单位类型排序

本章关注的十项高影响力活动可视为本科生在校经历的"浓缩",其本质特征在于:属于课堂学习之外的经历但与课堂学习相互促进;需要学生投入大量的时间及精力;需要教师给予及时的实质性反馈;与校内外不同经历及背景的人高频互动;与学生预期目标联系紧密。前四条特征基于国内外的相关文献[1],最后一条特征则是笔者的贡献所在。本章的分析并非对每一项活动平均用墨,而是把重点放在有一定参与"门槛"且与学生预期目标联系紧密的活动(例如参与课题或项目、海外交流、创业等)。

根据 CCTL 样本里答题者的参与情况(见图 6.2),这十项高影响力活动可大

---

[1] 鲍威,张晓玥. 中国高校学生学业参与的多维结构及其影响机制[J].复旦教育论坛,2012,10(6):20 − 28.

致分为三类：参与度在85％以上的"普及型"活动是社团；参与度在50％到70％左右的"大众型"活动包括学生会、兼职、各类竞赛以及跟着老师做课题或项目；参与度在30％以下的"小众型"活动包括辅修、发表论文或申请专利、创业、海外交流以及双学位。这种分类与之前研究里提及的"低参与门槛如社会实践类"、"中参与门槛如研究相关性"以及"高参与门槛如拓展性学习"的活动类型可相互对照[①]，共同之处在于社会实践类（社团、兼职）参与度较高，以海外交流为代表的拓展类学习活动参与度较低；不同之处在于研究相关的活动参与度分化明显，其中各类竞赛的本科生参与度较高，跟着老师做课题或项目的参与度居中，而发表论文或申请专利的参与度较低，其背后的影响机制也需要进一步探讨。

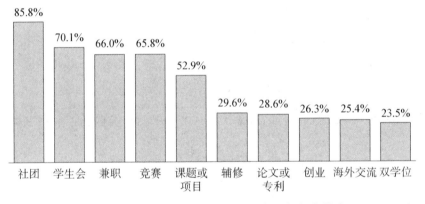

图6.2　本科生十项高影响力活动的参与度排序

2. 回归检验

本章的基本假设是在控制主要的人口学变量以及教育学变量之后，本科生对高影响力活动的参与度与其毕业后的预期目标显著匹配。这一判定与以往研究的根本区别在于：以往研究突出家庭背景或学校资源的局限性；笔者强调本科生作为决策主体的能动性，他们是在有针对性的选择与其目标更为匹配的高影响力

[①] 张华峰,郭菲,史静寰. 促进家庭第一代大学生参与高影响力教育活动的研究[J].教育研究,2017,6: 32-43.

活动。整体而言,Logistic 模型的回归结果验证了这一匹配假设并提供了实证依据(见表 6.2)。

立志读博的群体学术参与度更高,但计划读硕的群体不支持这一研究假设。学历目标不同的群体在本科期间的经历呈现显著差异,而且这种差异比在研究设计阶段提出的假设更为复杂。具体而言,与没有读研计划的本科生相比,期待获得硕士的本科生在六项高影响力活动的参与度都更低,相应的回归系数都为负且显著,不支持研究假设。这六项活动涉及多个维度,分别是学习(辅修、双学位)、科研(发表论文或申请专利)、工作(兼职、创业)以及拓展(海外交流)。这反映了该群体在本科期间心无旁骛,但在对校园内外资源的利用以及视野的开阔上似有缺憾,尤其在论文发表或专利申请的相关科研经历反而不及没有读研计划的本科生,这一点更值得关注。比较之下,立志读博的群体对学术相关的活动(老师的课题或项目、各项竞赛)参与度更高,对工作相关的活动(兼职、创业)参与度更低,这与研究假设一致。这表明期待获得博士的本科生在校期间更注重科研经历,无论是老师的课题还是挑战杯等竞赛都为其提供了培养学术能力的机会。由此可见,本科生的学历预期与高影响力活动的参与具有显著关联,这种联系在计划读博的人群身上有突出表征(即对老师开展的课题或学校组织的竞赛更感兴趣),但是对于计划读硕的人群而言,他们对各种高影响力活动(包括发表论文或申请专利这样的科研经历)都没有参与的热望,而正是这一群体构成了"考研大军"的主体。

计划出国的群体对海外交流的参与度更高。注意这一比较的参照组是期待在"985"高校获得最高学位的群体。这验证了研究假设即作为决策主体的本科生对于高影响力活动的选择与其毕业之后的计划有着高度匹配性:他们参与海外交流不是为了增强被"985"高校录取的竞争力,而是为实现出国留学这个目标迈出的一步。这种匹配性也体现在选择国内其他高校的群体身上:选择从"211 非985"高校获得最高学位的本科生对学生会的参与度更低,但他们对创业的参与度更高,从侧面反映出这一群体"宁为鸡头,不做凤尾"即发挥个人能量而非加入固有组织机构;选择非"211"高校的本科生则对老师的课题或项目参与度更低,这表明其对科研的兴趣不大。

期待体制外工作的群体在高影响力活动的参与度上与研究假设一致。这些群体同时体现出各自鲜明的特征：期待毕业之后去民企工作的本科生对辅修或双学位的参与度较低，或许这是由于其专业与预期工作较为对口，因此没有拓宽知识面的需求；向往非营利机构的群体对学生会的参与度较低，这可能源自其对不带功利性质的志愿者活动更为关注与认同；打算创业的群体则在本科期间对三项高影响力活动（发表论文或申请专利、兼职、创业）的参与度都较高，也许其创业灵感、人脉及团队正是来自上述活动里的专利转化、兼职经历或创业尝试。总之，这些显著差异都是与选择政府机关或事业单位的本科生相比，再次验证了参与高影响力活动与其毕业之后预期目标（如期待的单位类型）的高度匹配。需要指出的一点是期待体制内就业的群体内部出现分化，这是在研究设计阶段没有预判到的复杂性。与选择政府机关或事业单位的本科生相比，期待毕业之后去国企工作的群体对三项高影响力活动（老师的课题或项目、社团、海外交流）的参与度都更高，其对应的回归系数都为正且显著。这表明即使同为体制内的工作，选择企业而非机关单位的这一群体在本科期间更注重通过高影响力活动来锻炼项目协作、活动组织、跨文化交流等综合能力。

除了生源所在地以外，家庭第一代大学生、母亲职业以及性别的回归结果都支持研究假设。以国内外文献关注的家庭第一代大学生为例，在控制其他背景变量之后，父母学历均在高中及以下的本科生对海外交流的参与较低，但兼职较多。这一发现与研究假设一致且与已有文献具有可比性，即家庭第一代大学生对类似的外语拓展学习活动（例如上新东方培训班）参与度低[①]。与文献里将此差异解释为"门槛较高"略为不同，笔者认为其根源在于这类活动与家庭第一代大学生毕业之后的预期不匹配。样本里家庭第一代大学生期待从海外高校获得最高学历的占比仅为10.87%，显著低于家庭第二代大学生计划出国的占比即23.20%。从母亲职业来看，母亲并非从事管理或专业技术工作的本科生对涉及学习（双学位）、

---

① 张华峰，郭菲，史静寰.促进家庭第一代大学生参与高影响力教育活动的研究[J].教育研究,2017,6：32－43.

科研(参与老师课题或项目、发表论文或申请专利)以及各种拓展(海外交流、社团、创业)活动的参与都较低,但兼职较多。这体现出母亲职业不仅反映了学生能够获得的物质支持,也体现了学生是否能在家庭里接受到直接帮助(例如母亲提供的学业规划)或间接激励(例如母亲自身对待工作的示范作用)。在模型里未同时加入父亲职业这一变量是为了避免多重共线性,即母亲职业与父亲职业的高度相关影响到模型的拟合。此外性别差异也不容忽视,根据模型回归结果来看,女生在本科期间对除了社交(学生会、社团)与工作(兼职)之外的各项高影响力活动的参与都显著低于男生,这也提醒高校在开展学习、科研以及其他拓展活动时留意性别平衡。值得关注的是生源所在地的回归结果不支持研究假设,从生源所在地来看,户籍在县城及以下的本科生对六项高影响力活动的参与较高,其对应的回归系数都为正且显著。这些活动包括学习(辅修、双学位)、学术(参与竞赛、发表论文或申请专利)、兴趣爱好(社团)以及工作(兼职),反映出这一群体在充分利用高校及其所在城市提供的各种资源。

大一新生与人文学科的回归结果都与研究假设一致,这为本科高影响力活动的设计与实施提供了思路。年级差异集中体现在科研(参与老师的课题或项目、各种竞赛、发表论文或申请专利)以及工作(兼职)中,大一的参与都显著较低,这反映出新生还需一定时间来培养相应能力或拓展资源。此外还需注意的是大三,该年级对在校期间创业活动的参与显著低于其他年级。背后的原因需要进一步挖掘,这既包括院系的课程设置等制度安排(例如大三的专业课更为繁重),也涉及学生个人的时间管理等决策行为(例如从大三开始准备考研、出国或实习)。学科差异也是高校在设计高影响力活动时不可忽视的一个要素。回归结果表明,与人文学科相比,社会学科的高影响力活动侧重知识的广博与经历的丰富,本科生参与较高的三项活动分别是辅修、海外交流与创业。自然学科高影响力活动的科研导向鲜明,本科生在相关的三项活动(参与老师的课题或项目、各种竞赛、发表论文或申请专利)都参与较高。依托上述活动提供的机会与资源(例如项目成果、竞赛获奖或专利转化),该群体在校期间参与创业也更踊跃。工程学科兼具社会学科与自然学科的特点,在科研训练(参与老师的课题或项目)与视野拓展(海外

表6.2 本科生十项高影响力活动与其毕业后预期目标的匹配（样本＝4461）

变量		P_{HIP1} 教师课题	P_{HIP2} 竞赛	P_{HIP3} 论文或专利	P_{HIP4} 辅修	P_{HIP5} 双学位	P_{HIP6} 海外交流	P_{HIP7} 学生会	P_{HIP8} 社团	P_{HIP9} 兼职	P_{HIP10} 创业
预期学历	硕士	-0.136	0.120	-0.249*	-0.215*	-0.226*	-0.215*	0.030	0.121	-0.265*	-0.284**
		[0.096]	[0.098]	[0.102]	[0.100]	[0.107]	[0.105]	[0.100]	[0.131]	[0.106]	[0.103]
	博士	0.261*	0.322**	0.002	-0.104	-0.056	-0.093	0.097	0.088	-0.338**	-0.246*
		[0.107]	[0.110]	[0.112]	[0.111]	[0.119]	[0.117]	[0.112]	[0.144]	[0.119]	[0.115]
预期高校	海外	0.003	-0.064	-0.144	-0.142	-0.258*	0.283**	-0.139	0.183	-0.244*	-0.130
		[0.096]	[0.098]	[0.104]	[0.104]	[0.114]	[0.102]	[0.100]	[0.135]	[0.098]	[0.109]
	"211非985"高校	0.004	-0.007	0.089	0.064	0.086	0.172	-0.191*	0.194	0.190	0.226*
		[0.088]	[0.091]	[0.094]	[0.093]	[0.100]	[0.098]	[0.091]	[0.127]	[0.097]	[0.095]
	非"211"高校	-0.407**	0.179	-0.050	-0.110	0.060	0.025	-0.299	-0.176	0.003	0.072
		[0.155]	[0.166]	[0.166]	[0.165]	[0.173]	[0.175]	[0.157]	[0.201]	[0.177]	[0.167]
预期单位	国有企业	0.276**	0.055	0.175	0.015	0.113	0.230*	-0.044	0.320**	0.139	0.186
		[0.089]	[0.091]	[0.095]	[0.093]	[0.099]	[0.099]	[0.094]	[0.123]	[0.094]	[0.097]
	集体企业	0.261	-0.002	0.228	0.143	0.261	0.327	-0.343	0.201	0.036	0.201
		[0.191]	[0.196]	[0.200]	[0.196]	[0.204]	[0.203]	[0.193]	[0.263]	[0.200]	[0.204]
	外资企业	0.207*	0.006	0.047	-0.045	-0.072	0.140	-0.135	0.143	0.107	0.040
		[0.090]	[0.092]	[0.099]	[0.096]	[0.105]	[0.101]	[0.095]	[0.122]	[0.095]	[0.102]

变量		P_{HIP1} 教师课题	P_{HIP2} 竞赛	P_{HIP3} 论文或专利	P_{HIP4} 辅修	P_{HIP5} 双学位	P_{HIP6} 海外交流	P_{HIP7} 学生会	P_{HIP8} 社团	P_{HIP9} 兼职	P_{HIP10} 创业
民营企业		-0.054	-0.210	-0.259	-0.049	-0.444**	-0.216	-0.218	0.236	-0.049	-0.198
		[0.133]	[0.136]	[0.150]	[0.152]	[0.165]	[0.157]	[0.139]	[0.185]	[0.141]	[0.154]
非营利机构		0.502	0.206	0.305	-0.076	-0.056	0.228	-0.635*	0.344	0.544	0.120
		[0.331]	[0.345]	[0.346]	[0.361]	[0.387]	[0.362]	[0.320]	[0.485]	[0.363]	[0.375]
自主创业		0.206	-0.070	0.287*	0.135	0.137	0.218	-0.103	0.224	0.576***	0.706***
		[0.132]	[0.134]	[0.137]	[0.135]	[0.144]	[0.143]	[0.138]	[0.183]	[0.148]	[0.135]
父母学历(均在高中及以下=1)		0.056	0.047	-0.029	-0.007	0.020	-0.194*	-0.064	0.076	0.424***	0.001
		[0.084]	[0.086]	[0.091]	[0.090]	[0.097]	[0.092]	[0.089]	[0.114]	[0.086]	[0.094]
户籍所在地(县城及以下=1)		-0.032	0.257***	0.174*	0.437***	0.305***	0.134	0.119	0.227*	0.426***	0.330
		[0.070]	[0.071]	[0.076]	[0.076]	[0.082]	[0.078]	[0.073]	[0.095]	[0.072]	[0.079]
母亲职业(并非从事管理或技术工作=1)		-0.186*	-0.101	-0.253**	-0.172	-0.207*	-0.237**	-0.131	-0.290**	0.294**	-0.211*
		[0.091]	[0.092]	[0.097]	[0.097]	[0.103]	[0.097]	[0.096]	[0.127]	[0.091]	[0.100]
性别(女=1)		-0.263***	-0.152*	-0.466***	-0.407***	-0.510***	-0.305***	0.005	0.067	0.062	-0.477***
		[0.070]	[0.072]	[0.070]	[0.075]	[0.081]	[0.078]	[0.074]	[0.096]	[0.074]	[0.078]
年级	大二	1.022***	0.734***	0.234*	0.041	0.028	0.086	0.114	0.163	0.529***	0.066
		[0.085]	[0.085]	[0.094]	[0.090]	[0.095]	[0.093]	[0.089]	[0.119]	[0.087]	[0.092]

变量		P_{HIP1} 教师课题	P_{HIP2} 竞赛	P_{HIP3} 论文或专利	P_{HIP4} 辅修	P_{HIP5} 双学位	P_{HIP6} 海外交流	P_{HIP7} 学生会	P_{HIP8} 社团	P_{HIP9} 兼职	P_{HIP10} 创业
	大三	0.913***	0.772***	0.320***	-0.023	-0.118	-0.037	0.064	-0.118	0.551***	-0.219*
		[0.088]	[0.089]	[0.096]	[0.093]	[0.101]	[0.099]	[0.092]	[0.117]	[0.090]	[0.098]
	大四	1.248***	0.648***	0.650***	0.118	-0.010	0.191	-0.022	0.066	0.981***	0.003
		[0.101]	[0.099]	[0.104]	[0.103]	[0.112]	[0.107]	[0.102]	[0.135]	[0.107]	[0.108]
	社科	-0.159	0.296*	0.263	0.347*	-0.236	0.404**	0.135	-0.004	-0.073	0.542***
		[0.125]	[0.129]	[0.146]	[0.104]	[0.147]	[0.151]	[0.132]	[0.184]	[0.143]	[0.150]
学科	自然	0.624***	0.294*	0.370**	-0.151	-0.050	0.194	0.139	-0.313	-0.327*	0.302*
		[0.126]	[0.129]	[0.143]	[0.138]	[0.149]	[0.152]	[0.132]	[0.178]	[0.140]	[0.151]
	工程	0.305*	0.087	0.184	-0.066	-0.139	0.306*	0.101	-0.309	-0.664***	0.077
		[0.119]	[0.121]	[0.137]	[0.130]	[0.141]	[0.144]	[0.124]	[0.171]	[0.132]	[0.144]
df		4439	4439	4439	4439	4439	4439	4439	4439	4439	4439
AIC		5844.4	5622.6	5243.2	5354	4808.3	5007.4	5459	3651.1	5347.7	5032.1

注：* $p < 0.01$、** $p < 0.05$、*** $p < 0.001$。括号里为标准误差。预期目标里的学历层次、学校类型以及单位类型分别以本科、"985"高校、政府机关或事业单位为参照。控制变量里的就读年级与学科类别分别以大一与人文学科为参照。

交流)这两方面的活动参与均高。比较之下,人文学科的本科生在校期间兼职的参与显著高于自然学科与工程学科的学生,这恰好从侧面佐证了理工生用更多的时间来参与老师的课题或项目。

四、基于不同学生群体的特征重新设计高影响力活动

在过去二十年里,国内外学者围绕学生投入、高影响力活动、家庭第一代大学生等概念已进行过界定、测量与分析,基于本土国情的本科高影响力活动框架也在构建之中。在这一理论架构过程里不可回避的根本问题包括:这些最初源自欧美国家的理论框架是否适用于中国高等教育的情境? 在运用相关指标体系进行测量时是否考虑到国内学生群体的构成特征? 在对结果进行解释时是否深入到背后的影响机制?[①] 本章沿着这一思路进行拓展,通过在理论框架里引入本科生毕业之后的预期目标,来突出其在校期间参与高影响力活动具有显著的主体性与针对性。这些决策受到家庭背景影响,而且在回归结果里呈现出鲜明的性别、年级以及学科差异。

本章最重要的发现是高校在设计、实施与评价高影响力活动时不能脱离学生毕业之后的读研、出国或就业预期。从理论层面来看,这一发现拓展了高影响力活动的内涵,即在本质特征里可新增"与学生毕业之后的预期目标显著关联"并在分析框架里添加相应的指标。这项新增的特征也有助于从内涵上理解高影响力活动背后的学生投入概念,这一概念强调契约双方的双重性:校方提供各种资源

---

① 鲍威,张晓玥.中国高校学生学业参与的多维结构及其影响机制[J].复旦教育论坛,2012,10(6):20-28.

与支持;学生投入时间与精力。双方履约的一个关键环节正是校方的资源要与学生的期待匹配[①]。如果双方不匹配,学生投入仅停留在"被动顺应型"的规则性参与,无法上升到课内的过程性参与,更谈不上课外的自主性参与[②],甚至还会出现逃避性投入(如逃课)、逆向性投入(如玩手机)或非道德性投入(如作弊)[③]。以硕士为学历目标的"考研大军"在高影响力活动的参与上出现了显著的逃避性投入特征,这一群体对辅修、双学位、发表论文或申请专利、海外交流等校方提供的多种拓展机会都兴趣不大。以博士为学历目标的学生群体则与之相反,他们对与科研相关的老师课题或各种竞赛均表现出自主性参与的特征。由此可见,校方对学生毕业之后的预期目标进行摸底并加以引导也很重要。

从家庭背景来看,父母不仅为本科生提供参与高影响力活动的物质支持或指导建议,还通过自身从事的管理或专业技术工作起到示范作用。根据本研究回归结果,家庭第一代大学生、生源所在地与母亲职业都对本科生参与高影响力活动有显著影响,而且后两个变量关联的高影响力活动范围更广。相关研究发现家庭第一代大学生学业基础较为薄弱,难以获得父母在择校或择业方面的帮助,通常考虑到需要照顾父母而选择就近入学并承担兼职工作[④]。本章也发现了相似结果即家庭第一代大学生兼职较多,但参与海外交流较少,毕业之后有出国打算的比例也显著低于家庭第二代大学生。可见除了物质条件的约束,家庭第一代大学生对离家近、照顾父母的倾向性也较强。此外由于国情差异,美国相关研究通常会结合学生的种族、是否就读两年制社区学院等变量进行综合考量,而不是单独使用家庭第一代大学生这一个变量。因此在本土情境下,对家庭背景的测量需要针对国内学生群体的特点充分考虑户籍所在地、父母学历以及父母职业,背景变量

---

① Wolf-Wendel, L., Ward K., Kinzie, J.. A Tangled Web of Terms: the Overlap and Unique Contribution of Involvement, Engagement, and Integration to Understanding College Student Success [J]. Journal of College Student Development, 2009,50(4): 307 - 428.

② 鲍威,张晓玥. 中国高校学生学业参与的多维结构及其影响机制[J]. 复旦教育论坛,2012,10(6): 20 - 28.

③ 胡子祥,马广永. 大学生学习投入评价模型研究[J]. 西南交通大学学报(社会科学版),2013,14(6): 102 - 108.

④ 鲍威. 第一代农村大学生的升学选择[J]. 教育学术月刊,2013,1: 3 - 11.

的多重组合能更为准确地识别出本科高影响力活动参与的弱势群体。

除了家庭背景之外，本科生参与高影响力活动还存在显著的性别、年级与学科差异。女生、大一新生或者人文学科的学生在高影响力活动的参与上相对较低，尤其是与科研相关的活动（例如参与老师的课题或项目、各种竞赛、发表论文或申请专利）。一方面这反映了学科属性，自然学科的科研导向更为突出，工程学科的学生也对参与老师的课题或项目更为积极。而女生人数在以上两大学科的比例低于人文学科与社会学科。另一方面从校方安排来看，大一新生接触到的专业知识或学术训练较少，因此他们也缺乏参与科研的机会以及能力。还有一个值得深入挖掘的要素是参与行为背后的动机，即由某个特定目标所激发并维持个体行为的内在心理力量。已有研究表明，大学生的学习动机在性别与年级这两个维度都存在显著差异。从性别来看，女生的内生动机显著低于男生，即男生比女生更喜欢接受挑战或解决复杂问题，而女生更依赖他人评价[1]。另一研究也发现女生的个人成就动机显著低于男生，但社会取向、害怕失败、小群体取向等动机显著高于男生[2]。回归结果里除了带有社交属性的学生会参与社团以及兼职工作，女生在其余各项高影响力活动的参与都显著低于男生，已有研究的发现有助于理解这一性别差异。从年级来看，大一新生的小群体取向显著高于大三学生，但物质追求、求知进取以及个人成就动机都显著低于大三学生，这恰好可与回归结果里大三的特点（即在创业活动上显著低于大一，但在科研与兼职上显著高于大一）相互对照。针对性别、年级与学科差异来改进高影响力活动的设计可提高学生对这些活动的参与度，让学校开展的第二课堂、职业规划等服务得以充分发挥作用，也会激发学生持续投入时间与精力来达成毕业之后的预期目标。

---

[1] 池莉萍,辛自强.大学生学习动机的测量及其与自我效能感的关系[J].心理发展与教育,2006,2：64 - 70.

[2] 刘淳松,张益民,张红.大学生学习动机的性别、年级及学科差异[J].中国临床康复,2005,20：96 - 97.

附录 5

本科生科研案例——加州理工学院 SURF[①] 与普林斯顿大学 ReMatch[②]

加州理工学院的暑期科研训练 SURF[③]

"SURF 让我下定决心从事应用实验科学。"2014 年诺贝尔化学奖获得者白茨格(Eric Betzig)回忆在加州理工学院(以下简称 Caltech)念书时,提到了一个重要活动——冲浪(SURF)。SURF 的全称是本科生暑期科研训练(Summer Undergraduate Research Fellowship),这个为期十周、面向学术"小白"的项目,被誉为 Caltech 本科教育"王冠上的珍宝(crown jewel)"。

用学术"小白"直呼 Caltech 本科生也许并不恰当。这所建于 1891 年的大学号称象牙塔里的象牙塔,全校学生总数不到 2 000 人,每年招收的本科生仅 200 人左右。但截至 2017 年,Caltech 出了 22 位诺贝尔奖得主,每千名学生就出一个诺奖得主,毫无悬念是全球高校诺奖密度之冠。

1979 年,Caltech 启动 SURF,40 余年 8 000 多名同学受益。目前每年培训 400 多名学生,Caltech78% 的大四学生都参与过 SURF。Caltech 本科生申请 SURF,成功率在 90% 以上,这正是设计者的初衷:不在于拔

---

① 郭娇. Caltech 学术小白来冲浪[J]. 大学生,2018,6:82-83.

② 郭娇. Rematch[J]. 大学生,2018,9:84-85.

③ Caltech. Student-Faculty Programs, SURF [EB/OL]. [2021-02-03]. http://sfp. caltech. edu/programs/surf.

尖,在于普惠。

在 SURF 的十周里,可以享受多种"福利"。首先,能近距离接触顶尖实验室,比如航空航天领域相当神秘的 JPL①。JPL 全名为喷气推进实验室(Jet Propulsion Laboratory),共有 5 000 多人。1938 年的 JPL 首届主任冯・卡门(Theodore von Karman)是"中国航天之父"钱学森的博导。近年来的火星探索又把 JPL 推向风口浪尖,它的飞船已到过全部已知的大行星。另一个神奇的实验室是在 2016 年震惊世界的激光干涉引力波观测站 LIGO。

其次,SURF 摸索出了一整套帮助科研"小白"用十周时间迈入学术大门的方法。SURF 明确了这十周要达到的目标:本科生有机会探索不同的科研领域并对自己的专业加深理解;建立与教授、博士后以及研究生的学术圈子;弄清自己的学术与职业兴趣,并在档案袋里增加一项重要经历(即科研训练);提高沟通能力(包括书面报告与口头演讲);学习新的研究技术及方法;还有最为重要的一条——在一个学科领域做出原创性的贡献。

基于这些目标,SURF 的项目设计思路不是灌输知识的授课或工作坊,也不是以考试判定能力,而是像模拟法庭的实操,模拟一次从研究问题提出到论文发表的科研全过程。令人叹为观止的是,SURF 拆分这一过程,分解出各个关键环节,并给出具体的针对性建议。这些环节按发生的先后顺序,分别是在申请时提交一份 2~3 页的开题报告,导师面试,十周全程参与(包括实验室操作、小组例会),两份中期报告,一份最终报

---

① Caltech. Student-Faculty Programs, SURF@JPL [EB/OL]. [2021 - 02 - 03]. http://sfp. caltech. edu/programs/surfjpl.

告,一次 15 分钟的口头演讲,提供摘要汇编成册,完整的论文经多次修改后在学术期刊或会议上发表。在每个关键环节,SURF 发动导师们倾囊相授,仅是针对一次面试的建议,列出的要点就高达 20 多项。

SURF 对导师们的定位也令人刮目相看,他们是"与学生合作的资深搭档(senior partner in collaboration with the student)"。这种搭档关系当年鲜活体现在钱学森与他的导师冯·卡门之间,他们在科研上并肩作战,共同命名了"卡门-钱学森"公式。冯·卡门这样评价爱徒钱学森:"我发现他非常富有想象力,他具有天赋的数学才能。人们都这样说,似乎是我发现了钱学森,其实,是钱学森发现了我。"

SURF 还形成了一个科研训练合作团队,用来减轻导师(尤其是资深教授)的工作量。资深教授主要负责面试、选题、经费以及安全等决策,十周里有四周可以离开。日常的指导工作另设一名协同导师(co-mentor)①,由博士后或高年级研究生担任。协同导师与学生的接触更频繁,几乎每天都在一起工作。协同导师在导师与学生之间起到协调作用,包括安排每周进行的三人碰头会等。

翻开 2017 年的 SURF 论文摘要汇编(abstract book)②,信手拈来几个题目,比如"IC860 的铁化与分子气体:外流的证据""单维跳跃机器人的移动块与机械爪机理""运用抗生素的合成模块来限制细菌生长""通过过度训练形成人类的习惯""暗物质光谱仪器的整合与模拟测试"。可以看到这些科研项目覆盖天文、物理、生物等 Caltech 的传统优势学科,

---

① Student-Faculty Programs. SURF Mentors and Co-mentors [EB/OL], Caltech, http://sfp. caltech. edu/mentors.

② Student-Faculty Programs. SURF Abstract Books [EB/OL], Caltech,[2021-02-03]. http://sfp. caltech. edu/about/abstract.

结合机器人、精准医疗等新兴热点，甚至还延伸到了人类行为等社科领域。

论文摘要是 SURF 的短期成果汇报，它的长期成效体现在跟踪这些本科生。来自罗马尼亚的格拉迪拉卢（Viviana Gradinaru）在 2003 年和 2004 年连续两次参与 SURF，除了学习与科研，她还爱上了国标舞，遇到了未来的人生伴侣。正是 SURF 的这段经历促使她选择神经科学作为研究领域，致力于亨廷顿舞蹈症的攻克。格拉迪拉卢本科毕业后，前往斯坦福大学读同一方向的博士，并于 2013 年回 Caltech 任教，斩获各大青年科学家奖项，成为《细胞》杂志选出的"40 位 40 岁以下的科学家"[1]。如今，格拉迪拉卢已指导了 13 名参与 SURF 项目的本科生。

普林斯顿大学的科研配对 ReMatch[2]

"在我这个学科领域，什么样的问题值得研究？哪些数据来源我可以利用？数据获取之后如何分析？怎么进行学术交流？谁来带我入门？如何从他们那里获得科研指导？"每个学术小白都会面对以上的自我"拷问"，承受在导师办公室或实验室外跃跃欲试又忐忑不安的那种煎熬。普林斯顿大学的本科生也不例外，幸运的是他们可以通过科研配对 ReMatch 在研究生导师的一对一指导下来探索通向学术的"奇妙旅程"。

比起高高在上的教授们，研究生师兄师姐对学术小白而言更容易接近。但在普林斯顿校园里，本科生与研究生这两个群体的交集不多，即使他们正好对同一学科领域的同一研究问题感兴趣。如果去普林斯顿

---

① Viviana Gradinaru. Profile & Publications [EB/OL]. Caltech, [2021 - 02 - 03]. http://www.bbe.caltech.edu/people/viviana-gradinaru.

② Princeton University. Office of Undergraduate Research, Rematch [EB/OL]. [2021 - 02 - 03]. https://undergraduateresearch.princeton.edu/programs/rematch.

校园参观,研究生院的选址让人印象深刻,仿佛一栋远离尘嚣的古堡,俯视本科生来来往往的校园以及它所处的小镇,中间还隔着一个绿草茵茵的高尔夫球场。爱因斯坦等大师在世时工作的高研院离热闹的校园更为遥远,那需要你带着朝圣的心情绕路前往。它悄然栖身于另一个小镇,确保不会受到大量游客的打扰。难怪普林斯顿大学一直不设商学、法学、以及医学这三大学院,捍卫着钻研高深知识所需要的清静与专注。这种建筑布局与制度安排体现了该校独树一帜的历史传统,但也带来了一种挑战,那就是本科生与研究生的疏离。偏偏普林斯顿极为重视本科科研,大三的时候人人都得完成一篇水平不低的学术论文(junior paper),为大四的学位论文做准备。如何让本科生进校不久就开始科研历练? 让他们对学术不是敬而远之而是亲身经历? 研究生在其中又能发挥哪些作用?

2014 年启动的"LabMatch"(实验室配对)试点项目是"科研配对ReMatch"的前身。简而言之,通过一个大一或大二的本科生"学徒"与一个研究生"导师"的配对,这个项目力求让参与双方都有所收获。本科生可以尽早确定科研方向并参与"实战",身边还有一个专属的"学术向导";研究生也可以训练自己的指导能力,这种机会对打算在高校任教的博士而言尤为难得。

从项目模式①而言,参与的双方就像谈恋爱一样,步步深入了解,并通过亲密合作修成"正果"。贯穿整个学年,从 9 月开始,本科生浏览研究生导师的网上简历,初步锁定感兴趣的人选。10 月份双方通过气氛轻松

---

① Princeton University. Office of Undergraduate Research. Mentee FAQs [EB/OL]. [2021 - 02 - 03]. https://undergraduateresearch. princeton. edu/programs/rematch/mentee-faqs.

的见面会（greet and meet）首次接触，11月再通过约饭（meals with mentors）加深了解。除开这两次集体活动，个人私下还可以单独行动，形式颇为丰富，包括参观实验室（lab tour）、喝咖啡等，并在来年1月正式确定"一对一"关系。更多实质性的科研活动将在明确关系之后展开。2月双方要合作提交一份暑期研究计划，并在3月份获悉计划是否通过。如果顺利通过，那么直到5月放假之前都是研究的准备阶段。接下来的6到8月是密集的合作科研阶段，并在暑期结束时的学术研讨会上做成果汇报。

值得关注的一点是普林斯顿禁止学生以志愿者身份（volunteer）①去实验室打工，其出发点是避免学生成为"免费劳动力"。也就是说他们必须被聘为科研助理，每小时的薪酬以及每周工作的时长都被清楚地纪录在案。由此可见，科研配对ReMatch本质上是一种折衷方案。本科生需要入门级的科研训练，实验室又不愿意为这些学术小白"买单"，那么就由校方牵线，规避了"免费劳动力"的风险，并提供配套支持（例如在教授知情并书面同意的前提下，让本科生参与实验室例会等）。

暑期升级版 ReMatch+

6到8月的暑期合作是普林斯顿科研配对项目的关键环节，也被称为升级版的 ReMatch+。之前参与双方的接触、设计与准备，都是为了在这两个月的时间里能真正的亲密合作，并完成一项在暑期结束时拿得出手的成果来汇报。学校为此提供了相应的支持，对本科生而言，他们不用交夏天的住宿费，并获得伙食补贴；对研究生而言，他们直接获

① Princeton University. Office of Undergraduate Research, Mentor FAQs [EB/OL]. [2021-02-03]. https://undergraduateresearch.princeton.edu/programs/rematch/mentor-faqs.

得不超过 500 美元的津贴；每一对还获得不超过 500 美元的科研经费。除了以上的生活安排及小额资助，恐怕对参与双方更有吸引力的是每周都活动满满的"暑期学术研讨会"（summer research colloquium，SRC）。

以 2018 年的 SRC① 为例，从 6 月 11 日开始，到 8 月 10 日结束，就像一次为期两个月的科研夏令营，是每个学术小白的梦想之旅，其特点之一是上面提到的内容丰富。以每周二下午的工作坊为例，全是操作性强的干货，涉及主题有"期待、指导及学术社区""从研究题目到研究问题""学术交流""文献述评、开题报告以及之前的研究""研究对象与分析方法""论文、报告以及反馈"以及"备战学术会议及预演"。每周四的午餐会也令人期待，每次分别有一位来自地学、心理、社会、生物工程、分子生物或政治学的大牛教授来介绍本学科领域的核心及前沿。每周四的晚餐由"基于社区的学习行动"（Community-based learning initiative，CBLI）赞助，意味着除了免费吃喝，还能听到关于实习、读研、奖学金申请、写作等各种本科生急需的锦囊妙计。连每周的娱乐活动也不用担心错过，可以一起烤饼干、打桌游、参观博物馆、吃烤肉、爬山、吃冰淇淋等等。

但是 SRC 可不轻松，周二工作坊、周四午餐会以及其他要求到场的活动都会进行考勤，迟到 15 分钟以上就算缺勤，两次缺勤就会被无情的踢掉，而且拿不到前面提到的津贴。除了严格的考勤制度，参与的本科生还要保持每周至少 35 小时的工作时间，由其研究生导师负责监督，两

---

① Princeton University. Office of Undergraduate Research, Summer Research Colloquium [EB/OL]. [2021 - 02 - 03]. https://undergraduateresearch. princeton. edu/sites/ undergraduateresearch/files/SRC%202018%20Guide. pdf.

人要在一起阅读文献、操作实验、讨论结果、撰写报告等。如果只想着吃喝玩乐，那么 SRC 可不是你该来的地方。

更多选择？

从 2016 到 2017 年的研究生导师放在网上的自我介绍来看，主要集中在人文、自然以及工程三大学科领域。以人文学科的考古及艺术史为例，研究生导师彭鹏（Peng Peng 音译）本科及硕士都毕业于北京大学，当时在普林斯顿是读博第六年。他曾参与哈佛、华盛顿大学圣路易斯分校以及北大合作的成都平原考古调研项目、山东双王城青铜时代盐业遗址以及法国马萨尔制盐遗址的研究。这一次他提议本科生来共同探索的研究聚焦在中国古代青铜艺术，尤其是从设计、媒体以及技术跨界的角度来进行分析。另一个例子是属于自然学科领域的量化计算生物学，研究生导师 Olivia Chu 本科毕业于纽约大学的数学系，当时就读于普林斯顿博士二年级。她的研究兴趣是通过演化博弈论来分析与理解人类的群体行为，例如通过建模来预测群体成员的身份如何影响他们的行为以及想法的扩散过程。

值得注意的是在网页上的社会学科研究生导师为空白。随之而来的追问就是，那么社会学科的本科生暑期去哪儿？仔细搜索一下，他们可以留在校内，例如经济系[①]招了 5 名本科生研究助理，大一到大三都可申请，直接跟着教授，时间更长（达 12 周），津贴也更有吸引力（共 3900 美元）。他们也可以选择走出去，例如参加纽约的古根汉暑期实习项目

---

① Princeton University. Office of Undergraduate Research, Department of Economics Summer Research Grants [EB/OL]. [2021 - 02 - 03]. https://undergraduateresearch. princeton. edu/programs/summer-programs/department-economics-summer-research-grants.

(Guggenheim Summer Intern Program)[1]，为期 8 到 10 周，每周有 450 美元的津贴。这一项目除了普林斯顿，还向哥伦比亚大学及巴纳德学院开放，每年总共不超过 20 人。这些本科生通过在纽约市政府、律所、研究所以及社会公益机构等实习，了解制度创新，并思考是否在研究生阶段加深相关学科的学习。这反映出对社会学科而言，外面的社会在很大程度上扮演了"实验室"的角色，因此在暑期"走出去"不失为一个极具吸引力的选择。

作为 2017—2018 年被《美国新闻与世界》(*U. S. News & World*)排名列为美国本科教育之冠的普林斯顿大学，究竟如何让初进校门的学术小白经过历练，在大三也能完成一篇像模像样的学术论文？以上介绍的科研配对 ReMatch 及其暑期升级版（包括社会科学的更多选择），正是其特色之一。用心良苦的设计给人印象深刻，例如避免学生成为实验室的"免费劳动力"、科研训练氛围友好（加入各种娱乐活动）但要求严格（两次缺勤就取消资格）、鼓励社会学科的暑期实习"走出去"等。也许正是这些细节，才更值得我们去思考与探讨。

---

① Princeton University. Office of Undergraduate Research, Guggenheim Summer Internship Program［EB/OL］.［2021-02-03］. https://undergraduateresearch. princeton. edu/programs/summer-programs/guggenheim-summer-internship-program.

附录6

高校创客空间案例——麻省理工学院新创客运动 Project Manus[①]

刚结束的 MIT 毕业典礼上，材料科学及工程系的每个毕业生都获得了一枚铜质勋章。这枚勋章上面印有 MIT 校徽：拿着铁锤的劳动者与拿着书本的学者，两人脚下有一句拉丁文 mens et manus（即 MIT 校训"动脑也动手"）。这枚勋章还有一个特别之处，它是由学生们自己动手做的，100 个勋章就得投入好几百个小时的工作量。这些学生研究的是电池、生物材料等热门领域，但是他们对做这些勋章也充满了热情。一个今年毕业的小姑娘说她四年都参与了制作过程，现在终于可以拿到属于自己的那个勋章。想想制作它的人正是在走廊上打招呼或食堂里一起吃饭的小伙伴，这真是格外亲切且有意义。指导老师讲起这套制作流程可以追溯到古希腊的工匠，有上千年的历史。即使学生们没有做出伟大的雕像，这一枚小小的勋章足够在离开校园后提醒他们：作为 MIT 这个社区的一员，他们既动脑思考，也动手劳动，自己亲手做的东西会有不同寻常的意义。

这个小勋章诞生的摇篮就是 MIT 的新创客运动 Project Manus，从 2015 年秋季开始启动的 Project Manus 被誉为 MIT 创客史上的"文艺复兴"。也许你会纳闷，难道在这之前的 MIT 创客运动急需变革吗？的确

[①] 郭娇. Project Manus，MIT 新创客[J]. 大学生，2017，9：92-93.

如此。MIT 的校园里散布着 45 个主要的创客空间,但根据一次对 1 100 多名在校生的调查,55％的创客在自己宿舍里做项目,还有 20％的创客在校外完成。这反映了学生的需求没有得到满足,校内的这些创客空间也没有充分发挥效用。深挖一下背后的原因,挑战之一是开放时间,51％的创客要用周末的时间,42％的创客要用平时晚上 7 到 10 点的时间。换句话说,每周 7 天 24 小时开放的创客空间对这些学生来说更有吸引力,但现有的场所与人力难以实现。另一个挑战是必要的培训。在创客空间里的车床及各种工具,如果使用不当就会发生事故。因此要进入这些空间使用工具,先得接受培训。MIT 教务长斯米特(Martin Schmidt)讲过一个故事①,他曾经花了整年时间带着两个研究生设计一种用于微型及纳米制造的新机器,为了制作原型,他派这两个学生去接受培训,却得知一个坏消息:排队的人很多,他们至少要等上半年。创新是要跟全世界的竞争者赛跑,怎么能白白浪费半年的时间呢？还有一些现实的挑战,例如费用与设备,44％的创客每年要自掏腰包,花费至少 100 美元来购买材料、租用工具等。MIT 部分创客空间里的设备很老旧,尤其是学生自己运营的空间,没有经费支持,里面都是各个院系淘汰下来的设备,有些还有故障,得靠学生自己修好。

根据这些调查结果,MIT 创客运动的振兴势在必行,缺的就是一个领军人物。在 MIT 这样藏龙卧虎的地方,找到这样一个人并不难,他就是机械工程系的教授卡佩波(Martin Culpepper),人称 MIT 首任"创客沙皇"。卡佩波从小就喜欢拆东西,要弄明白里面是什么,对自己动手 DIY

① Mone，G.．The Build-up of MIT's Building Spaces［EB/OL］．MIT Technology Review，(2017 - 04 - 25)．https://www.technologyreview.com/s/604048/the-build-up-of-mits-building-spaces/．

充满了热情。他选择来 MIT 硕博连读并留校任教，就是喜欢那句校训"动脑也动手"。在 Project Manus 筹备的两年时间里，卡佩波带着学生跑遍了学校里的 45 个创客空间，分析了前面提到的调查结果，并在教务长斯米特代表的校方支持下，设计了这场创客运动的"文艺复兴"。

卡佩波对调查结果的分析值得在这里一提[1]。首先是 MIT 学生对自己的定位，69％认为自己是工程师，51％是科学家，36％是领导者，32％认为自己是创客（与创新者与设计师并列）。其次在描述自己前一年创造或制作了什么东西时，62％是电脑程序，41％是电子设备以及 3D 打印与快速制作原型，36％是硬件与机械，还有 35％是艺术、绘画以及图形设计，甚至还有 30％是厨艺及创新的烹饪。看来从 MIT 里毕业的不仅有电脑黑客、硬件达人，还有画家与大厨，真令人脑洞大开。卡佩波对此的解读更有意思[2]，他热爱 MIT 的原因之一就是每个人都可以定义在这里的生活对自己意味着什么，包括作为一名创客意味着什么。在宿舍里编程，跟电动车团队一起工作，在化学系导师带领下完成本科生的科研项目，在玻璃实验室里动手制作小物件，用纳米材料创造一种储存能量的原型，这些都是 MIT 学生心目中的创客活动。总之，对不同的人而言，作为一名创客意味着不同的事情。

除了分析学生对创客活动的不同定义，卡佩波还分析了动手制作东西这种经历对学习的影响。他认为包括三个方面：首先，这会对课本与讲义里那些抽象的概念产生具体的理解。把知识用到实验室或工作坊

---

[1] Project Manus. MIT Maker Survey [EB/OL]. http://project-manus. mit. edu/mit-maker-survey.

[2] MIT News, 3 Questions: Martin Culpepper on Making the Future Makers [EB/OL]. (2015 - 12 - 22). http://news. mit. edu/2015/3-questions-martin-culpepper-making-future-makers-1222.

里，亲自解决问题，会学到更多的知识，对这些信息的记忆也会不同，因为是活生生的体验，所以会真正掌握。其次，制作东西这个过程能给学生自信，让他们相信自己能完成一件事情。尽管这得经历 10 个版本、3 个月的试错、6 种不同的原型，可一旦完成那就是胜利。最后，曾经动手做过东西的人都知道这是件好玩的事情。这是去解开那些真正复杂的谜团，去跟别人一起合作，去挑战自己。也许并非人人都觉得好玩，但 MIT 的学生是这样的。动手做个东西的愿望就深埋在他们的血脉里，像自带一个创客基因。

锁定了领军人物，通过调查问卷摸底，剖析了 MIT 学生心目中的创客，做了这些准备工作之后诞生的 Project Magus 提供了一套怎样的解决方案①？这个方案的创新之处在于从意识、许可、培训、社交、时间、金钱这六个维度来帮助学生打破边界，动手做出自己想要创造的东西。在前面分析调查结果时，我们已经提到培训、时间、金钱对 MIT 校园里已有创客活动的限制。那么意识、许可以及社交方面对创客活动又有哪些挑战？从意识来看，学生恐怕不清楚 MIT 已有 45 个创客空间，它们散布在校园哪些角落？有什么工具？开放时间如何？这些资源的分布及使用信息都不容易获取。再从许可来看，部分空间只对特定年级、专业、课程或项目的学生开放，也许还需要通过邮件提前联系负责人或预约使用时间，这些信息也未及时、方便地通知学生。最后从社交来看，创客可以成为一个很受欢迎的人，动手做东西也可以成为一件很酷的事情，例如跟朋友一起完成项目，为心爱的人做一件礼物，有了创业想法后做个原型出来。这些经历也需要让更多的学生知道。

---

① Project Manus. Students [EB/OL]. http://project-manus.mit.edu/students.

连解决方案都有了,Project Manus 是否照此执行,给 MIT 的创客运动带来了一场"文艺复兴"？针对刚提到的意识与许可两大挑战,Project Manus 团队专门开发了一款叫做 Mobius 的手机应用 App。通过这款应用,学生可以清楚地看到校园里的 45 个创客空间,查询它们的具体地点、工具配置、开放时间等信息,还可以联系负责人及发邮件预约使用。关于培训,Project Manus 把重点放在大一新生,为他们贴心打造了"创客小站(MakerLodge)"。Project Manus 的雄心是要覆盖所有新生,让每一个新生都在入校后的第一个学期学会使用 3D 打印机、激光切割机以及其他手动工具。完成这些通用培训的新生都可以获得在 Mobius 这个手机应用上的电子证书,并选择加入这 12 个"小站"之一,融入校园里的创客社区。在社交方面,Project Manus 不仅有网站,在《MIT 技术评论》上有专题报道[①],还有自己的脸书、Twitter、Instagram 等账号,上面包括学生的作品(例如一对玲珑剔透的玻璃小海龟)、制作过程等,还包括拉美乐队在学生中心的演出,祝贺一名活跃的学生"创客"赢得 Jeopardy 电视答题竞猜大奖等与技术毫不沾边的小视频,让创客运动更富有人情味,且看上去很酷。为了延长时间,实现 7 天 24 小时开放,卡佩波还跑到佐治亚理工学院去"取经"。原来"秘诀"在于让学生志愿者(无偿)或勤工助学者(有偿)来管理创客空间。这既符合创客文化(一个互相帮助的开放社区),也可以在节省成本的前提下延长开放时间,还增加了学生对这些空间的归属感与责任心。最后在金钱方面,Project Manus 推出了"创客币 MakerBuck",补贴学生在购买原料、租用工具时产生的费用。所有完

---

① Mone, G.. The Build-up of MIT's Building Spaces [EB/OL]. MIT Technology Review, (2017 - 04 - 25). https://www.technologyreview.com/s/604048/the-build-up-of-mits-building-spaces/.

成了初级培训的新生都可以获得价值100美元的创客币。如果这些学生有很酷的想法，但是预算超出了100美元，那么他们可以申请"创客经费（MakerGrant）"，个人最高可以拿到500美元，团队可以拿到2 000美元。

才短短两年，Project Manus已经让MIT里的创客空间面目一新。它的影响力还不仅止于这座校园，而是要为高校新一代创客运动树立最高标准（Gold Standard）与最佳实践（Best Practices）。在Project Manus的带头下，MIT与斯坦福大学、伯克利大学、耶鲁大学、卡耐基·梅隆大学、凯斯西储保留地大学、佐治亚理工学院以及欧林工学院联手在2017年4月举行了首届国际学术创客空间研讨会（International Symposium on Academic Makerspaces，ISAM）①。这些探讨侧重于跨学科合作以及学生之间的同伴支持，覆盖的领域包括科学、工程、数学、音乐、创业、医学/生物医学、建筑、文学等等。正如卡佩波之前提到的，不同的人都对"创客"有不同的定义，动手做点东西就像人人自带的DNA一样。如何打破意识、许可、培训、社交、时间、金钱这六个障碍来推动校园里的创客运动？Project Manus已经走出了探索的第一步。

---

① ISAM. International Symposium on Academic Makerspaces（2017 - 09 - 24 to 2017 - 09 - 27）[EB/OL]. https://isam2017.hemi-makers.org/.

第七章

学生发展结果

本章要点：

➢ 传统的高考分数对入学之后的学业表现有显著的预测作用，即分数越高，挂科越少，奖学金越多，沪浙"新高考"则对这三个维度上的学生发展都无显著影响。一方面表明招生改革的必要性与艰巨性，无论是传统高考还是"新高考"都无法预测本科阶段的能力提升以及态度认同。另一方面反映了本科人才培养的公平性与可能性，起点不同的学生（例如"新高考"的不同学科组合）在校期间都有机会获得全面发展，这也从侧面降低了对深化招生制度改革的风险预判。

➢ 参与科研（跟着教师做课题或项目、各种竞赛）或担任学生干部对本科生在学业表现、能力提升以及态度认同的各项指标上都有正面效应。在校期间"一心两用"创业或攻读双学位则在学业表现、能力提升与态度认同上都有负面效应。社团活动与兼职也对课外学习时间有挤占效果，但在能力提升与态度认同的各项指标上都有正面效应，因此需要合理引导与适度安排。

➢ 打算读研（尤其是读博）的学生在学业、能力以及态度三个维度上的成长都显著高于其他学生；计划去"985"高校读研的本科生学业更为优异；倾向于去政府机关或事业单位的学生在校期间获得的奖学金优于其他群体，而在信息素养、批判思维以及问题解决这三项通用能力上的提升却显著不及选择民企的学生。

　　学生发展是指就读期间学生通过投入时间与精力参与课内外各种活动在多个方面获得的成长。国内外学者通常从认知（包括智力水平、学业表现、专业知识等）、能力（尤其是信息素养、问题解决等可迁移的核心能力）以及社会情感（例如沟通表达、自我效能等）这三个维度来构建学生发展的指标体系①②③④。现有研究对学生发展的测量以学生在调查问卷里自我报告（self-reported）的认知获得、能力提升或情感成长为主，且多采用五级量表，只有个别研究采用挂科数这样的学习结果指标⑤。本章继续采用 CCTL 调查的量化数据，从学业表现、能力提升以及态度认同三个维度来评估本科阶段的学生发展。之前各章分别聚焦本科生的家庭背景、招生方式、培养过程里的高影响力活动以及学生毕业之后的预期目标，上述关键环节需要与学生发展的结果加以关联或回归分析，才能形成一个理论模式上的完整"闭环"。本科人才培养质量的提升也需要对学生发展的结果指标体系进行整体设计与准确测量，以终为始，才能把以学生为中心、以结果为导向的本科教育教学深化改革落到实处。

---

① 李湘萍. 大学生科研参与与学生发展——来自中国案例高校的实证研究[J]. 北京大学教育评论，2015,13(1)：129 - 147.
② 李宪印，杨娜，刘钟毓. 大学生学业成就的构成因素及其实证研究——以地方普通高校为例[J]. 教育研究，2016,10：78 - 86.
③ 鲍威，张晓玥. 中国高校学生学业参与的多维结构及其影响机制[J]. 复旦教育论坛，2012,10(6)：20 - 28.
④ 朱红. 高校学生参与度及其成长的影响机制——十年首都大学生发展数据分析[J]. 清华大学教育研究，2010,31(6)：35 - 43.
⑤ 朱红. 高校学生参与度及其成长的影响机制——十年首都大学生发展数据分析[J]. 清华大学教育研究，2010,31(6)：35 - 43.

一、突出本科生学习结果的研究设计

1. 数据来源

本章数据同样来自 2019 年《中国本科教与学调查》(China College Teaching & Learning Survey，CCTL)，在此不再赘述。CCTL 样本在城乡分布以及家庭背景方面具有全国代表性，在性别与年级分布上较为均衡，但地方高校与人文学科占比略少，因此研究结论更适用于"985"或"211"高校的工程、自然以及社会学科。

2. 主要变量

作为因变量(Outcome)的学生发展是指学生在本科阶段从学业表现、综合能力以及态度认同这三个维度自我报告的成长。具体来看，学业表现是指学校制度化的学习结果，包括挂科数、专业排名以及获得的奖学金这三项指标。调查问卷里具体涉及的八项能力可分为专业能力(专业基础知识、学科前沿成果以及实践操作能力)与通用能力(良好的口头/书面表达、信息素养、批判性思维、问题解决能力以及对未来的规划)，从另一个角度反映了其学习收获。调查设计通过"如有亲戚朋友咨询高考志愿，您对所在学校的推荐度( )"以及"您对所在专业的推荐度( )"这两道问题从侧面考察学生对所在社区(就读院校或所属专业)的认同程度。学生发展的理想状态为挂科数少、专业排名靠前、曾获得奖学金、专业能力与通用能力均有明显提升、对所在学校与所在专业的推荐度都较高。

3. 研究假设

通过构建的回归模型，本章检验以下具体假设：

$$Outcome_i = \alpha + \beta_1 Admission_i + \beta_2 HIPS_i + \beta_3 Goal_i + \sum_{j=4}^{n} \beta_j X_j + \varepsilon$$

假设 1：高考分数越高的学生进入大学之后在学业、能力以及态度上的成长越显著，自招生在这三个维度上的表现都好于统招生，即回归系数 β_1 为正且显著。需要指出的一点是关于"新高考"的实证文献极为有限且对其实施效果的质疑较多[1][2][3]，因此本章假设受"新高考"影响的沪浙 2017 级与 2018 级学生在各项结果指标上的表现较差，即对应的回归系数 β_1 为负且显著。

假设 2：学生在校期间从高影响力活动里收获越大，则学业表现越好，能力提升越多，对所在学校与所修专业的推荐度也越高，即回归系数 β_2 都为正且显著。

假设 3：深层或内在驱动的群体（期待获得博士学历或在非营利机构就业）在学业表现、能力提升以及态度认同上都好于其他群体，与之对应的回归系数 β_3 为正且显著。

假设 4：模型里的控制变量 X 包括性别、城乡生源、父母学历、母亲职业、就读年级、学科门类以及就读学校。本研究分别假设女性、农村生源、家庭第一代大学生、母亲并非从事管理或专业技术工作、大一新生、人文学科以及非"211"高校的学生群体在学业、能力以及态度这三个维度上的成长较少，即回归系数 β_j 都为负且显著。

二、本科生自我报告的学业表现、能力提升以及态度认同

1. 学生发展

从学业表现的描述统计来看（见表 7.1），去掉极端值（即挂科在 10 门以上的

---

① 冯成火. 新高考物理"遇冷"现象探究——基于浙江省高考改革试点的实践与思考[J]. 中国高教研究, 2018, 10: 25 - 30.
② 王森. 新高考选考科目计分问题与政策调适[J]. 复旦教育论坛, 2018, 16(6): 91 - 97.
③ 柳博. 新高考制度改革的现状与思考: 制度变迁的视角[J]. 中国高教研究, 2020, 1: 35 - 71.

学生)之后,挂科数用连续变量 *Fail* 表示,均值为 0.43,这反映出样本里多数学生(79%)从未挂科,但也有 2% 的学生挂科在 5 到 10 门之间,不容忽视。专业排名用定序变量 Rank 表示,最小值为 1(前 10% 以内),最大值为 6(80% 以外),即数值越大,排名越靠后。排名接近正态分布。奖学金用定序变量 *Award* 来表示,最小值为 0(未获得),最大值为 4(国家级),即数值越大,奖学金级别越高,样本里 47% 的学生曾获得奖学金。

从自我报告的能力提升来看,学生自我报告的每一项专业知识与通用能力的提升分别用 K 与 S 开头的定序变量表示,最小值为 0(毫无提升),最大值为 4(很大提升),即数值越大,进步越大。根据均值,在专业方面学生的基础知识进步最大(3.06),对学科前沿成果的了解收获最小(2.56),在可迁移的通用能力方面学生的问题解决能力提升最大(2.93),书面与口头表达能力进步最小(2.75)。

从态度认同来看,院校推荐度与专业推荐度分别用定序变量 *Urecommend* 与 *Mrecommend* 来表示,最小值为 1(强烈不推荐),最大值为 5(强烈推荐),即数值越大,推荐度越高。学生对所在学校的认同度(3.46)略高于对所修专业的认同度(3.23)。

表 7.1 基于学业、能力与认同三个维度的学生发展描述统计

变量名	定义	样本数 n	最小值 min	最大值 max	均值 mean	标准差 sd
Fail	挂科数	4 441	0	10	0.43	1.15
Rank	专业排名	4 461	1	6	3.16	1.37
Award	奖学金	4 461	0	4	1.06	1.29
Kbasic	基础知识	4 461	0	4	3.06	0.74
Kfront	学科前沿	4 461	0	4	2.56	0.91
Kapply	操作能力	4 461	0	4	2.81	0.86
Scommunicate	表达能力	4 461	0	4	2.75	0.84
Sit	信息素养	4 461	0	4	2.87	0.79
Sct	批判思维	4 461	0	4	2.82	0.82

续表

变量名	定义	样本数 n	最小值 min	最大值 max	均值 mean	标准差 sd
Sps	问题解决	4 461	0	4	2.93	0.78
Splanning	未来规划	4 461	0	4	2.82	0.84
Urecommend	学校推荐度	4 461	1	5	3.46	0.83
Mrecommend	专业推荐度	4 461	1	5	3.23	0.93

从人口学背景变量来看（见表7.2），本科生学业表现的性别差异显著。女生在各项学业指标上的表现均优于男生，挂科数较少，排名靠前并且获得的奖学金更多。父母学历对本科生学业表现仅在奖学金这一项指标上出现显著效应。根据样本描述，家庭第一代大学生获得国家奖学金的占比（1%）高于非第一代大学生获得此奖的比例（0.57%），根据回归结果，家庭第一代大学生在获得奖学金上的优势并非抽样导致，而是在统计意义上显著。农村生源在学业表现上的挑战主要反映为专业排名靠后，他们在挂科数与奖学金获得情况上与城市生源并无显著差异。

从教育学背景变量来看，本科生学业表现的年级差异最为突出。与高年级相比，大一新生的挂科数较少，排名靠前但获得的奖学金较少。原因在于一部分大一新生累积的选课数量以及参与的评奖机会都少于高年级学生，另一部分则是因为学习动机上的年级差异，之前有学者发现大三学生的个人成就动机（例如获得奖学金）显著高于大一新生。从所在学校来看，与非"211"的地方高校相比，"985"高校的本科生学业表现优势明显（挂科数少并且获得的奖学金多），非"985"的"211"高校则没有显示出这种优势（学生的挂科数较少但专业排名靠后）。学科差异在本科生学业表现上也不明显，与人文学科相比，工科生的挂科数显著较多，社会科学的学生获得奖学金显著较少。一方面这反映了不同学科的课程设置以及考核难度，工科的课程量更为繁重，其考核方式（解题或动手操作）较人文学科（口头报告或书面论文）更为硬性。另一方面则与学校内部的人才培养计划、奖学金评定等制度相关，CCTL样本里社会科学的本科生获得校级奖学金的占比

(24.58%)明显低于人文学科(37.57%)，部分原因在于文史哲基地班、实验班以及本硕博连读项目吸引了更多拿奖学金入学的优质生源。

表7.2　人口学与教育学背景变量对本科生学业表现的效应(样本＝4 461)

变量	挂科数	排名靠后	奖学金
性别(女＝1)	−0.259***	−0.220***	0.131***
	[0.037]	[0.045]	[0.039]
家庭第一代大学生(父母学历在高中及以下＝1)	−0.026	−0.021	0.103*
	[0.046]	[0.055]	[0.048]
户籍所在地(县城及以下＝1)	0.061	0.127*	−0.021
	[0.038]	[0.045]	[0.040]
母亲职业(从事管理或技术工作＝1)	−0.009	0.033	0.071
	[0.049]	[0.059]	[0.051]
社科	0.009	0.032	−0.146*
	[0.069]	[0.084]	[0.043]
自然	0.093	−0.044	0.030
	[0.069]	[0.083]	[0.072]
工程	0.198**	−0.087	0.034
	[0.063]	[0.076]	[0.067]
大二	0.255***	−0.178**	0.837***
	[0.046]	[0.056]	[0.048]
大三	0.346***	−0.190***	1.065***
	[0.048]	[0.058]	[0.050]
大四	0.387***	−0.301***	1.408***
	[0.053]	[0.063]	[0.055]
"985"高校	−0.317***	0.047	0.231***
	[0.045]	[0.055]	[0.048]
"211"(非"985")高校	−0.097*	0.173***	−0.014
	[0.041]	[0.049]	[0.043]

变量	挂科数	排名靠后	奖学金
df	4 428	4 448	4 448
调整后 R^2	0.043	0.015	0.160

注：* p<0.05，** p<0.01，*** p<0.001。括号里为标准误。年级以大一为参照。学科类别以人文学科为参照。学校以非"211"的地方高校为参照。

本科生自我报告的能力提升与学业表现呈现不同的模式（见表7.3），这为从不同维度来分析学生发展的必要性提供了实证依据。人口学背景变量里效应最明显的仍然是性别，但差异的方向截然相反。在学业表现上各项领先的女生在信息素养、批判性思维以及问题解决这三项通用能力上的提升都显著少于男生。家庭背景变量反映了弱势群体各自面临的不同挑战：家庭第一代大学生的沟通表达能力，农村生源的专业基础知识与动手操作能力，母亲并非从事管理或技术人员的本科生的批判性思维，这些都是上述各群体在本科阶段显著弱于其他学生的"短板"。

年级、学科、院校等教育学变量对本科生能力的效应也与对其学业的影响不同。其一，能力提升主要出现在高年级（尤其是大四），大四学生在信息素养、批判思维、问题解决以及未来规划这四项通用能力上的成长都显著超过大一新生。这既体现了本科人才培养从"入口"到"出口"的能力增值，也支持已有大规模研究里侧重于调查大一与大四这两个年级。其二，除了实践操作能力，人文学科无论在专业能力（基础知识、学科前沿）还是在通用能力（沟通表达、信息素养、批判思维）的表现都优于其他学科。相比之下，社会学科与工程学科在上述多项能力的培养上面临挑战，人文学科重经典、重思辨、重师生研讨、重写作训练的人才培养特点或许能为其他学科提供教学改革思路。其三，"985"高校对学生能力提升的效应在专业能力与通用能力（信息素养与问题解决）这两方面也很显著，非"985"的"211"高校在专业能力培养上优于非"211"的地方高校，但在各项通用能力培养上还有进步空间。这从侧面反映出"985"高校与非"985"高校在人才培养上的主要差距并非是传授专业知识的课堂，而是提升各种软技能（沟通、规划等可迁移的核心能力)的课外乃至校外实践活动。

表7.3 人口学与教育学背景变量对本科生能力提升的效应(样本＝4 461)

变量	专业能力			通用能力				
	基础知识	学科前沿	实践操作	沟通表达	信息素养	批判性思维	问题解决	未来规划
性别 (女＝1)	0.001	−0.028	−0.019	−0.048	−0.083**	−0.084**	−0.050*	0.004
	[0.024]	[0.030]	[0.028]	[0.028]	[0.026]	[0.027]	[0.025]	[0.028]
父母学历 (高中及以 下＝1)	−0.035	−0.017	−0.045	−0.069*	−0.022	0.017	0.004	−0.055
	[0.029]	[0.036]	[0.034]	[0.034]	[0.032]	[0.033]	[0.031]	[0.034]
户籍所在地 (县城及以 下＝1)	−0.064**	−0.009	−0.060*	−0.012	−0.047	−0.045	−0.042	−0.024
	[0.024]	[0.030]	[0.028]	[0.028]	[0.026]	[0.027]	[0.026]	[0.028]
母亲职业 (管理或技 术人员＝1)	0.057	0.060	−0.015	−0.021	0.020	0.085*	0.062	−0.012
	[0.032]	[0.039]	[0.036]	[0.036]	[0.034]	[0.036]	[0.033]	[0.036]
社科	−0.259***	−0.182***	−0.031	−0.081	−0.139**	−0.228***	−0.010	−0.075
	[0.045]	[0.055]	[0.052]	[0.052]	[0.048]	[0.050]	[0.028]	[0.051]
自然	−0.003	0.004	0.277***	−0.043	−0.035	−0.128***	0.048	0.027
	[0.044]	[0.055]	[0.051]	[0.051]	[0.048]	[0.050]	[0.047]	[0.051]
工程	−0.125**	−0.126*	0.243***	−0.172*	−0.113*	−0.230***	−0.023	−0.046
	[0.041]	[0.050]	[0.047]	[0.047]	[0.044]	[0.046]	[0.043]	[0.047]
大二	−0.015	−0.012	0.001	−0.035	0.035	0.058	−0.007	−0.042
	[0.030]	[0.037]	[0.034]	[0.034]	[0.032]	[0.033]	[0.032]	[0.034]
大三	0.033	−0.014	0.023	−0.005	0.091**	0.074*	0.054	0.015
	[0.031]	[0.038]	[0.036]	[0.036]	[0.033]	[0.035]	[0.033]	[0.035]
大四	0.032	0.095	0.058	0.063	0.148***	0.155***	0.103**	0.078*
	[0.034]	[0.042]	[0.039]	[0.039]	[0.037]	[0.038]	[0.036]	[0.039]
"985"高校	0.167***	0.184***	0.118***	0.027	0.095**	0.025	0.088**	0.006
	[0.029]	[0.036]	[0.034]	[0.034]	[0.032]	[0.033]	[0.031]	[0.034]

变量	专业能力			通用能力				
	基础知识	学科前沿	实践操作	沟通表达	信息素养	批判性思维	问题解决	未来规划
"211"(非"985")高校	−0.063*	0.116***	0.103***	−0.008	−0.001	−0.034	−0.010	−0.012
	[0.026]	[0.032]	[0.030]	[0.052]	[0.028]	[0.050]	[0.028]	[0.030]
df	4 448	4 448	4 448	4 448	4 448	4 448	4 448	4 448
调整后 R^2	0.032	0.019	0.037	0.005	0.013	0.013	0.012	0.003

注：* $p<0.05$，** $p<0.01$，*** $p<0.001$。括号里为标准误差。年级以大一为参照。学科类别以人文学科为参照。学校以非"211"的地方高校为参照。

院校推荐度与专业推荐度(见表7.4)从侧面反映了本科生在校期间对所在社区的认同度与归属感,这可从另一个角度来体现学生的成长发展。回归结果表明,从家庭背景变量来看,农村生源对自己就读的高校推荐度更高,或许从居住的村落到大学所在的城市这一变化本身已经开拓其视野并丰富其经历。家庭第一代大学生对所修专业的推荐度更低,原因之一是他们在专业选择时更缺乏父母指导,也就是之前文献发现高中阶段的升学及职业规划是家庭第一代大学生无法从家里获得的支持①。从教育学变量来看,就读"985"高校的学生对院校与专业的推荐度都高,但是攻读社会科学或就读大三的学生对这两项的推荐度都低,这种"双低"现象背后的原因值得探讨。此外,与大一新生相比,各年级学生对专业的推荐度都较低,与非"211"的地方高校相比,非"985"的"211"高校本科生对所修专业的推荐度也较低,这些结果表明如何增强本科生的专业认同度是不同年级与不同院校都面临的一个挑战。

表7.4 人口学与教育学背景变量对本科生态度认同的效应(样本=4 461)

变量	院校推荐度	专业推荐度
性别(女=1)	−0.037	−0.021
	[0.027]	[0.030]

---

① 鲍威.第一代农村大学生的升学选择[J].教育学术月刊,2013(1)：3-11.

变量	院校推荐度	专业推荐度
父母学历(高中及以下＝1)	−0.021	−0.074*
	[0.033]	[0.037]
户籍所在地(县城及以下＝1)	0.092***	0.035
	[0.027]	[0.031]
母亲职业(从事管理或技术工作＝1)	−0.005	0.044
	[0.035]	[0.040]
社科	−0.136***	−0.120*
	[0.050]	[0.057]
自然	0.014	−0.050
	[0.049]	[0.056]
工程	−0.039	−0.098
	[0.045]	[0.052]
大二	−0.050	−0.117**
	[0.033]	[0.038]
大三	−0.084*	−0.223***
	[0.034]	[0.039]
大四	0.103**	−0.214***
	[0.038]	[0.043]
"985"高校	0.436***	0.147***
	[0.033]	[0.037]
"211"(非"985")高校	0.126**	−0.105**
	[0.029]	[0.033]
df	4 448	4 448
调整后 R^2	0.062	0.018

注：* p＜0.05，** p＜0.01，*** p＜0.001。括号里为标准误。年级以大一为参照。学科类别以人文学科为参照。学校以非"211"的地方高校为参照。

2. 招生制度改革

本章通过高考分数、自主招生以及沪浙"新高考"这三个主要变量来分析招生入口的制度改革对学生发展产生的影响。连续变量 CEE 为学生自我报告高考分数，最小值为305，最大值为796，均值为556.4，标准差为80.20。考虑到各省高考分数差异，回归模型里将对生源所在省份进行控制。模型里其他控制变量（即人口学与教育学背景变量）对本科生学业表现、能力提升以及态度认同的效应已在前面逐一分析，为突出重点，不再对其展开叙述，也不再将其回归系数呈现在下列表格里。自主招生与沪浙"新高考"的虚拟变量分别为 $Reform1$ 与 $Reform2$，在样本里的占比相应为3.93%（175人）与3.72%（166人）。回归结果表明（见表7.5）高考分数依然是预测本科生在校期间学业表现的最佳指标，入学时高考分数越高，则本科阶段的挂科数越少且获得的奖学金越多。值得注意的一点是自招生获得的奖学金显著多于统招生，这些发现与已有文献一致，即在控制高考分数之后，自招生在排名上与统招生没有显著差异，但在奖学金的获得上有显著优势，原因或许在于自主招生重视学生的兴趣特长等应试之外的综合素质，自招生的这种学科特长或综合能力在大学里得以充分发挥并获得嘉奖。以上两个变量都支持研究假设即高分考生或自招生的学业表现较好，关于沪浙"新高考"的回归结果都不显著，这至少从学业表现这个维度上减少了目前对"新高考"负面影响的担忧。

表7.5　招生制度改革对本科生学业表现的效应(样本＝4461)

变量	挂科数	排名靠后	奖学金
高考分数	−0.002***	−0.000	0.004***
	[0.000]	[0.001]	[0.001]
自主招生	0.017	−0.041	0.248**
	[0.088]	[0.105]	[0.093]
沪浙"新高考"	0.003	−0.233	0.087
	[0.133]	[0.159]	[0.141]

变量	挂科数	排名靠后	奖学金
生源所在省	控制	控制	控制
df	4 372	4 392	4 392
调整后 R^2	0.066	0.064	0.064

注：* $p<0.05$，** $p<0.01$，*** $p<0.001$。括号里为标准误。

招生制度改革对本科生能力提升（见表 7.6）与态度认同（见表 7.7）的回归结果不支持研究假设。高考分数、自主招生以及沪浙"新高考"与学生在校期间的专业能力与通用能力几乎都没有显著关联，高考分数甚至对未来规划能力还有负面效应。学校推荐度与专业推荐度的结果也与之相似，自招生对自己就读高校的推荐度显著低于统招生。这些发现与已有文献在本质上一致：自招生在学科前沿、动手操作、知识面等素养上与统超生没有差异[1]；"新高考"未能帮助学生进入自己想读的专业或打下扎实的专业基础[2]。对这一结论的解读需要同时考虑两点：一方面是招生制度改革的必要性与艰巨性，无论是传统"一考定终身"的分数还是自主招生、"新高考"等尝试都只能预测到学校制度化的结果变量（挂科数、获奖情况），而无法预测到学生自我感知并报告出来的能力提升与态度认同。尤其是强调综合能力、学科特长与专业匹配的招生制度改革在现阶段并未实现初衷，甚至在个别指标上（例如学校推荐度）出现意料之外的负面效应，这为下一阶段的深化考试招生制度改革提出了新的挑战。另一方面是本科人才培养的公平性与可能性，学生自我报告的能力提升与态度认同与其高考分数或录取方式（自招或统考，"新高考"或传统高考）几乎没有必然联系，这无疑为招生名额的分配增加了难度，但也意味着即使在录取分数或标准上存在差异（自招生里的降分录取；"新高考"的不同科目组合），起点不同的学生在校期间都有机会获得专业能力与核心能力

---

[1] 鲍威. 高校自主招生制度实施成效分析：公平性与效率性的视角[J]. 教育发展研究，2012，19：1-7.

[2] 王新凤，钟秉林. 新高考背景下高校招生与人才培养的成效、困境及应对[J]. 中国高教研究，2019，5：49-53.

的提升,也都有可能产生对所在高校与所修专业的归属感。

表 7.6　招生制度改革对能力提升的效应(样本＝4 461)

变量	专业能力			通用能力				
	基础知识	学科前沿	实践操作	沟通表达	信息素养	批判性思维	问题解决	未来规划
高考分数	0.000	−0.001	−0.001	−0.001	−0.000	0.000	−0.000	−0.001*
	[0.000]	[0.000]	[0.000]	[0.000]	[0.000]	[0.000]	[0.000]	[0.000]
自主招生	−0.035	−0.042	−0.010	−0.076	−0.036	−0.056	−0.079	−0.123
	[0.058]	[0.071]	[0.066]	[0.066]	[0.062]	[0.065]	[0.061]	[0.067]
沪浙"新高考"	0.002	0.057	0.048	−0.022	0.034	0.109	−0.000	0.012
	[0.087]	[0.011]	[0.101]	[0.101]	[0.094]	[0.098]	[0.092]	[0.100]
生源所在省	控制	控制	控制	控制	控制	控制	控制	控制
df	4 392	4 392	4 392	4 392	4 392	4 392	4 392	4 392
调整后 R^2	0.035	0.026	0.045	0.008	0.014	0.015	0.015	0.010

注: * $p<0.05$, ** $p<0.01$, *** $p<0.001$。括号里为标准误。

表 7.7　招生制度改革对态度认同的效应(样本＝4 461)

变量	院校推荐度	专业推荐度
高考分数	−0.000	0.000
	[0.000]	[0.000]
自主招生	−0.132*	−0.023
	[0.064]	[0.073]
沪浙"新高考"	−0.168	−0.038
	[0.096]	[0.110]
生源所在省	控制	控制
df	4 392	4 392
调整后 R^2	0.071	0.023

注: * $p<0.05$, ** $p<0.01$, *** $p<0.001$。括号里为标准误。

3. 高影响力活动

本章关注的十项高影响力活动包括：跟着老师做课题或项目、参与竞赛、发表论文或申请专利、海外交流、辅修、双学位、学生会、社团、兼职以及创业。在控制高考分数、生源所在省、人口学以及教育学背景变量之后，共有六项高影响力活动对本科生学业表现有显著效应（见表 7.8）。其中三项活动（参与老师的课题或项目、各种竞赛、学生会）具有正面效应即学生挂科数少、排名靠前并且获得的奖学金多。注意这里的效应存在双向性，学业表现越好的本科生越有机会跟着老师做科研或担任学生干部。这里也可用马太效应来解释，各种荣誉、奖励或资源集中在少数拔尖人才身上，正如之前的研究发现本科生科研参与的主体是学业成绩更优秀且社会活动更丰富的"精英"学生群体[①]。另外三项活动（社团、兼职、创业）则恰好相反，学生从这些活动里收获越大则挂科数越多、专业排名越靠后且获得的奖学金越少。原因主要在于参与这些活动对课外学习时间的挤占效应，以兼职为例，有学者发现学生对所学课程与专业越感兴趣，对学校基础教学评价越高，实习强度指数就越低[②]。如果实习占用时间过度（超过课外时间的 48% 或每天在 6 小时以上），那么就连学生毕业之后的就业满意度也会受到负面影响[③]。

表 7.8　本科高影响力活动对学业表现的效应（样本＝4 461）

变量	挂科数	排名靠后	奖学金
课题或项目	−0.042**	−0.108***	0.068***
	[0.015]	[0.018]	[0.016]
竞赛	−0.101***	−0.226***	0.175***
	[0.014]	[0.017]	[0.015]

① 李湘萍.大学生科研参与与学生发展——来自中国案例高校的实证研究[J].北京大学教育评论，2015,13(1)：129-147.

② 丁小浩,王嘉颖.高校基础教学质量与大学生实习参与程度的实证研究[J].高等教育研究，2012,10：61-66.

③ 丁小浩,宋哲.大学生实习失度与就业满意度分析[J].教育发展研究，2017,5：1-9.

变量	挂科数	排名靠后	奖学金
论文或专利	−0.010	0.014	0.009
	[0.021]	[0.024]	[0.022]
辅修	−0.039	−0.036	−0.002
	[0.021]	[0.025]	[0.022]
双学位	0.012	0.037	−0.019
	[0.026]	[0.030]	[0.026]
海外交流	0.038	−0.020	0.043
	[0.023]	[0.026]	[0.023]
学生会	−0.033*	−0.034*	0.055***
	[0.014]	[0.016]	[0.014]
社团	0.023	0.069***	−0.057***
	[0.016]	[0.019]	[0.017]
兼职	0.035*	0.064***	−0.054***
	[0.015]	[0.017]	[0.015]
创业	0.055*	0.079**	−0.056*
	[0.022]	[0.025]	[0.023]
df	4 366	4 386	4 386
调整后 R^2	0.087	0.131	0.230

注：* $p<0.05$，** $p<0.01$，*** $p<0.001$。括号里为标准误。

除了辅修,其余九项高影响力活动对本科生能力提升都有显著效应(见表7.9)。与学业表现相似之处在于科研参与(跟着老师做课题或项目、各种竞赛)以及担任学生干部对专业能力与通用能力均有正面效应,在校期间创业则在基础知识、实践操作、信息素养以及未来规划这四项能力提升上都有负面效应,需要注意的一点是前面提到社团活动或兼职对学习时间的挤占。尽管这两项高影响力活动对本科生学业表现有负面影响,但学生自我报告的结果是:参与社团活动对其专业能力与通用能力有全面提升,兼职也对其实践操作、沟通表达、信息素养、问题解决以及未来规划这五项能力都有正面效应。可见本科生在时间分配上看似非理性的"实习过度"或"社团活动过度",实质上源于他们自己通过参与这些活动深切体会到的收获,这些进步或许无法通过学校制度化的指标(挂科数、专业排名、奖学金)来衡量。另一个需要关注的回归结果是攻读双学位对实践操作以及五项通用能力都有负面效应,已有研究表明双学位可为学生带来明显的升学与求职优势以及工资收入13.3%的增长①。但这种过强的工具性与本科阶段通识教育背道而驰,美国有调查数据表明76%的学生选择双学位的最重要原因是为工作做准备,而且学生对双学位的选择集中在经济、外语等少数应用型学科,同时过重的课业负担不利于学生通过社团活动、实习实践等隐形课程获得的全面发展,25%的学生认为双学位学习减少了他们参加社团或进行体育锻炼的机会②③。此外,发表论文或申请专利以及海外交流这两项高影响力活动对个别能力(分别是未来规划与专业基础知识)有显著的负面效应,这两项活动都是学生参与比例在30%以下的"高门槛"拓展活动。如果学生在论文撰写、专利研发或海外交流时"孤军奋战"、不善于时间管理或游离在学校提供的各种支持之外,那么或许他们会遇到挑战并感觉力不从心。

表7.9 本科高影响力活动对能力提升的效应(样本=4 461)

变量	专业能力			通用能力				
	基础知识	学科前沿	实践操作	沟通表达	信息素养	批判性思维	问题解决	未来规划
课题或项目	0.035**	0.122***	0.094***	0.053***	0.044***	0.051***	0.054***	0.061***
	[0.010]	[0.012]	[0.011]	[0.011]	[0.011]	[0.010]	[0.010]	[0.011]

① 马莉萍.双学位双回报?——基于全国高校毕业生就业调查的实证研究[J].教育发展研究,2013,21:18-23.
② Pitt, R., Tepper, S.. Double Majors and Creativity: Influence, Identities, and Impacts [R]. 2011, New York, NY: the Teagle Foundation.
③ 马莉萍.寻求通识与专业的平衡——美国高校双专业教育的挑战与应对策略[J].比较教育研究,2014,9:43-47.

变量	专业能力			通用能力				
	基础知识	学科前沿	实践操作	沟通表达	信息素养	批判性思维	问题解决	未来规划
竞赛	0.055***	0.063***	0.052***	0.059***	0.046***	0.043***	0.057***	0.053***
	[0.009]	[0.011]	[0.011]	[0.010]	[0.010]	[0.010]	[0.010]	[0.011]
论文或专利	0.007	0.015	0.009	−0.016	0.007	0.002	−0.006	−0.038*
	[0.014]	[0.016]	[0.016]	[0.015]	[0.015]	[0.015]	[0.014]	[0.015]
辅修	−0.009	0.007	−0.001	0.012	0.001	0.003	−0.015	0.021
	[0.014]	[0.017]	[0.016]	[0.015]	[0.015]	[0.015]	[0.014]	[0.015]
双学位	−0.028	−0.037	−0.080***	−0.050**	−0.039*	−0.066***	−0.068***	−0.044*
	[0.016]	[0.020]	[0.019]	[0.018]	[0.018]	[0.018]	[0.017]	[0.019]
海外交流	−0.042**	−0.014	−0.013	−0.016	−0.017	−0.032	−0.006	−0.005
	[0.014]	[0.017]	[0.016]	[0.016]	[0.016]	[0.016]	[0.015]	[0.016]
学生会	0.034***	0.031**	0.040***	0.084***	0.037***	0.047***	0.054***	0.049***
	[0.009]	[0.011]	[0.010]	[0.010]	[0.010]	[0.010]	[0.009]	[0.010]
社团	0.071***	0.070***	0.078***	0.095***	0.097***	0.098***	0.085***	0.094***
	[0.010]	[0.013]	[0.012]	[0.012]	[0.011]	[0.012]	[0.011]	[0.012]
兼职	0.009	−0.005	0.023*	0.034**	0.027***	0.011	0.033***	0.040***
	[0.010]	[0.012]	[0.011]	[0.011]	[0.010]	[0.011]	[0.010]	[0.011]
创业	−0.068***	−0.026	−0.033*	−0.028	−0.045**	−0.013	−0.028	−0.039*
	[0.014]	[0.017]	[0.016]	[0.016]	[0.015]	[0.016]	[0.015]	[0.016]
df	44 438	4 438	4 438	4 438	4 438	4 438	4 438	4 438
调整后 R^2	0.076	0.088	0.096	0.081	0.062	0.062	0.075	0.060

注：* $p < 0.05$，** $p < 0.01$，*** $p < 0.001$。括号里为标准误。

本科高影响力活动对院校推荐度与专业推荐度的效应与前面两个维度(学业表现与能力提升)的回归结果在本质上一致(见表 7.10)。学术科研(跟着老师做课题或项目、各种竞赛)以及社会活动的深度参与是本科生对所在院校与所修专业产生归属感的主要途径。在校期间"一心两用"(修读双学位、创业)的学生对所在院校的推荐度较低,这或许是由于过重的课业负担或超速的创业节奏,让他们无法充分体验学校提供的学术讲座、社团活动、文体竞技等丰富资源与文化氛围。对创业或双学位项目进行优化设计可作为深化本科教育教学改革的抓手。

表 7.10　本科高影响力活动对态度认同的效应(样本＝4 461)

变量	院校推荐度	专业推荐度
课题或项目	0.042***	0.036**
	[0.011]	[0.013]
竞赛	0.026*	0.048***
	[0.010]	[0.012]
论文或专利	−0.008	−0.002
	[0.015]	[0.017]
辅修	0.026	−0.005
	[0.015]	[0.017]
双学位	−0.075***	−0.040
	[0.018]	[0.021]
海外交流	−0.010	−0.001
	[0.016]	[0.018]
学生会	0.043***	0.034**
	[0.010]	[0.011]
社团	0.047***	0.074***
	[0.011]	[0.013]
兼职	0.021	−0.003
	[0.011]	[0.012]
创业	−0.048**	−0.027
	[0.016]	[0.018]
df	4 438	4 438
调整后 R^2	0.086	0.040

注: $*$ p＜0.05, $**$ p＜0.01, $***$ p＜0.001。括号里为标准误。

4. 毕业之后的预期目标

基于 CCTL 调查数据,期待读研、从"985"高校获得最高学历以及去政府机关或事业单位工作的本科生在校期间学业表现更为出色(见表 7.11)。回归结果表明计划继续深造的学生挂科数少且专业排名靠前,其中打算读博的学生获得的奖学金也更多。预期进入"985"高校读研的学生在专业排名以及奖学金获得这两项指标上都显著优于选择国内其他高校的学生。倾向于政府机关或事业单位工作的学生不仅挂课数显著少于选择国企、民企或创业的学生,而且获得的奖学金也显著超过期待在外企、民企、集体企业工作或自主创业的学生。2020 年全国考研报名人数达到 341 万人,2021 年上升为 371 万人,较上一年增幅达到 8.8%[①]。学校层次是报考者择校的首要因素[②],据估算"985"高校的考研录取比例低于3.5%[③]。2021 年最新的"国考"报名人数统计表明,151 万人报名,140 万人通过资格审查,该人数与公务员录用计划人数之比为 55∶1(约 1.8%),最热职位 3334∶1(近 0.03%)[④]。这些数字反映了期待去"985"高校读研或去当公务员的本科生面临激烈竞争,出色的学业表现(尤其是获得奖学金)有助于增强他们的信心甚至增加录取或录用的概率。

表 7.11　本科生毕业后预期目标对学业表现的效应(样本=4 461)

变量		挂科数	排名靠后	奖学金
预期学历	硕士	−0.164**	−0.164**	0.099
		[0.052]	[0.058]	[0.053]

① 中国教育在线.全国各地 2021 年考研报名人数[EB/OL].(2021 - 02 - 02). https://www. eol. cn/e_ky/zt/common/bmrs/.

② 中国教育在线.2019 全国研究生招生调查报告[EB/OL].(2019 - 10 - 30). http://www. eol. cn/e_ky/zt/2019/report/index. html.

③ 博雅燕园.考研:2019 年"985"大学会招收多少人? 保研和考研各自录取多少人? [EB/OL].(2019 - 10 - 30). https://baijiahao. baidu. com/s? id=1614466493735876894&wfr=spider&for=pc.

④ 中公教育.2021 国家公务员考试报名人数统计数据分析汇总(每日更新)[EB/OL].(2020 - 10 - 15). http://www. offcn. com/gjgwy/2020/1015/69391. html.

变量		挂科数	排名靠后	奖学金
	博士	−0.249***	−0.467***	0.316***
		[0.058]	[0.066]	[0.059]
预期高校	海外	0.031	−0.074	−0.028
		[0.051]	[0.058]	[0.052]
	"211"	0.059	0.284**	−0.149**
		[0.048]	[0.055]	[0.049]
	非"211"	0.160	0.249***	−0.178*
		[0.083]	[0.095]	[0.085]
预期单位	国有企业	0.109*	0.017	−0.093
		[0.047]	[0.054]	[0.048]
	集体企业	0.141	0.192	−0.208*
		[0.101]	[0.116]	[0.104]
	外资企业	0.077	0.058	−0.135**
		[0.048]	[0.055]	[0.050]
	民营企业	0.196**	0.158	−0.255***
		[0.072]	[0.082]	[0.073]
	非营利机构	0.013	0.361	−0.227
		[0.173]	[0.199]	[0.179]
	自主创业	0.242***	0.143	−0.156*
		[0.070]	[0.081]	[0.072]
df		4 358	4 378	4 378
调整后 R^2		0.094	0.156	0.242

注：* $p<0.05$，** $p<0.01$，*** $p<0.001$。括号里为标准误。预期目标里的学历层次以本科为参照，高校以"985"为参照，单位类型以政府机构或事业单位为参照。

从学生自我报告的能力提升来看(见表7.12)，本科阶段计划读研的群体在专业基础知识、批判思维以及问题解决这三项指标上的能力提升都显著优于没有读研计划的本科生，其中计划读博的群体在了解学科前沿、提高信息素养与未来规划能力方面也有显著优势。这种效应具有双向性,专业基础更扎实、对学科前沿更感兴趣、更善于规划的学生读研的意愿更强,而对最高学历的这种期待又激励他们不断提高自身的专业能力以及批判思维等通用能力。读研意愿与能力提升之间这种相互促进、彼此强化的关系为本硕博连读的新型人才培养模式提供了实证支持,用科研反哺本科教育,实现本硕博的有机衔接[1],这尤其适用于研究型大学基础学科拔尖学生(例如文科或理科的基地班)的培养[2]。基于回归结果的另一个发现在于倾向于民企的学生在信息素养、批判思维以及问题解决这三项通用能力上的提升,都显著高于选择政府机关或事业单位的学生。民企是吸纳本科生就业的主要力量,2014 至 2019 届本科生超过半数在民企就业[3]。近年来需求增长的本科"绿牌"专业(包括信息安全、软件工程、网络工程等)都较为重视信息素养、问题解决能力的培养。此外需要注意的一点是与选择政府机关或事业单位的学生相比,倾向于外企或自主创业的群体在对学科前沿的了解上都显著较少,其中期待在外企就业的学生在实践操作能力上也存在不足。尽管背后原因尚不清晰,但或许是本科生主要通过外企管培生项目或创业实战来积累销售、服务等经验,这些工作对其专业技术性要求相对不高,因此他们对学科前沿的了解有限。

从学生对就读院校或专业的认同来看(见表 7.13),本科阶段计划读研的群体对专业推荐度较高,这种对专业的认同度也适用于期待从国内非"985"的高校获得最高学历的群体。这从侧面反映出该群体的读研动机趋向于内部驱动(即对专业本身感兴趣),而非外部驱动(即去"985"高校或海外交流)。另外一个需要注意的回归结果是选择集体企业或外企的学生,对所在高校的推荐度显著低于期待去政府机关或事业单位工作的群体。其背后原因还需进一步分析,但或许与学生在其他维度上的成长发展也有关联,例如选择外企的学生在校期间的学业表现(如

---

① 王根顺,王辉. 我国研究型大学本科生科研能力培养的途径与实践[J]. 清华大学教育研究,2008,29(3):44-48.

② 李曼丽,苏芃,吴凡,等."基础学科拔尖学生培养计划"的培养与成效研究[J]. 清华大学教育研究,2019,40(1):21-39.

③ 新浪教育. 民企就业大学生薪资增长后劲儿足[EB/OL]. (2020-11-07). https://edu.sina.com.cn/l/2020-11-07/doc-iiznctkc9041846.shtml.

表7.12 本科生毕业后预期目标对能力提升的效应（样本＝4461）

变量		专业能力				通用能力			
		基础知识	学科前沿	实践操作	沟通表达	信息素养	批判思维	问题解决	未来规划
预期学历	硕士	0.081*	0.022	0.024	0.029	0.062	0.094*	0.080*	0.073
		[0.033]	[0.040]	[0.038]	[0.038]	[0.036]	[0.037]	[0.035]	[0.038]
	博士	0.175***	0.178***	0.056	0.072	0.108**	0.168***	0.121**	0.103*
		[0.037]	[0.045]	[0.042]	[0.042]	[0.040]	[0.041]	[0.039]	[0.042]
	海外	−0.010	−0.004	−0.032	−0.008	0.033	0.033	−0.002	0.050
		[0.033]	[0.040]	[0.038]	[0.037]	[0.034]	[0.037]	[0.034]	[0.037]
预期高校	"211"	0.020	−0.026	−0.004	0.013	0.022	0.001	−0.022	0.009
		[0.031]	[0.037]	[0.035]	[0.035]	[0.033]	[0.035]	[0.032]	[0.035]
	非"211"	0.034	−0.009	0.016	0.025	0.087	0.015	0.038	−0.023
		[0.053]	[0.065]	[0.061]	[0.061]	[0.058]	[0.060]	[0.056]	[0.061]
预期单位	国有企业	0.019	−0.016	−0.013	−0.045	0.025	0.009	0.032	−0.015
		[0.030]	[0.037]	[0.035]	[0.034]	[0.033]	[0.034]	[0.032]	[0.035]
	集体企业	−0.051	−0.034	−0.006	−0.077	−0.001	0.000	−0.078	−0.108
		[0.065]	[0.079]	[0.075]	[0.074]	[0.070]	[0.073]	[0.068]	[0.074]
	外资企业	−0.048	−0.122**	−0.087*	−0.055	−0.009	−0.023	−0.008	−0.039
		[0.031]	[0.037]	[0.035]	[0.035]	[0.033]	[0.034]	[0.032]	[0.035]

变量	专业能力			通用能力				
	基础知识	学科前沿	实践操作	沟通表达	信息素养	批判思维	问题解决	未来规划
民营企业	0.041	0.008	0.054	0.015	0.130**	0.118*	0.115*	0.012
	[0.046]	[0.056]	[0.053]	[0.052]	[0.050]	[0.051]	[0.048]	[0.052]
非营利机构	−0.162	0.004	−0.132	−0.195	0.096	−0.162	−0.196	−0.159
	[0.112]	[0.136]	[0.128]	[0.127]	[0.126]	[0.112]	[0.117]	[0.128]
自主创业	−0.087	−0.146**	−0.027	−0.030	0.073	−0.087	0.068	0.008
	[0.045]	[0.055]	[0.052]	[0.051]	[0.051]	[0.045]	[0.048]	[0.052]
df	4430	4430	4430	4430	4430	4430	4430	4430
调整后 R^2	0.080	0.097	0.097	0.082	0.065	0.065	0.078	0.060

注：* $p < 0.05$，** $p < 0.01$，*** $p < 0.001$。括号里为标准误。预期目标里的学历层次以本科为参照，高校以"985"为参照，单位类型以政府机构或事业单位为参照。

185

获得奖学金的情况)与能力提升(学科前沿、实践操作)都显著不及倾向于政府机关或事业单位的学生,这些差异都会从整体上影响到学生的就读体验以及院校推荐度。

表 7.13　本科生毕业后预期目标对态度认同的效应(样本＝4 461)

变量		院校推荐度	专业推荐度
预期学历	硕士	0.044	0.093*
		[0.037]	[0.042]
	博士	0.080	0.210***
		[0.041]	[0.047]
预期高校	海外	−0.056	−0.036
		[0.037]	[0.042]
	"211"	0.049	0.081*
		[0.034]	[0.039]
	非"211"	0.066	0.155*
		[0.060]	[0.068]
预期单位	国有企业	−0.039	0.043
		[0.034]	[0.039]
	集体企业	−0.171*	−0.010
		[0.073]	[0.083]
	外资企业	−0.105**	−0.034
		[0.034]	[0.039]
	民营企业	−0.081	−0.012
		[0.051]	[0.059]
	非营利机构	−0.024	0.015
		[0.125]	[0.143]
	自主创业	−0.076	−0.043
		[0.051]	[0.058]
df		4 430	4 430
调整后 R^2		0.089	0.045

注: * $p<0.05$, ** $p<0.01$, *** $p<0.001$。括号里为标准误。预期目标里的学历层次以本科为参照,高校以"985"为参照,单位类型以政府机构或事业单位为参照。

三、从学生发展反观本科招生改革、培养优化以及目标引导

本章基于 2019 年 CCTL 调查数据从学业表现、能力提升、态度认同三个维度对本科阶段的学生发展开展实证研究。学业表现通过学校制度化指标(包括挂科数、专业排名以及奖学金获得情况)来衡量,能力提升(分为专业能力与通用能力)与态度认同(如院校推荐度与专业推荐度)则通过学生自我感知并报告的量表来采集信息。

从招生入口的高考分数、自主招生以及沪浙"新高考"改革来看,传统的高考分数对入学之后的学业表现有显著的预测作用,即分数越高,挂科越少,奖学金越多。从招生制度改革来看,自招生获得的奖学金显著高于统招生,但对所在高校的推荐度却低于统招生,沪浙"新高考"则对三个维度上的学生发展都无显著影响。一方面表明招生改革的必要性与艰巨性,无论是传统高考、自主招生还是"新高考"都无法预测本科阶段的能力提升以及态度认同,高考分数甚至在个别指标上(未来规划能力)还有负面效应。另一方面反映了本科人才培养的公平性与可能性,起点不同的学生(自招生的降分录取、"新高考"的不同学科组合)在校期间都有机会获得全面发展,这也从侧面降低了对深化招生制度改革的风险预判。

在假设检验的十项本土化高影响力活动里,七项活动都对学生发展具有显著效应,但作用有正有负。参与科研(跟着教师做课题或项目、各种竞赛)或担任学生干部对本科生在学业表现、能力提升以及态度认同的各项指标上都有正面效

应。这与已有文献的结论本质上一致①,也反映出马太效应即资源与荣誉集中在少数拔尖人才身上。在校期间"一心两用"创业或攻读双学位的学生则在学业表现、能力提升与态度认同上都有负面效应。社团活动与兼职也对课外学习时间有挤占效果,但在能力提升与态度认同的各项指标上都有正面效应,因此需要合理引导与适度安排。

根据动机理论,从毕业之后的预期目标来看,打算读研(尤其是读博)的学生在学业、能力以及态度三个维度上的成长都显著高于其他学生,计划去"985"高校读研的本科生学业更为优异,倾向于去政府机关或事业单位的学生在校期间获得的奖学金优于其他群体,而在信息素养、批判思维以及问题解决这三项通用能力上的提升却显著不及选择民企的学生。

---

① 李湘萍.大学生科研参与与学生发展——来自中国案例高校的实证研究[J].北京大学教育评论,
　2015,13(1):129-147.

附录 7

本科课程改革案例——哈佛大学的五次本科课程改革（1869—2014 年）[①]

　　去哈佛大学要从德克斯特门（Dexter Gate）进。清晨或者黄昏，穿过跑着松鼠、环绕着红砖建筑的院子，坐在怀德纳图书馆（Widener Library）的台阶上，看对面教堂的白色尖顶。借用哈佛老校长艾略特（Charles W. Eilot）的话：“在任何社会里，存在百年以上的大学，都是一面鲜明地反映该社会历史与民族性格的镜子。”古老的校园，连同里面的一砖一瓦，一草一木，伴随着代代相传的知识与信仰，凝固成了一种力量，让人平静而又自信。哈佛学者布鲁姆（Allan Bloom）把这种力量形容为“一个最沉溺实际生活的民族对沉思生活表达的敬意”[②]。因此，发生在大学围墙里面的那些事儿，例如哈佛每隔 20 多年一次的本科课程改革，常常引起整个社会的关注。

　　哈佛本科课程以博雅教育（liberal education）为主。洛厄尔校长（Abbot L. Lowell）对此的阐释是“广泛涉猎，学有专攻”，也就是“T”形课程结构：横的是通识教育（general education），体现知识在跨多个学科领域的宽度；竖的是专业教育，体现知识在某个特定领域的深度。打个比方，上通识课是去教堂，上专业课是去医院，你恐怕不知道自己为什么要

---

① 郭娇. 社会兴亡哈佛有责——哈佛的五次本科课程改革(1869—2014)[J]. 大学生，2015，15：140-143(感谢万子豪 Austin X. Volz 提供参考资料与分析思路).
② 陈赛. 哈佛大学：从绅士到精英[J]. 三联生活周刊，2013，26：36-39.

去教堂或得到了什么,但每次上医院总是很清楚自己的需要且能判断解决问题的程度。专业是学生根据自己的兴趣与特长进行选择,可以在大二甚至大三再确定。专业教育由各学科的教授从入门到高级来设置课程,目标是培养该学科领域的专家或学术接班人。相比之下,通识教育不是学生的选择,而是学校的规定,所有的本科生必修,有点儿像国内高校里的思政、英语或其他全校公共课,但不是具体的一门思政课或英语课,而是"西方政治经济学"或"外国语言与文化"这样的领域,学生可以从中再选课程。通识教育通常是教授给非本专业的学生或"外行"开设的课程,讲授通用原则或基本方法,目标是培养本科生用跨学科的思维来解决复杂问题。在这些通识课教学过程中,学科差异明显,一个美国的经济学家会发现他跟一个美国的人类学家对话,远比跟一个中国经济学家交流要困难。通识教育的初衷就是期望不管学生选择什么专业,经过选修前两年的通识课程,即使是"外行",他们也能与不同领域的专家对话。

无论从学生还是老师的角度,哈佛大学每次通识课改革都比专业课引发更多争议,用博克校长(Derek Bok)的话说"比挖祖坟还热闹"①。美国大学与学院联合会(Association of American Colleges & Universities)专门出书总结了在通识教育改革过程中经常出现的 50 个陷阱②。总之,哈佛的通识课程轻易不会改革,大多数教授有生之年也就赶上一次。但是一旦启动,必定轰轰烈烈,上至校长下至教授与学生,覆盖各学科,吵

---

① 转引自陈向明《美国哈佛大学本科课程体系的四次改革浪潮》(《比较教育研究,1997,3:20—26》,"改变一个课程体系比搬迁一个墓地还要难",原文译自 Keller, P.. Getting at the Core Curriculum Reform at Harvard [M]. Cambridge, MA.: Harvard University Press, 1982: 155,52.)

② Association of American Colleges & Universities. General Education [EB/OL]. https://www.aacu.org/resources/general-education.

得不可开交,并通过媒体辐射到整个社会。

　　每次哈佛启动通识教育改革的时机,恰好都是美国社会或民族遭遇重大考验或面临重大抉择的关头。先有哈佛,后有美国。1620 年五月花号带着 100 多名清教徒登陆新英格兰地区,缺衣少食,第一年寒冬之后的生存者仅余半数。16 年后他们在查尔斯河边划了片地叫剑桥小镇,修了牛津路,建起了哈佛学院。再 140 年之后才有了美国。这批清教徒移民在解决温饱问题之后,最关心的就是培养有知识的牧师。在建校前 200 年,哈佛是个神学院,一半以上毕业生都成了神职人员。直到 1869 年艾略特校长推行选课制,才取消了拉丁语、希腊语等神学相关的必修课。除了大一英语写作和外语,其他全是选修课。他还振兴了医、法、商三大学院,奠定了"本科博雅教育+研究生专业教育"的美国模式,沿用至今,2006 年哈佛一半以上的本科毕业生都去了这三大学院。回顾起来,1869 年横穿美国大陆的铁路正式通车,开启了大规模而高效率的工业化生产的序幕,正需要这些医生、律师和商人。

　　1910 年洛厄尔校长启动"集中—分布"(Concentration-Distribution)的课程改革,规定学生要修满 6 门专业课,6 门分布课(覆盖自然、人文、社科三大类)以及 4 门选修课。哈佛本科生至今把自己的专业叫做 Concentration,而不是 Major。19 世纪末 20 世纪初,第一次世界大战爆发,飞机、坦克、航母等武器第一次投入战争。哈佛共有 11 000 多名教师、学生及校友直接参战①,尤其是本科和商学院几乎全民皆兵。哈佛师生知识广博,既会外语,能与法国、西班牙等国军人并肩作战,又懂机械,

----

① Harvard Alumni. Harvard and World War I [EB/OL]. (2020-02-03). http://alumni. harvard. edu/harvard-and-world-war-one.

能开战斗机或救护车，还会管理，能负责装备运输或其他物流。在第一次世界大战里阵亡的哈佛师生近 400 人，在校园里最显眼的位置特意为这些阵亡者修建了纪念教堂（Memorial Church）。

1945 年在科南特校长（James B. Conant）的主持下，哈佛发布了《自由世界的通识教育》一书，因为封面采用"哈佛红"，被称为"红宝书"。这次课程改革规定学生要在大一、大二修"文学精选"和"西方思想制度"，并在"物理原理"或"生物原理"中选修一门。"红宝书"对外发行了 4 万多册，还有多种语言的译本。"美国教育的要务不是使少数幸运的年轻绅士学会欣赏美好生活……我们的目的是培养大量的未来公民理解自己的责任与利益。因为他们是美国人，是自由人。"从书中观点来看，这是一本野心之作，已经超出改革哈佛的课程体系，而是要重塑整个美国在第二次世界大战后的共同文化基础。这种观点让"哈佛红宝书"在社会受到热捧，但在哈佛内部饱受争议，因为这是一本"冷战"的产物。作为参与"曼哈顿计划"造出原子弹的科学家之一，科南特校长担心未来会爆发第三次世界大战。在他 1951 年留给 50 年后的哈佛校长一封信，写着未来的战争"很有可能使我们所居住的城市遭到破坏"。他的担忧不是全无道理，2001 年的确发生了针对美国本土的"9·11 恐怖袭击"。但在"哈佛红宝书"里所指的"自由世界"仅限于以第二次世界大战后东西对峙里以美国为代表的西方社会，这一点与目前的多元世界格局已不相符合，需要重新审视。值得注意的一点是，通识教育最初在美国的起源不是哈佛大学而是哥伦比亚大学。在第一次世界大战期间为了动员美国人去欧洲参战，哥伦比亚大学从 1917 到 1919 年期间专门开设通识课程，拿着联邦政府的拨款，对美国公民进行西方文明史教育，解释为什么需要去保护欧洲文明。课程名字开始很直白的叫"战争目的"，规定大一新生必修，后来改为"当代文明"。二战后的"哈佛红宝书"一脉相承，解释为什么在"冷战"背景下,美国人需要继续保卫西方文明。探索一下源头,结合特定的时代背景,有助于加深我们对"哈佛红宝书"及其相关课程改革的理解与反思。

1978年博克校长带领的核心课程改革,规定学生选择7门课程(外国文化、历史研究、文学与艺术、道德推理、定量推理、科学和社会分析)来学习不同学科的研究方法,例如学生可以不记法国大革命爆发的时间,但能用历史的研究方法来分析每天听到的国际新闻时事,他们可以没用小老鼠做过实验,但能用生物工程的思维模式来理解转基因。在经历了60年代反越战等社会运动之后,哈佛学生与美国国内其他年轻人一样,厌倦了各种价值观(包括前面提到的西方文明),因此这次核心课程改革的目标是把重点转移到干货更多的方法论上,让学生掌握的不是具体的知识或抽象的价值观,而是获取知识和树立价值观的方法与途径。例如"正义课"(Justice)就是一门关于道德推理(moral reasoning)的核心课。桑德尔教授(Michael Sandel)传授的不是新的知识,而是一种"把原本熟悉的事物变得陌生"的思维模式与分析方法。这种新的模式或方法会改变学生对自己、对这个世界的很多看法及决定,就像桑德尔教授说的"自我认知就像失去天真——无论这让你多么不安,你也不能再回头"。[1]然而思维模式或分析方法难以测量。当博克校长被问到学生对科学方法的掌握程度该达到什么水平时? 这位法学院毕业的校长说"要能看懂《科学美国人》或《科学》上的所有文章。"一位曾获诺贝尔化学奖的教授马上善意地提醒校长"就连我也不能看懂那上面的所有文章"。由此可见,即使连哈佛的教授或校长也只知道对律师、化学家等基于学

---

[1] 陈赛.哈佛大学:从绅士到精英[J].三联生活周刊,2013,26:36-39.

科的判断标准,很难在不同学科里对一套核心方法达成共识,更别提进行清楚界定与准确测量了。

2004年萨默斯校长(Lawrence H. Summers)发起通识教育改革,学生要选8门课程(审美与诠释、文化与信仰、实证与数学推理、伦理推理、生命系统科学、物理宇宙科学、世界中的社会、世界中的美国)。这次改革的关键词是"联接"(Connect),既要联接文理,也要联接课堂学习与校外经历。与以往课程改革不同,这次专门成立了通识教育项目办公室,还为各种课程创新"买单",教师能报销课程里邀请嘉宾、购买设计软件、参观博物馆等支出。根据哈佛本科教务部门的统计,选通识课的学生从2009年的10%到2010年的20%,在2012年已经超过了一半。这套新课程在2013年起全面取代老的核心课程,并开始实施五年后(2009—2014年)的中期评价。在评价报告里,这次改革被认为是一次"失败",甚至被形容为"科迈拉"(Chimera)①,一个神话里长着狮头、羊身、蛇尾的怪物。在574门被批准为通识教育的课程里,前一半是跨学科的,后一半是基于学科的,因此被看成长着"通识教育"的头,身子却还保留着老课程体系的"科迈拉"。即使在创新的跨学科课程里,教学效果也让人质疑,例如在"科学与食物"的一堂课上,老师现场煎鱼和烤面包,再用物理原理和数学公式来计算烹饪过程中不断上升的温度。完成计算之后,师生们一起享用大餐。学生对整堂课的体验不错,但考试时发现学生对方法的掌握并不理想。哈佛校刊上也有学生撰文怀念以前干货更多的核心课程,认为现在的创新虽多,但课程本质上没有变化,让人困惑且失望。这次

---

① Rosenberg, J. S. General Education under the Microscope〔EB/OL〕. Harvard Magazine,(2015-05-06). https://harvardmagazine.com/sites/default/files/fas_gen_ed_interim_review.pdf.

通识教育改革的本质要追溯到 2001 年的"9·11 恐怖袭击"包括后来
2007 年的全球金融危机,美国社会又一次面临国家安全、政治、经济、军
事、信仰等危机。哈佛毫无疑问又一次需要在这种时刻发出自己的声
音,帮助民众找到方向并重建信心。适逢萨默斯校长本人是经济学家,
又出任过克林顿政府的财务部长和世行首席专家,斡旋过 1997 年亚洲经
济危机等全球事务。他在就职演说里强调"全球化"和"STEM"①是这次
本科课程改革的两个新方向。然而这位被形容为"公牛冲进瓷器店"般
作风强硬的校长,还没来得及看到改革落地就因为得不到教授支持而被
迫辞职,规划中的工程学院也在他离任之后才得以建立。在这两个新方
向里,STEM 向来不受哈佛本科师生的欢迎,当年艾略特校长曾想把工
程等应用学科打包送给 MIT。后来在哈佛老校园(yard)和法学院之间
修建了一栋科学中心 Science Center,也被认为破坏了红砖建筑的整体风
格,十分难看。在 2006 年对大一新生的调查里,有 40%左右的学生都不
懂"微积分"②,这在 MIT 或其他理工类高校是绝对不会发生的事儿。从
2011 届毕业生专业分布来看,其中经济学专业 209 人,政治学专业 183
人,连历史与文学专业都有 58 人,但是工程专业只有 38 人,计算机专业
也只有 36 人③。可见要在哈佛本科课程里增加 STEM 的成分充满了挑
战。最近受欢迎的 CS50"计算机入门"课是一个例外,但是哈佛本科生还
有精彩的"正义课""幸福课""公司财务""宏观经济学"等太多选择,难怪
曾有学生把"从几千门课程里选出 16 门"来作为自己哈佛这四年需要克

---

① STEM 是科学、技术、工程、数学的合称。
② 在美国,高中生就可以通过大学先修课或称为 AP 课,选修微积分。
③ Office of Institutional Research. Harvard Fact Book 2011 - 12 [EB/OL]. [2021 - 02 -
03]. http://oir. harvard. edu/files/huoir/files/harvard_fact_book_2011-12_final. pdf.

服的最大难题。与 STEM 相比,"全球化"似乎更容易实现。然而从统计数字来看,哈佛本科的国际学生比例保持在 10% 左右,难以突破。哈佛究竟是一所美国的大学,还是一所世界的大学? 在 21 世纪,哈佛究竟培养的是 50 年前"哈佛红宝书"里提到的自由世界的美国公民,还是在更复杂的世界格局里担当责任的全球公民? 从前面的本科招生分布来看,答案倾向于前者,哈佛是培养在经济、政治等领域能更好地参与并影响全球事务的美国公民。因此"全球化"只是打开美国公民的视野,包括跟少量来自世界各国的年轻人作为同学一起同吃同住四年。哈佛至少在本科教育阶段还是一所美国的大学,而不是一所真正意义上的全球化的大学。不管是 STEM 还是全球化,哈佛这次通识教育改革的两个新方向都难以实现。

当这两个新方向在哈佛推进缓慢时,它的竞争对手们正在快速发展。从 STEM 来看,斯坦福、MIT、加州理工等纷纷抢占学术研究的前沿与应用研究的制高点。这些理工类高校强调与业界的紧密合作,学生在产业界也容易获得实习与正式工作的机会。就连奥巴马政府的移民政策也对 STEM 专业的国际学生格外"开恩",他们在毕业后获得的留美受训签证 OPT 有效期可延长 17 个月[1],就业机会的改善与移民政策的倾向同时带动了这些理工类高校的教育全球化。除了传统的高校,更为创新的在线教育如 Coursera 或新型大学如密涅瓦,也在填补哈佛在全球化上犹豫不决所留下的空白。密涅瓦大学首届录取 45 名学生里 58% 来自

---

[1] Thibodeau, P.. Obama Expands OPT visa program for foreign students [EB/OL]. Computer World,(2012 - 06 - 04). https://www. computerworld. com/article/2503903/obama-expands-opt-visa-program-for-foreign-students. html.

美国之外[①]，不再是一个传统意义上本国学生占90％的美国大学。

回顾哈佛历史上这五次本科教育改革，成败关键在于学校内部的DNA与外部的时代需要是否匹配。在不匹配的时候，需要像历任校长那样勇于"挖祖坟"。但这种改变越来越难，艾略特校长上任时的课程改革只需要获得45名教师和570名学生的支持，而现在仅哈佛文理学院就有近900名教师，仅本科生就有6 600多名。要在这7 500多师生之间达成共识，让他们认可一套新的通识课程，尤其是当新的方向跟哈佛300多年的DNA还不匹配时就更困难重重。本来是选修经济与政治的最多，现在要增加STEM；本来是为美国社会服务，现在要强调全球化，要实现福斯特校长（Drew G. Faust）在2015年毕业典礼上提出的哈佛使命，"让毕业生不断成长，超越自我，并非仅是为了每个人自身的利益，而是为了他人和整个世界"[②]。难怪这次改革被评价为"失败"或者四不像的"科迈拉"。在面对外部社会的迫切需要以及新老对手的咄咄逼人，哈佛如何利用现有的生源、师资、经费等优势来完成这次"吃力不讨好"的课程改革？2013年《三联生活周刊》把哈佛称为"处于守势的帝国"[③]，这个"帝国"在21世纪接下来的岁月里命运如何？会大而不倒，继续引领美国？还是能破局而出，先改变自己再影响全球格局？还是会难以掉头，失去往日的领先优势？让我们怀着悬念，继续关注哈佛的这次本科通识课程改革及其他方面的战略调整，看究竟哪个预言会变为事实。

① Caster, S.. Minerva Welcome Founding Class in US［EB/OL］. The PIE News, (2014-04-28). https://thepienews.com/news/minerva-welcomes-founding-class/.
② Faust, D. G.. 2015 Commencement Speech［EB/OL］. Harvard University, (2015-05-28). https://www.harvard.edu/president/speech/2015/2015-commencement-speech.
③ 蒲实. 哈佛大学：处于守势的帝国［J］. 三联生活周刊, 2013, 26：40-50.

附录 8

本科人才培养目标——打造头脑，而非简历；培养热爱，而非精英①

2014 年 4 月 6 日，星期天。波士顿的四月是多么美好的季节，靠近码头的北区（North End）是意大利移民的聚居地，很像国内大小城市都有的美食一条街。从早到晚车水马龙，笑语欢声。在哈佛大学读博期间，我和吃货朋友们也会在晚上或周末来这里聚会，庆祝同学毕业、父母来访，或只为品尝地道的咖啡和意面。

隔着几条街是游客必到的波士顿水族馆，旁边有一栋不知名的高楼。在那个夜晚，一名哈佛大二学生，20 岁的安德鲁·孙（音译，下文简称孙同学），在这楼上不知徘徊了多久。直到午夜，他跳下楼，一天后不治身亡。

哈佛校刊《深红》（the Crimson）②、《波士顿环球报》③，以及一些国内媒体也报道了这一事件，一片痛惜扼腕之声。从领英（Linkedin）的个人网页看，孙同学 16 岁移民到美国新泽西州，理工科出色，多次参加机器人

---

① 郭娇. 找到生命中的深红[J]. 大学生，2014，17：46-49.

② Bernhard，M. P.，Delwiche，T. R.. Humble and Faithful, Andrew Sun'16 was quick to listen, Friends say [EB/OL]. The Harvard Crimson，(2014-04-08). https://www.thecrimson.com/article/2014/4/8/andrew-sun-remembered-obituary/.

③ Gaitan，C.. Harvard student dies after falling from building[EB/OL]. Boston Globe，(2014-04-07). https://www.bostonglobe.com/metro/2014/04/07/harvard-university-student-dies-from-injuries-suffered-after-falling-from-building/sinxMl9jmdj4qtkFyH6GeM/story.html.

比赛获奖,暑期先后在哥伦比亚大学的实验室和西雅图的投行实习,还有过创业经历。

没人了解孙同学跳楼的真正原因,只能从公开的信息上进行推断。成绩上,最近他的经济学考试几乎得了满分;生活上,朋友眼里的他安静,爱笑,善于倾听,平时爱打篮球,参加投资协会,并热心公益活动。这些信息都表明——孙同学绝对是"哈佛男孩"。不出意外,孙同学会跟哈佛大部分本科生一样,主修经济或工程,毕业后在投行、咨询或者新兴的技术公司里拿到一份年薪6位数的工作。可他却选择这样一种方式,结束生命,把悲痛留给家人,把疑问留给我们:为什么有着光明前途的20岁男孩会自杀?

"读书,社交,睡觉,我只能选两样"

哈佛学生究竟是怎样的一个群体?村上春树在哈佛交流时,常去河边跑步,对哈佛学生有了多次擦肩而过的近距离观察。在他的笔下,"沿着清晨的查尔斯河,我依照自己的步调信步慢跑,却被大概是哈佛新生的女生们从背后一一赶超过去。她们大多娇小玲珑,苗条瘦削,身穿印有哈佛标志的深红色T恤,一头金发扎成马尾辫子,一面听着崭新的iPod,一面英姿飒爽地沿着道路向前直奔。人们从其中毫无疑义地感觉到某种攻击性、挑战性的东西。她们似习惯一个个地超越众人,不习惯被别人超越。她们一望而知是优秀的,是健康的,深具魅力,严肃认真,而且充满自信。她们的奔跑,怎么看都不是适合长跑的跑法,而是典型的中距离跑。步幅很大,蹬踏锐利而有力。一边赏玩周边的风景一边优哉游哉地跑步,恐怕与她们的思维方式格格不入。"①

---

① 村上春树. 当我谈跑步时,我谈些什么[M]. 施小炜,译. 海口:南海出版公司,2010:104.

然而,哈佛学生真实的学习与生活又是怎样一番情景?村上春树也许不知道,这些女生为了苗条瘦削,每天起床就去健身房,为了超越众人,通宵在自习室看书。她们每人都有一张疯狂的日程表,上面五颜六色地排满了各项活动,唯独没有留出空白"赏玩风景"。

她们身穿"印有哈佛标志的深红色 T 恤",代表着胜利、醒目和激情。当年老校长艾略特还是本科生时,就是和队友一样系着一条这种深红色的方巾,在赛艇比赛中胜出。为了纪念这位带领哈佛走过 40 年的老校长,在他退休后的第二年,校方和学生一致投票通过,把深红定为哈佛的官方颜色①。穿上这件深红色的 T 恤,就好像穿上舞台上那双被施了魔法的红舞鞋,哪怕付出再多的汗水,磨出再多的血泡,也要坚持追逐自己的梦想,也要用最灿烂的笑容来舞蹈。

人人都是永动机

这种魔法会跟随哈佛学生,渗透到校园生活和学习的方方面面。记得我跟哈佛本科生一起参加国标舞队②集训时,他们早上 6 点起床,去各宿舍楼贴海报(poster run),再直奔食堂,喝着咖啡,热火朝天地讨论生物实验、校刊文章或者非洲扶贫。晚上 10 点后才上集训课,课后得把桌椅挪回原位,再跟舞伴切磋的话,得深更半夜才能结束。这就是传说中常青藤的生活节奏,"读书、社交和睡觉,我只能选两样"。

国标舞队集训是为了每学期参加新英格兰地区各高校的巡回比赛,至少三次。参加比赛,就得赢!为了赢,国标舞队免费给每个人报名,提

---

① Warmflash, G. L.. Harvard Explained, Why is crimson Harvard's official color? [EB/OL]. The Harvard Crimson, (2002 - 04 - 11). https://www.thecrimson.com/article/2002/4/11/harvard-explained-why-is-crimson-harvards/.

② Harvard Ballroom Dance Team. About Harvard Ballroom Team [EB/OL]. [2021 - 03 - 14]. https://www.harvardballroom.org/story.

供服装,增加练习时间,补贴队员们请私教的费用,有时还组队前往加拿大、纽约等地比赛。舞伴之间互相督促,没有上进心或者训练不认真,就会被踢掉。高强度训练、队友鞭策、定期比赛,再加上发自内心的热爱,给每个人都好像装上了一部"永动机",这种动力甚至会延伸到毕业后。

2004 年任国标舞队队长的米尔德·袁(音译,简称袁同学)①,5 岁跳芭蕾,虽然本科读的是经济,爱上国标舞后就去剑桥攻读文学硕士,论文专门研究国标舞的起源。在剑桥,她继续当国标舞队队长,结识了舞伴及现在的老公加里,他们常代表英国参加各种业余或专业比赛,在世界各地开班授课。两人还都有全职工作,男的做咨询,女的从事出版。这样的故事点燃了哈佛人的梦想!我的舞伴艾里克在哈佛医学院做博士后,介绍自己时说:"我是科学家,也是'谢耳朵'学霸。"他的激情不比本科生的少,在实验室发展了 3 名舞友,从中找到了现任女友,而且每学期都带 20 多人的国标舞扫盲班。即便去位于华盛顿特区的国家健康研究所(NIH)工作②,他还继续找私教上课,甚至跑回波士顿参加比赛。

这样的故事怎么讲也讲不完。哈佛不只出了 1 个盖茨、8 个总统、32 个州长、47 个诺贝尔奖获得者和 48 个普利策奖获得者,还出了无数把跳舞、做甜点等个人爱好都做成事业的哈佛学子。当然,还有无人不知的脸书(Facebook)创始人扎克伯格。2004 年,他黑进哈佛某学院的服务器下载了所有学生的大头照,再在网站上随机配对显示两张照片,任人打

---

① University of Cambridge. St. Edmund's College News. Alumna shortlisted for the 2014 Asian Women of Achievement Awards [EB/OL]. (2014 - 04 - 30). http://www.st-edmunds.cam.ac.uk/news/alumna-shortlisted-2014-asian-women-achievement-awards.

② JMB Career Advancement Initiative, Eric Batchelor [EB/OL]. Journal of Molecular Biology, [2021 - 03 - 14]. https://www.journals.elsevier.com/journal-of-molecular-biology/jmb-career-advancement-initiative/eric-batchelor.

分。当晚该网站就火爆到宕机,扎克伯格为此吃了校方警告。但他看到了机会,一周后拉上同学推出脸书。谁能预料,一次宕机事件能改变地球 10 亿人的生活?

在哈佛,只要不忘初心,始终坚持做自己着迷的事情,时机到了,定会有所成就。其他常青藤大学、文理学院或一流学府也不乏类似的例子,斯坦福出了 Google;普林斯顿出了美丽美国;里德学院出了乔布斯。只不过哈佛学生群体涉足的领域更广,历史跨度更长。

既然有这么多成功先例,身边也充满了不甘落后的同学,家庭年收入在 60 000 美元以下的连学费都不用出,晚上天黑了在校园周边可以叫校车接送回校,压力大了去校医院找专业社工或心理医生聊天……可以说,衣食住行哈佛一切都用心照顾。再想一想哈佛这张文凭可以敲开多少雇主的大门,可以从全球 30 多万的校友网络里找到多少资源。那么,为什么孙同学还会自杀?这真是令人难以理解。

缺少了引擎燃料

我认为,他没有找到真正热爱的事情,他的那台"永动机"缺少启动引擎的燃料。孙同学探索过那么多领域——机器人、实验室、投行、创业、篮球、投资协会、教会公益等,却没有一两个能成为他的挚爱。挚爱是做事情不为考试成绩,不为简历好看,不为让父母有脸面,不为招人喜欢,不为跟风,而是每天起床后睡觉前,即使无人知道或无人在意,也真的愿意花时间坚持做的事情,它带给人的是专注、愉快和过瘾胜过谈恋爱、打游戏。袁同学穿上国标舞鞋或扎克伯格写代码时,一定找到了这种感觉。

教育真正的目的是打造头脑,而不是打造简历,是培养热爱,而不是培养精英。这个观点可以追溯到 2008 年引起极大争议的文章——《精英教育的短板》(*The Disadvantages of an Elite Education*①)。该文在脸书上被转发 4 万多次,褒贬不一。作者威廉·德累斯卫士(William Deresiewicz)指出,即使在他就读与任教的常青藤大学,也只有少数学生,真正对想法本身充满激情,而不是只维持一个学期,只想着讨好老师,或只为了得高分。更少的学生,会关心意义重大的问题,而不是为了升入法学院或医学院,把大学四年用来备考 LSAT 或提高绩点。少之又少的学生,会跳出思维模式以及强化这种模式的体制,用不一样的视角来看问题。

对孙同学的自杀,我还有一种推断:他是有激情的"少数派",但是他真正热爱的事情却无人支持。威廉在《精英教育的短板》中打了个比方,一个常青藤大学的毕业生想要当中小学老师,就会在内心深处反复拷问自己:这不是浪费我花了这么多钱接受的教育吗? 这不是浪费父母这么辛苦为我争取到的机会吗? 我的朋友们会怎么想? 20 年后回校聚会,我该怎么面对那些成了大律师或纽约土豪的同学? 如果拷问没有满意的答案,如果挣扎没有预期的缓解,再加上身边连一个能倾听的人都找不到,这种"孤立无援"的感觉轻则带来抑郁,重则真会要命。就像威廉引用弗吉尼亚·伍尔夫小说《海浪》里的自述,"我能向谁吐露心里那种迫切感到的激情……没有人——这里只有灰色的拱门,咕咕抱怨的鸽子,鼓舞人心的游戏、传统与竞赛,一切都这样精巧地组织起来让人感到孤单。"②

威廉认为,这种孤单如果是为了过真正热爱的生活,为了保留独立

---

① Deresiewicz, W.. The Disadvantages of an Elite Education [EB/OL]. The American Scholar. (2008 - 06 - 01). https://theamericanscholar. org/the-disadvantages-of-an-elite-education/.
② 蓝橡树. 耶鲁教授 24 年的深刻反思:精英教育正在培养一模一样的人[EB/OL]. (2017 - 07 - 27). https://www. sohu. com/a/160177509_124768.

清醒的头脑,那是完全必要的。他自己就属于行动派,在发表这篇文章的当年,他离开了在耶鲁大学担任了 10 年的英国文学教职,成为全职作家。在离职 3 年后,他出版一部书,介绍自己在 26 岁读简·奥斯丁的 6 部小说后脱胎换骨的那段经历。正是这段阅读经历,让本科学生物的他毅然改行读博,并让英国文学成为他十几年来的挚爱①。

就是这种挚爱,或敲开常青藤的大门,或是促使人离开。惟愿离开时,做一件自己真正热爱的事情,为此不惧怕孤立无援,不惧怕高强度训练,不惧怕跳到体制外冒险。把这件事情做到极致,做成多年后刻在墓碑上的字——像乔布斯那样,被人记住的是唯一、永远的苹果教主,而不是里德学院的一名辍学生。

---

① Deresiewicz, W.. About William Deresiewicz [EB/OL]. [2021-03-14]. https://billderesiewicz.com/about/.

结　语

  通过对学生发展、招生改革、高影响力活动、学习动机等核心概念的文献梳理，并且基于对 CCTL 的量化数据与质性资料的分析，本科人才培养的基本理论框架初具雏形。以招生入口为例，高校招生改革具有"牵一发动全身"的重要战略意义。下一阶段的高校招生改革需突出其促进社会公平、降低民众焦虑的"稳定器"功能。在此进程中尤要避免弱势群体在新一轮高校招生改革里处于不利地位。从整体而言，适龄人口接受高等教育的机会高于其父辈。这意味着越来越多的家庭培养出第一个大学生。社会公平成为高等教育强国建设的系统构成要素之一。CCTL 数据表明在控制高考分数与其他背景变量之后，农村家庭第一代大学生面临的主要挑战并非来自学业，而是该群体自我感知并报告的各种能力。这从侧面反映出对专业能力与通用能力进行理性且客观的自我评价是农村生源亟需加强的心理建设。总之，后续研究无论是对本科人才培养的基本规律、制度创新等进行学理分析，还是对某一具体学科门类的本科生学习动机、行为、效果等进行实证分析，都对继续完善本科人才培养的理论模型具有重要意义。

2019年国内高等教育适龄人口毛入学率超过50%,标志着我国正式进入高等教育普及化阶段。高等教育强国建设从2008年提出以来已开展十余年,从理念先行、制度设计到"双一流"建设正式启动以来的人心凝聚与资源配置,一流本科建设从2016年起日益受到重视。相比主要从事科研与研究生培养的科学院系统,"以本为本"是高校扎根于中国大地办学的使命与担当。高等教育系统内部的变化趋势,与外部社会的政治、经济、技术、国际关系、公共卫生等多个子系统联系紧密。中美贸易战的不断升级与持续加温,让关键核心技术的自主研发在高等教育强国建设的基本特征里重要性凸显。新冠疫情的暴发及其对整体经济短期下行的冲击,让高等教育普及化阶段的大学生就业挑战更为严峻。

在上述时代背景下,通过对学生发展、招生改革、高影响力活动、学习动机等核心概念进行梳理,本书构建了基于"招生入口—培养过程—预期出口"的本科人才培养理论框架(见第二章的图2.1)。与之前文献不同,该框架的每个关键环节都扎根于本土国情。具体而言,招生入口的制度改革关注从试点到取消走过了一个完整"生命周期"的自主招生政策,培养过程强调参与"挑战杯""双创"等本科生高影响力活动,预期出口则针对本科生毕业之后继续深造或就业规划(例如倾向于去政府机关、事业单位或国有企业等体制内单位发展)展开分析。

本书的研究设计适度向"双一流"建设高校倾斜,且参与答题的在校本科生都来自各校自我认定的优势专业。在抽样阶段,从区域分布来看,线上问卷的答题邀请集中发至北京、上海、南京、武汉、西安、广州、长春以及郑州这八个高校数量相对较多的直辖市或省会城市等高等教育"枢纽",后期适当追加中西部高校。从院校层次来看,受邀答题的院校里近六成为"双一流"建设高校(共25所),其余是地方高校(共18所)。从学科专业来看,每所高校自选一个优势专业,再从各年级抽取50名学生答题。在量化调查的研究基础上,线下访谈从这八个城市里选择其中一个东部发达省市进行。10名访谈对象来自5所当地的"双一流"建设高校,另外8名访谈对象则来自同一城市的两所非"双一流"地方高校。兼顾两种学校类型的设计让量化数据与访谈资料更为丰富,分析视角更为立体,更能洞察"以点带面"的高等教育系统整体发展。这种设计思路背后隐含的前提假设是一流本科建设并非局限在"双一流"建设高校,地方高校结合自身特色也能建设优势专业来培养拔尖创新本科人才。

一、重新想象本科阶段的学习

基于上述时代背景与研究设计,本书采用的数据来源于 2019 年《中国本科教与学调查》(China College Teaching & Learning Survey,CCTL)。该调查采集了来自全国 43 所普通高校的 4 461 名在校本科生的信息,并对 7 所高校的 18 名本科生进行访谈。通过从家庭背景、招生方式、在校经历、预期目标以及学习结果多个维度进行分析,该调查的研究发现(详见第三到七章)主要如下:

从家庭背景来看,随着高等教育毛入学率从 2003 年的 17%增长到 2019 年的 51.6%,我国从高等教育大众化正式迈进普及化阶段。整体而言,适龄人口接受高等教育的机会高于其父辈。这意味着越来越多的家庭培养出第一个大学生。根据国内已有研究,家庭第一代大学生(即父母学历均在高中及以下)在高校所占比例为 46.8%到 75%之间。他们不仅承载着家庭跨代向上流动的希望,加强了高校学生构成的多元性与异质性,也体现了促进高等教育公平的政策导向。CCTL数据表明:(1)在控制性别、高考分数等背景变量之后,家庭第一代大学生在本科期间的挂科数、专业排名以及奖学金获得情况都与非第一代大学生没有显著差异。(2)家庭第一代大学生对所修专业的认同显著低于非第一代大学生。可见高校对家庭第一代大学生的帮扶重点不在学业表现,而是在高考志愿填报阶段的专业选择以及入校之后的专业认同。(3)农村家庭第一代大学生自我报告的各项能力提升都低于其余学生。帮扶工作还需对城乡生源予以区分,促进农村家庭第一代大学生感知、体验并运用高校提供的各种资源来提升沟通表达、未来规划等核心能力。

从招生方式来看,高校招生制度改革具有"牵一发动全身"的重要战略意义,其动向不仅具有指引高中办学方向、保障本科生源质量等教育功能,而且关系到维护社会公平、缩小城乡差距、促进代际流动等社会责任。前者基于认识论基础,以好奇心、勤勉、专注等智力的德性为选拔标准;后者则遵循政治论的逻辑即精英阶层的开放性,这体现为招生过程里的公开透明以及分数面前的人人平等。本书聚焦在自主招生这一具体举措并发现:(1)从招生公平来看,2012 年之后面向贫困地区的定点招生计划初见成效,农村生源通过自招被录取的概率显著高于城市生源,而其他群体(女生、家庭第一代大学生)在自主招生竞争里尚处在不利地位。(2)控制高考分数之后,自招生在本科期间获得的奖学金显著优于统招生,但对所在高校的推荐度显著低于统招生。这种混合效率意味着高校需妥善使用招生改革这一"双刃剑",在选拔过程里考察学生与学校之间的匹配程度。(3)下一阶段的"强基计划"等高校招生深化改革需突出其促进社会公平、降低民众焦虑的"稳定器"功能,确保过程透明、结果公正与支持到位。如果举措过于频繁仓促,会增加学生与家长的焦虑,甚至影响改革的正常进程与长期成效。

从在校经历来看,"高影响力活动"(High-impact Educational Practices)这一概念由乔治·库(George Kuh)在 2008 年根据美国 1 300 多所高校的本科博雅教育实践提出。其背后隐含的前提假设是如果高校只能集中资源提供有限的支持或学生只能集中精力参与有限的活动,那么乔治·库建议从新生研讨课、写作强化课程等十项高影响力活动里加以选择。高影响力活动理论框架的构建不能脱离每个国家高等教育系统面临的时代背景以及肩负的独特使命。伴随着我国高等教育进入普及化阶段以及本科教学改革进入"深水区",高影响力活动研究的战略意义与应用价值更为突出。根据本研究的质性访谈得出的主要发现如下:(1)本土情境里高影响力活动具备的四个核心类属,分别是真实挑战、合作学习、巅峰体验以及根本改变。(2)这四个核心类属可根据逻辑关系整合成一个对本科生在校经历具有解释力的理想类型,该类型在用于不同高校时呈现差异。(3)本科高影响力活动的应然状态与实然效果之间的落差在"双一流"建设高校更为突出,包括考试挫败带来的负面情绪、师生在毕业论文阶段的疏离、过于实用主义而感觉简历不够丰富多彩等反例。

从预期目标来看,本科生对自己毕业之后继续深造或就业的未来规划从侧面反映了其学习动机。CCTL数据表明,预期目标与本科生参与高影响力活动的行为具有显著关联:(1)在本土情境下的十项高影响力活动里,立志读硕的学生对其中六项活动的参与度都较低;立志读博的学生参与学术相关的活动(老师的课题或项目、各种竞赛)更为踊跃。(2)计划出国的群体对海外交流的参与显著高于期待去"985"高校的学生;倾向于政府机关或事业单位的学生与向往其他单位类型的学生在参与学生会、创业等方面的行为显著不同。(3)本科生参与高影响力活动还存在显著的性别、年级与学科差异。女生、大一新生或者人文学科的学生在高影响力活动的参与上相对较低,尤其是与科研相关的活动(例如参与老师的课题或项目、各种竞赛、发表论文或申请专利)。

从学生发展的结果评价来看,上述家庭背景、招生方式、培养过程里的高影响力活动以及学生毕业之后的预期目标都需与结果指标加以关联,才能形成一个理论模式上的完整"闭环"。基于CCTL调查的量化数据,本书从学业表现、能力提升以及态度认同三个维度来评估本科阶段的学生发展。主要发现如下:(1)传统的高考分数对入学之后的学业表现有显著的预测作用,即分数越高,挂科越少,奖学金越多,沪浙"新高考"则对三个维度上的学生发展都无显著影响。一方面表明招生改革的必要性与艰巨性,无论是传统高考还是"新高考"都无法预测本科阶段的能力提升以及态度认同。另一方面反映了本科人才培养的公平性与可能性,起点不同的学生(例如"新高考"的不同学科组合)在校期间都有机会获得全面发展,这也从侧面降低了对深化招生制度改革的风险预判。(2)参与科研(跟着教师做课题或项目、各种竞赛)或担任学生干部对本科生在学业表现、能力提升以及态度认同的各项指标上都有正面效应。在校期间"一心两用"创业或攻读双学位则在学业表现、能力提升与态度认同上都有负面效应。社团活动与兼职也对课外学习时间有挤占效果,但在能力提升与态度认同的各项指标上都有正面效应,因此需要合理引导与适度安排。(3)打算读研(尤其是读博)的学生在学业、能力以及态度三个维度上的成长都显著高于其他学生;计划去"985"高校读研的本科生学业更为优异;倾向于去政府机关或事业单位的学生在校期间获得的奖学金优于其他群体,而在信息素养、批判思维以及问题解决这三项通用能力上的提升却显著不及选择民企的学生。

综上,毕业之后的预期目标不仅与本科生在校参与高影响力活动的行为相匹配,而且与其学业表现、能力提升以及态度认同都显著相关。上述实证依据再次印证了本科人才培养理论框架里学习动机、入学方式、在校经历以及学生发展结果这一逻辑路径,并突出了本科生作为行动主体对自己在校期间的学习投入、课外实践、未来职业规划等具有鲜明的针对性与自主性。本科人才培养的契机不仅停留在"以学生为中心",更要调动与发挥本科生这种目标驱动与自我调节(self-regulation)特征,才能激发这一群体在大学四年里应对真实挑战、进行良性互动、获得巅峰体验并实现根本转变,让他们的本科经历富有创造性与想象力。

二、重新设计本科生学习经历

1. 学生发展的异质性需重视,挑战在于弥补通用能力的"短板"

学生发展的异质性指不同本科生群体面临的发展瓶颈存在差异。在我国高等教育迈进普及化阶段的时代背景下,学生构成的异质性更具有挑战性。不同社会群体的划分既可根据性别、父母学历或职业、户籍所在地等人口学以及家庭背景变量,也可根据学校类型、学科门类等教育学变量。从性别来看,CCTL数据表明女生的学业表现优于男生,但在信息素养、批判思维以及问题解决这三项通用能力上的提升都显著低于男生。这与学习动机的已有研究发现本质上一致,即男生更喜欢接受挑战或解决复杂问题等内在驱动;女生更依赖他人评价①②。从家庭背景来看,家庭第一代大学生的沟通表达能力需要加强;母亲从事非技术或管理工作的学生批判思维也有进步空间,可见弱势学生群体的"短板"主要在于沟通表达、批判思维等核心能力或软技能。通过科研课题、社团活动、实习实践等隐性课程的设计与实施来帮助他们拓宽视野、融入环境、强化内在驱动并提升通用能力,这是下一阶段深化本科人才培养改革的发力点。

教育学变量的回归结果也为围绕学生异质性来深化本科人才培养改革提供些许思路。从年级差异来看,高校一方面要健全学生数据库,尤其是大一入校之后与大四离校之前这两个时间点的信息采集,另一方面要针对不同年级的特征开展工作,例如大三学生自我报告的通用能力提升显著,但院校推荐度与专业推荐度"双低"。其背后原因是否在于个人成就动机加强但未来规划不够清晰带来的焦虑?从学科差异来看,人文学科无论在专业能力(基础知识、学科前沿)还是在核心能力(沟通表达、信息素养、批判思维)的表现都优于社会学科与工程学科。人文学科重经典、重思辨、重师生研讨、重写作训练的人才培养特点以及文史哲基地班、本硕博连读等制度创新值得更多的关注与研究。

2. 专业认同亟需加强,招生、本科生科研以及职业规划协同发力

本书对专业认同的操作性定义是在亲戚朋友填报高考志愿时本科生对自己所修专业的推荐程度。根据回归结果来看,家庭第一代大学生的专业推荐度低于非第一代大学生;各年级学生的专业推荐度都显著低于大一新生;社会学科的专业推荐度低于人文学科。这反映出专业认同是不同生源、年级,以及学科的本科人才培养工作面对的一个共同难题,无论是传统高考分数还是招生制度改革(如突出学科兴趣特长的自主招生与强调"先选专业后选学校"的新高考)都对本科生

---

① 刘淳松,张益民,张红. 大学生学习动机的性别、年级及学科差异[J]. 中国临床康复,2005,20: 96 - 97.

② 池莉萍,辛自强. 大学生学习动机的测量及其与自我效能感的关系[J]. 心理发展与教育,2006,2: 64 - 70.

的专业认同没有显著效应。

上述实证结果表明专业认同的强化不能单靠"入口"的招生制度改革,而要贯穿整个本科人才培养过程,甚至延伸到对学生毕业之后预期目标的规划。招生环节需侧重家庭第一代大学生的专业选择,已有文献发现该群体在高中阶段的升学及职业规划难以获得家庭支持(例如对高考志愿填报的建议或对招生改革新举措的洞察)①。家庭第一代大学生可作为高校开展招生宣传与答疑的重点对象,并在入校之后也密切关注对最初专业选择不满意的群体,为其提供二次选择(转专业)、辅修、双学位、宽口径就业、跨专业读研、"插班生"考试等多路径支持。在校期间的科研项目(跟着老师做课题、各种竞赛)以及社会活动(学生会、社团)的深度参与都对本科生的专业推荐度有显著正向效应,这也为高校提供了思路即打通第一课堂与第二课堂来促进学生对专业的兴趣与热爱。这种兴趣热爱还可延续到学生毕业之后,计划读研的本科生对专业的认同越强烈。这从侧面反映了专业认同源自学生内在的兴趣或热爱驱动,而非仅仅出于学校声誉、就业优势等外在动机,高校的招生、教学、科研、就业、学生工作等各职能部门可围绕本科生的专业认同展开合作。

3. 高影响力活动扎根于本土国情,引导学生合理分配时间

高影响力活动是对学生发展有显著正效应的课内外教育实践。根据国内外文献②③,本书通过扎根理论从访谈资料构建了由四个核心类属组成的高影响力活动理论框架,并基于量化数据检验了十项高影响力活动与本科生毕业之后的预期目标以及学业结果的关联。回归结果表明其中七项活动对学生发展的结果指标有显著影响,但方向有正有负,可见高影响力活动是一把"双刃剑"。具体而言,本科生科研(跟着老师做课题、参与各项竞赛)对学业表现、能力提升以及态度认

---

① 鲍威. 第一代农村大学生的升学选择[J]. 教育学术月刊,2013(1):3-11.

② Kuh, G. D.. High-impact Educational Practices:What They Are, Who Has Access to Them, and Why They Matter [R]. Washington, DC.:American Association of College & University(AAC & U),2008,16.

③ 文雯,初静,史静寰. "985"高校高影响力教育活动初探[J]. 高等教育研究,2014,35(8):92-98.

同的各项指标都有显著正面效应,可被视为优化本科培养过程的关键环节。这为教育部《关于深化本科教育教学改革全面提高人才培养质量的意见》里提出的"推动科研反哺教学"提供了有力的实证依据,例如通过举行"挑战杯"来"以赛促教""以赛促学"[①]。需要注意的一点是基于 CCTL 调研数据,半数以上的本科生向往体制内工作(30.8%倾向于政府机关或事业单位;26.3%倾向于国企),但民企才是吸纳本科生就业的主要渠道。倾向于民企的学生在本科阶段的信息素养、批判思维与问题解决能力上的提升都显著高于选择政府机关或事业单位的学生。这意味着就业偏好、活动参与以及能力提升三者密不可分,本科培养质量的提升需要考虑到学生参与各项活动与其未来择业之间的匹配。

除了科研参与之外,其余高影响力活动对学生发展的影响机制较为复杂。兼职或社团活动对学业表现有负面效应,但对学生的专业能力与核心能力的提升都有正面影响。根据这一实证发现,高校可引导学生合理安排课外时间,既防止过度兼职或忙于社团影响到学业[②],又从这些实践活动里得到锻炼。另外亟需关注的是本科阶段创业或读双学位的学生,他们不仅在各项核心能力上提升不足,对所在高校的推荐度也较低,而且忙于创业的学生在学业表现以及专业能力的各项指标上也显著低于未创业的学生,这种现象值得警惕。教育部的《关于深化本科教育教学改革全面提高人才培养质量的意见》里分别提到了"深化创新创业教育改革"与"开展双学士学位人才培养项目试点"等举措[③],下一阶段的深化改革以及培养试点需严把质量关,避免低水平、功利化以至给学生带来负面影响的创业或双学位项目[④]。

---

① 教育部. 关于深化本科教育教学改革全面提高人才培养质量的意见[EB/OL]. (2019 - 10 - 08) [2020 - 07 - 06]. http://www.moe.gov.cn/srcsite/A08/s7056/201910/t20191011_402759.html.

② 丁小浩,宋哲. 大学生实习失度与就业满意度分析[J]. 教育发展研究,2017,5:1 - 9.

③ 教育部. 关于深化本科教育教学改革全面提高人才培养质量的意见[EB/OL]. (2019 - 10 - 08) [2020 - 07 - 06]. http://www.moe.gov.cn/srcsite/A08/s7056/201910/t20191011_402759.html.

④ 马莉萍. 双学位双回报?——基于全国高校毕业生就业调查的实证研究[J]. 教育发展研究,2013, 21:18 - 23.

三、本书研究设计的局限

本书的数据来源于 2019 年《中国本科教与学调查》。从量化分析来看，CCTL 调查的抽样具有全国代表性，权重向"双一流"建设高校以及各校自定的优势专业倾斜，旨在识别本科人才培养的制度创新并为其效果评价提供实证依据。然而该研究设计也具有自身局限性，作为单一时点采集的横截面信息，CCTL 调查数据难以通过前后对比来反映变化趋势。如同按下快门的瞬间，其结论更适用于 2016 至 2019 届本科生。在问卷开发过程中，CCTL 课题组考虑到学生对每个问题的理解程度与答题意愿，并且通过数据清理删除答题时间过短或过长、答案不合常理的特异值（例如挂科数高达 90 门）等无效问卷。但与通过自我报告来采集学生信息的其他问卷调查相似，CCTL 的研究结论难以完全排除某一群体使用调查问卷这一工具本身的效度偏误（validity bias），例如农村生源自我评价的各项能力提升都显著低于城市生源。

从质性研究来看，CCTL 的访谈对象仅限于来自同一城市 7 所高校的 18 名学生，且访谈内容主要是对量化分析的补充与拓展。例如本科期间高影响力活动的研究既基于十项本土化高影响力活动与学生毕业后预期目标之间的关联，也基于扎根理论提炼出本土化高影响力活动的四个根本类属（真实挑战、师生互动、巅峰体验与根本变化）。由于篇幅与精力所限，本书囊括的质性访谈仅以本土化高影响力活动为一个例证，后期可针对本科生学习动机、时间管理、课堂经历、课外实践等诸多议题进行挖掘。这种现象与机制的交织可参考本书的一个具体例子：访谈对象里本科高影响力活动的反例多出自"双一流"建设高校，这似乎有悖常识。关注本科教学改革的个案深描有助于从以下视角探索成因："双一流"建设高校的课程考核更为严格,老师更为青睐"学术继承人",学生对毕业之后的去向更早进行规划[①]。可见本科生高影响力活动从应然状态到实然体验之间的落差有迹可循且不容忽视。考试挫败带来负面情绪、师生在毕业论文阶段的疏离、简历不够丰富多彩而感到"一事无成"等访谈对象自我描述的反例,为一系列观察、沉思乃至疾呼增添了新的实证依据。

四、本科人才培养模式创新的反思与展望

1. 强调本土化制度创新,完善本科人才培养的理论框架

通过对学生发展、招生改革、高影响力活动、学习动机等核心概念的文献梳理,并且基于对 CCTL 的量化数据与质性资料的分析,本科人才培养的基本理论框架初具雏形(见图 8.1)。与第二章研究设计阶段的框架(见图 2.1)构建相比,"招生入口—培养过程—预期出口"的基本结构保持不变,学生发展结果指标的三个主要维度(学业表现、能力提升以及态度认同)也予以保留,但是"入口—过程—出口"每一关键环节的具体侧重有所调整,在此加以说明。

从招生入口来看,高校招生改革具有"牵一发动全身"的重要战略意义。下一阶段的高校招生改革需突出其促进社会公平、降低民众焦虑的"稳定器"功能,确保过程透明、结果公正与支持到位。在此进程中尤要避免弱势群体在新一轮高校招生改革里处于不利地位,包括伪造应届学籍、冒名顶替入学等严重事件,以保证高考以及相关录取程序确实成为"意美法严"的"至公之道"[②]。与之密切衔接的基

---

① 刘云杉. 自由选择与制度选拔:大众高等教育时代的精英培养——基于北京大学的个案研究[J]. 北京大学教育评论,2017,4:38-74.

② 郑若玲. 科举至公之道及其现实启思[J]. 厦门大学学报(哲学社会科学版),2010,5:58-66.

礎教育发展现状也不容忽视,例如非贫困县的县级中学处于"夹缝"里,既不能享受面向贫困地区的定向招生计划,又遭遇优质生源向地级市、省会或直辖市流失的困境。县域教育生态的恶化近年来也受到关注[①]。高校招生改革在教育资源(尤其是优质生源)城乡流动这一趋势里产生的影响亟需后续研究。

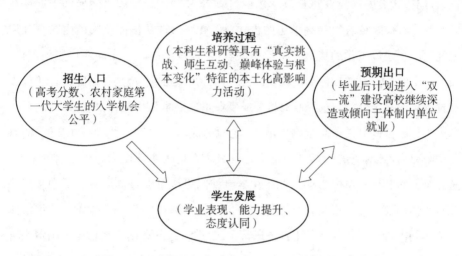

图 8.1　基于"招生入口—培养过程—预期出口"的本科人才培养理论框架

从培养过程来看,本科高影响力活动的本质特征不能脱离每个国家高等教育系统面临的时代背景以及肩负的独特使命。基于 CCTL 调研对 17 名[②]大二至大四在校生的访谈,本书梳理出本科生高影响力活动的四个核心类属:真实挑战、互动学习(师生或生生)、巅峰体验以及根本改变,后续可围绕这四个核心类属对每一项与学生发展显著相关的高影响力活动展开深入分析与优化设计。例如本科生参与教师课题时面临哪些真实挑战?师生互动在具体情境下(例如实验室里)如何进行?同一课题组的学生(不同年级、不同学科背景等)之间如何互动?学生是否在参与过程中的文献阅读、实验操作、数据分析、报告撰写等环节体验到时间

---

① 林小英.在资本的"麻将"赌局中,县域中学是如何变得满目疮痍?[EB/OL].文化纵横,(2019 - 07 - 15). https://www.guancha.cn/linxiaoying/2019_07_15_509442_s.shtml.
② CCTL 共访谈 18 名在校生,其中一人的访谈内容与本土化高影响力活动无关,因此实际用于编码的资料来自于 17 名访谈对象。

217

飞逝如电？学生参与课题前后在学术视野、个人能力、团队合作、未来规划等维度上发生了什么变化？

从预期出口来看，基于CCTL调查数据，本书从深造、出国、就业这三个维度来对本科生毕业之后的预期目标进行描述统计，85%以上的本科毕业生都有读研诉求，期待从海外高校获得最高学历的答题者占14.91%，该比例远低于期待从"985"或"211"高校获得最高学历的占比（80.49%），这从侧面反映国内高校开展研究生生源建设工作的成效。从就业来看，半数以上的本科生向往体制内工作，需要指出的一点是期待体制内就业的群体内部出现分化，这是在研究设计阶段没有预判到的复杂性。与选择政府机关或事业单位的本科生相比，期待毕业之后去国企工作的群体对三项高影响力活动（老师的课题或项目、社团、海外交流）的参与度都更高，其对应的回归系数都为正且显著。这表明即使同为体制内的工作，选择企业而非机关单位的这一群体在本科期间更注重通过高影响力活动来锻炼项目协作、活动组织、跨文化交流等综合能力。对选择"双一流"建设高校继续深造或体制内单位就业的本科生群体进行深入分析，这既有助于扎根本土国情完善本科人才培养理论框架，也可为政策制定者与高校管理者加强研究生生源建设、缓解本科就业压力等提供些许工作思路。

2. 聚焦农村家庭第一代大学生，关注高教普及化阶段的社会公平

随着高等教育毛入学率从2003年的17%增长到2019年的51.6%[1]，我国已从高等教育大众化正式进入普及化阶段。从整体而言，适龄人口接受高等教育的机会高于其父辈，这意味着越来越多的家庭培养出第一个大学生，社会公平成为高等教育强国建设的系统构成要素之一[2]。由于面临从中学到大学、从乡土到都市的双重过渡，来自农村的家庭第一代大学生面临更大的挑战，是高等教育入学机会公平与培养过程公平的重点帮扶对象。CCTL数据表明在控制高考分数与其

---

① 教育部. 2003年全国教育事业发展统计公报[EB/OL]. (2004 - 05 - 27)[2020 - 01 - 28]. http://www. moe. gov. cn/s78/A03/ghs_left/s182/moe_633/tnull_3570. html.

② 瞿振元. 高等教育强国：本质、要素与实现途径[J]. 中国高教研究，2013，3：1 - 5.

他背景变量之后,农村家庭第一代大学生面临的主要挑战并非来自学业,而是该群体自我感知并报告的各种能力。这从侧面反映出对专业能力与通用能力进行理性且客观的自我评价是农村生源亟需加强的心理建设。

从理论拓展来看,家庭第一代大学生的概念本土化除了结合城乡差异、高考成绩等进行综合考量,还需从本质上思考其作用机制。以师生互动为例,尽管国内外研究都发现家庭第一代大学生与大学教师的课后交流较少,对此结果的解读却存在分歧。大多数研究建议教师主动加强与家庭第一代大学生的互动,包括激发学习志趣、规划人生发展等[1];但也有学者发现这种互动对学生在认知能力与心理健康上反而有负面效应。他们将此归因于家庭第一代大学生在高中期间未能养成向老师请教或求助的习惯,所以从大学里的师生互动也难以获益[2]。可见家庭第一代大学生行为模式下的心理驱动远比想象中的复杂,亟需找到新的实证依据并展开更为深入的探讨。围绕农村家庭第一代大学生的个案访谈以及家庭田野调查可作为下一阶段的研究重点,这将有助于揭示该群体行为模式背后的复杂心理机制。

3. 洞察全球格局变化趋势,提升关键核心技术的自我研发能力

本书的构思及写作期间,高等教育系统需要适应的宏观环境以及全球格局变得更为复杂并难以预测。在此特定的时代背景及其复杂张力下,最初提出的高等教育强国的建设思路是否需要调整?例如关键核心技术的自主研发是否需要强化?高教强国建设早期的学术探讨里只有两篇论文明确提到这一衡量标准[3],但其对于国家的重要战略意义日益凸显。相关文献对该标准的表述为"高等教育能够基本独立自主地解决本国在经济、社会以及科技发展中的重大理论与实践问

① 陆根书,胡文静. 师生、同伴互动与大学生能力发展——第一代与非第一代大学生的差异分析[J]. 高等工程教育,2015,5:51-58.

② Padgett, R. D., Johnson, M. P., Pascarella, E. T.. First-generation undergraduate students and the impacts of the first year of college: Additional evidence [J]. Journal of College Student Development,2012,53:243-266.

③ 陈学飞,沈文钦. 建设高等教育强国的背景与条件分析[J]. 中国高教研究,2011,11:8-12.

题",并给出操作性定义即对外国技术的依存度降低到 20％以下①。伴随着国家圈定节能环保、新兴信息产业、生物产业、新能源等七大战略性新兴产业,中美贸易战从 2017 年以来的不断升温与持续"拉锯",华为等企业面临芯片等核心元件的断供危机等,"卡脖子"技术的自主研发率不容忽视②。

　　由于篇幅与精力所限,本书并未对关键核心技术自主研发这一重要议题专门展开分析与论述,这是未来完善本科人才培养理论框架里不可忽视的关键环节。前面提到"双一流"建设高校在招生竞争力上与海外高校的比较是分析思路之一。基于 CCTL 数据,"双一流"建设高校的研究生生源建设已初显成效,其中"985"高校的招生竞争力尤为突出,63.97％的答题本科生期待从该类高校获得最高学历。结合招生改革里的"强基计划",36 所试点高校有望通过直博项目吸引与培养更多的一流本科人才。CCTL 数据表明以硕士为学历目标的"考研大军"在高影响力活动的参与上出现了显著的逃避性投入特征,这一群体对辅修、双学位、发表论文或申请专利、海外交流等校方提供的多种拓展机会都兴趣不大。以博士为学历目标的学生群体则与之相反,他们对与科研相关的老师课题或各种竞赛均表现出自主性参与的特征,未来可围绕博士生源建设展开后续研究,尤其是与关键核心技术或战略性新兴产业相关的学科门类例如计算机、生物等进行更有针对性的分析与探讨。总之,后续研究无论是对本科人才培养的基本规律、制度创新等进行学理分析,还是对某一具体学科门类的本科生学习动机、行为、效果等进行实证分析,都对继续完善本科人才培养的理论模型具有重要意义,可以辐射到印度等"金砖"国家、东亚或其他地区的高等教育系统③,甚至昭示着未来东亚地区(包括我国)高校群体性崛起的范式转移④。

---

① 刘献君. 适应高等教育强国建设要求的高等学校教育理念创新[J]. 中国高教研究,2010,11：4 - 11.

② 习近平. 在中国科学院第十九次院士大会、中国工程院第十四次院士大会上的讲话[EB/OL]. 人民网(节选),(2018 - 05 - 28)[2020 - 06 - 26]. http：//cpc. people. cn/n1/2019/0606/c64094-31123936. html.

③ 黄福涛. 什么是世界一流大学的本科教育[J]. 高等教育研究,2017,8：1 - 9.

④ Sheng-Ju C., Molly N. N. L., Rui Y.. The hybrid university in East Asia：searching for the new paradigm [J]. Studies in Higher Education,2017,10：1803 - 1808.

附录9

本科人才培养模式创新案例——斯坦福大学 2025 计划[①]

斯坦福大学建校于 1891 年,比北大早了 7 年。建校原因是曾任加州州长的斯坦福老来丧子,留下一大片农场与资产无人继承,就决定捐资办学,让"加州的孩子们"都能在家门口接受优质的高等教育。虽然今日看来,斯坦福大学已经毫无疑问地成为世界一流大学,但在成立初期简直是历经磨难。先是老斯坦福去世后资产被冻结,全靠他的遗孀四处募款,筹集到足够的办学经费。首次招生时备受质疑,当时美国主流报纸都认为没有家庭想把孩子送到荒凉的西部去上大学,结果第一年还好有500 多人来报到,包括不少加州以外的生源。接下来又遇到了地震,主要的校园建筑差不多都被震塌,事后调查是因为设计施工里存在问题,以至于斯坦福大学在培养工程师时,特别强调质量要严格把关。经历了以上种种磨难,斯坦福大学在前半个世纪里都是一个在逆境里顽强抗争的生存者。它在 20 世纪 60 年代还远远不如隔壁的加州大学伯克利分校出名,如果说伯克利大学当时是一个大家庭里光彩照人的大表姐,斯坦福大学就是在家庭聚会里相对沉默的小表弟。而哈佛、耶鲁等东部名校比斯坦福大学提前起步了 200 多年,就像那些传说中早已功成名就的远方亲戚,追赶起来甚是遥远。

---

① 郭娇.斯坦福 2025 计划,震撼想象力[J].大学生,2016,1:87-89.

但是斯坦福大学在后半个世纪里完美地实现了一次逆袭,首先利用了西部地广人稀的优势,当年老斯坦福捐出的农场占地8 000多英亩,让斯坦福大学成为了全美校园面积第二大的大学。8 000多英亩是个什么概念? 大概是6个清华,8个北大,20多个哈佛。哈佛把自己的主校园叫做"院子"(the Yard),而斯坦福叫做"农场"(the Farm),活生生地体现出这一小一大的差别。更有远见的是,在20世纪50年代,斯坦福大学把1 000多英亩拿出来建起了一个科技园,用土地来换高科技企业的入驻,再通过这些企业的成功,获得回报。这里的回报不止是租金或股权等经济利益,还包括斯坦福大学的教授可以进行研发,学生可以在企业实习等智力回报。时至今日,斯坦福科技园所在的帕洛阿托(Pal Alto)已经成为硅谷的中心,先后出现了惠普、英特尔、谷歌、脸书等高科技企业。没有1891年建立的斯坦福大学,不会有1895年出现的帕洛阿托,不会有20世纪50年代成立的斯坦福科技园,也不会有今日的硅谷。帕洛阿托在西班牙语里的意思是"高的树",就是斯坦福校徽上那种红色的杉树,在建校的那片农场上最常见到的植物。两者如此紧密的联系,让人很难区分究竟是斯坦福大学孕育了今日的硅谷,还是硅谷造就了今日的斯坦福大学。

诞生于西部,校园面积广,注重与企业合作等斯坦福的特点,也给未来留下了挑战。例如它远离东部的纽约、华盛顿等经济、政治中心,对于想去华尔街或白宫找份工作的斯坦福毕业生来说,远不如在哥伦比亚大学或乔治敦大学的同龄人便利。而且不同地区的城市环境、文化氛围也存在差异,为了增加斯坦福学生在各地的适应性,校方先后开设了"斯坦福在纽约""斯坦福在华盛顿"等项目。参加这些项目的学生白天在当地的公司、博物馆、公益机构或政府部门实习,晚上和周末就聚在一起听讲座、交流实习感受等,项目负责人也由斯坦福大学派出老师担任。此外,斯坦福大学注重实用,在建校初期对教育目的的阐述是为了个人的成功与直接的用处(for personal success and immediate usefulness)。那些貌似无用的课程,例如大一和大二的通识课,在斯坦福的历史上一直处于弱势,曾经被取消,也曾经被叫做"低级别"(Lower Division)。尤其是在工业工程等课业繁重的学科,学生需要完成100多个学分,常会寻找途径来减少或替代通识课的学分。在斯坦福大学的本科推动通识教育,工作艰巨,见效慢,也得不到老师、学生以及校友的支持,但是这项艰巨的工作又非做不可。与斯坦福2025计划相关的报道引用了一个数字:1/4的美国大学毕业生从事的都是跟自己专业无关的工作。这个数字对哈佛大学或其他注重通识教育的高校来说,根本不是一个问题,它们培养出来的毕业生就是准备在不同领域担任不同工作。但是对斯坦福而言,这就是一条糟糕的消息,如果在学校里学的东西跟以后从事的工作无关,那还有什么用? 还怎么实现个人的成功?

2012年斯坦福校方发布了一篇100多页的《本科教育研究报告》,可以看成是对这些挑战的反思。整个报告的写作过程耗时两年,不仅访谈了校内主要的管理部门,对大二与大四的在校生以及毕业多年的校友进行了问卷调查,还由老师和学生组成了多个本科教育问题(包括课程广度、学生学习等)委员会,分开进行讨论并提出行动建议。这份报告可以看成是一份由校方主导、从上而下、借助访谈与调查等工具来设计的斯坦福本科教育改革方案。在这份报告发布之后,斯坦福2025计划在2013年秋季启动,由设计学院牵头,200多名斯坦福学生以及60多名教师员工参加,历时一年,继续围绕本科教育改革这个主题开展活动。但这次是由师生主导,从下而上,运用了更为先进的工具,而且在方案设计上更注重想象力。因此同样是对斯坦福本科教育面临的挑战做出回应,要问实现的可能性,需要以2012年的报告为准;要被想象力所震撼,可以来欣赏一下斯坦福 2025 计划。

具体来看斯坦福 2025 计划的四条核心主张。第一条是开环大学（open-loop university）。传统的大学被称为"闭环大学"，即学生基本上都是在 18 到 22 岁之间一口气完成四年的本科学业。"开环大学"的创新在于：对入学年龄不加限制，既可以是十几岁的少年神童，也可以是已经退休的老人，学习时间从四年延长到六年，而且这六年的时间可以自由安排，可以先上三年，去工作，到三十几岁再回来充电，完成剩下的三年。注意美国大学的本科毕业率，通常是以六年而不是四年来计算。因为有相当比例的学生会由于各种各样的原因中断学业，例如去欧洲旅行、创业、照顾生病的家人或先工作才能继续交学费等，也就是常说的"间隔年"（gap year）。这些学生需要五年或者六年才能修满学分毕业，斯坦福也存在这种情况，尤其是参加海外交换项目在外国待了一段时间的学生，因此"六年制代替四年制"这一点并不让人吃惊。在前面提到的 2012 年报告里，指出在斯坦福最有争议的学制问题是"要不要把四年减少到三年"，可惜斯坦福 2025 计划里没有谈到这一点。至于这六年的时间如何安排，已有间隔年与弹性学制的先例，至于不设招生年龄的限制，也有退伍老兵入学与社区学院开放入学的先例。也就是说，这些变化放在一所对学制与招生都相对灵活的社区学院或成人进修大学而言，都算不上变化。但是放在斯坦福大学这样一所名校，哪怕只是提出这样一个想法，就已引发了轩然大波。归根到底，还是因为名校的录取名额有限，竞争太为激烈。目前申请者只需要跟 18 岁左右的同龄人比拼高中成绩单、SAT 分数、社团活动等，他们有着类似的经历与一致的标准，因此清楚自己所处的大概位置以及胜出机会。一旦斯坦福 2025 计划实施，申请者要面临的竞争对手会增加若干倍，还背景各异，简直不知道该如何准备。同样的难题也会扔给招生官，他们该用什么样的标准来决定斯坦福大学该录取什么样的人。在这些背景各异的学生入校以后,老师如何备课?宿舍如何管理(目前的本科生基本上都是单身,斯坦福 2025 计划如果落地就难以估计)? 社团活动如何进行? 就算以上这些变化能顺利完成,还有一个更为深远更为本质的问题:大学锁定 18 到 22 岁的年轻人,是为他们提供一个长大成人(becoming of age)的环境,这些年轻人在一起不光学习知识,还会结识朋友,甚至包括他们未来的人生伴侣。如果这样的校园不复存在,这跟高中毕业就直接进入职场工作有何区别? 他们的同学会跟同事一样,有着不同的年龄与阅历,处在人生的不同阶段,还会跟他们一样住在单身宿舍,参与社团活动或者憧憬爱情与远方吗? 因此,即使有朝一日斯坦福 2025 计划真的得以实行,最好还能保留半数以上的学生在 18 到 22 岁这个年龄段,能收获一起成长的美好回忆。

斯坦福 2025 计划的第二条主张是有节奏的教育(Paced education),这种翻译比较别扭,准确来看,应该是自定节奏的学习 (Self-paced learning)。传统的大学都是按年级来设置课程,分别指出各年级的学生该上哪些课。斯坦福 2025 计划提出打破年级的概念,分成校准(Calibrate)、提升(Elevate)、行动(Activate)三个阶段。也就是以后斯坦福的学生不再介绍自己是大一还是大四,而是说自己处在校准、提升或是行动阶段。每个阶段因为学生个体差异以及所选领域的区别,长短不同。校准阶段为 6 个月到 18 个月,学生在这期间会选修一系列不同的"微课程"。课程长度最短为 1 天,最长到 1 周,都由教师精心准备。学生通过这些"微课程"了解不同领域以及教师的不同特长,并对自己的兴趣、毅力、学习行为习惯等进行全面测评及相应训练。在找到感兴趣的领域并准备好深入学习之后,学生进入 12 个月到 24 个月的提升阶段。这个阶段一开始,学生就要组建一个私人的导师委员会(Board of Advisors),包括学术导师、职业导师、学生导师以及最可信赖的人等。到那时候斯坦福大学将不再有大教室，全部改建成适合学生与私人导师互动的小空间。在斯坦福2025计划网站上有这些小空间的实景图，学生可以躺在类似蹦床的网上思考，也可以跟导师坐在咖啡桌边一对一讨论。目前这种单独的辅导往往是博士生才能得到的关注。到了12个月至18个月的行动阶段，学生可以选择实习、做公益、开展研究、创业等各种实践活动。这条主张的挑战在于教师们要准备好"微课程"和一对一的辅导，这跟面对几百人的讲座课完全不同，而且校方还要确保有足够的教师来进行一对一的辅导。但是整体而言，这一条似乎难度不大，尤其是斯坦福本来就实行一年四个学期的学制 Quarter，便于学生按6个月或18个月来划分所处的阶段。

斯坦福2025计划的第三条是轴翻转（Axis flip）。又是一个难以理解的词，其实就是把原先"知识第一、能力第二"的顺序翻转成"能力第一、知识第二"。传统的大学是按知识结构来划分，所以有了工程、经济、历史等院系。斯坦福2025计划的创新在于按照能力来重新建构这些院系，变成科学分析、有效沟通、社会探究、道德与伦理推理等十大学习枢纽（Learning hubs）。每个枢纽重新任命院长，并以交叉学科为主来设计与开发课程。更有创意的是学生的成绩单不再是一张所选的课程列表或一排分数，而有更多鲜活的内容。这种新的成绩单象一张彩色的等高线图，其中海拔最高的点说明这个学生最擅长的能力（例如书面与口头表达能力占到斯坦福同届毕业生的前5%），而不同颜色交汇的地方反映了这个学生跨学科的能力（例如可以结合编程、艺术设计与用户体验来开发手机应用）。这条主张的挑战在于动摇现有的院系结构，如果只是增加一些交叉学科的学习中心，实施难度并不大。成绩单的改动在一些艺术或工程专业已经使用，例如学生个人网站上展示的作品集或程序，只是需要在斯坦福2025计划里推广到更多专业。

　　斯坦福 2025 计划的最后一项主张是带着目的来学习（purposeful learning），即以后的学生在介绍自己时不说"我是学经济的"，而说"我学经济是为了缩小贫富差距"，把选一个专业（major）变成选一个使命（mission）。为了帮助学生用所学的技能去完成这些使命，斯坦福 2025 计划还将在全世界建立十个影响力实验室（impact labs）。正如奥林匹克运动会把全世界热爱体育的人召集起来同场竞技，斯坦福影响力实验室将把全世界热爱学习与行动的人召集起来，解决气候、公共卫生、水源、粮食等重大国际问题，这条主张同样不难实现。

　　把这四条主张整合起来，我们可以想象出一个在 2025 年进入斯坦福学习的年轻人：她高中毕业后去非洲担任志愿者两年，在 20 岁时决定去斯坦福学经济来缩小贫富差距。在用 18 个月完成了校准阶段的数学、国际关系、项目管理等微课程之后，她进入国际机构在拉丁美洲的办公室工作了三年，期间参与了各种贷款项目，萌发了通过小额信贷来帮助低收入家庭（尤其是妇女）的想法。她回到校园用接下来的 24 个月提升自己的能力，并建立了由诺贝尔奖经济学家、印度小额信贷的资深社会活动家和同样致力于缩小贫富差距的师兄师姐组成的私人导师委员会。有效沟通、道德与伦理推理等学习中心也经常出现她的身影，参与讨论如何赋能女性在社区担任更重要的角色，如何在宣传过程中避免涉及个人隐私等。之后她直接进入到 18 个月的行动阶段，去斯坦福大学在印度的影响力实验室创立了一家社会企业（social enterprise），通过一款手机应用来实现 P2P 的小额信贷，帮助低收入家庭的妇女开店、支付孩子的学费等。在企业创办八年以后，一切工作步入正轨，规模与影响力都不断扩大。她在"开环大学"里还剩最后一年，正好用这段时间回到校园，把创办与运营这个企业的经验写成案例，当作毕业设计，拿到斯坦福大学的学位。

总之,斯坦福2025计划颠覆了学制、年级、院系、专业等传统大学的要素。就像斯坦福的校训说"让自由之风劲吹",这个计划给了学生极大的灵活性,可以把这六年的学习时间分散到人生的不同阶段,可以组成自己的私人导师委员会,可以选择提升的能力,选择去影响的国家或地区。但享有这些自由的前提是,学生要跟更多的人竞争一张进入斯坦福大学的"门票",还要想清楚自己究竟要解决什么问题。不管斯坦福2025计划能否实现,竞争照样激烈,每个人的选择照样困难。即使这个计划最后不能落地,它提出的四项主张可以通过弹性学制、交叉学科、师生互动、实习、国际交流等已有的大学活动来部分实现。关键还是落在每个人身上——如果斯坦福2025计划启动了,你准备好战胜更多的竞争对手了吗? 如果这个计划泡汤了,你还能有效利用大学时光吗? 主动向导师请教吗? 寻找去不同地方学习或工作的机会吗?

附录 10

本科人才培养模式创新案例——欧文工学院与密涅瓦大学[①]

德雷谢维奇（William Deresiewicz）又来质疑精英教育了，他就像活在现代美国的鲁迅，用犀利的文字来唤醒那些沉睡在精英教育泡泡里的青年。这次他在《新共和》上发表了一篇文章，题目就叫《不要送孩子去"常青藤"》。在常青藤大学里从学生到教师熬了24年以后，德雷谢维奇从过来人的角度毫不留情地炮轰藤校生活。尤其是文章开头那一段对耶鲁招生的揭秘，读起来很有味道——例如一个学生找了9个人写推荐信，结果惨遭招生官们全票否决，招生官们都觉得这个学生"过于紧张"（too intense），费力不讨好。

全文读完以后，我却有点失望，德雷谢维奇的文字有感染力，理想也很美好，但是他选取的个案有代表性吗？他对数据的解读准确吗？（例如他引用了2010年的一个数据，1/3的常青藤毕业生到金融与咨询等高收入领域就业。他想说明这些毕业生就业选择的趋利性与狭隘性，但是我们完全可以换个角度来看，2/3即67%的常青藤毕业生选择了其他行业。）他提出的美好理想能落到实处吗？他为未来的本科教育指明了方向吗？

这些问题德雷谢维奇在文中没有给出答案，他是引起我们冷静思考

---

① 郭娇.T，新大学的"形状"[J].大学生，2014，19：40-43.

的哲学家,却不是用行动来解决问题的人。反倒是下面即将介绍的欧林工学院(Olin College)与密涅瓦大学(Minerva),以它们具有开创性的办学实践点亮了我们的眼睛。这两所大学的共同点在于成立不到 20 年,招生过程严格(录取率低于 10%),以本科教学为主,与传统的常青藤大学在教学、管理等方面有明显差异。我把具有这些特征的大学看作新型本科人才培养模式的雏型。

欧林工学院

欧林工学院(Olin College)位于波士顿,从 2002 年开始正式招生,2007 年被美国的《新闻周刊》评为 25 所新常青藤本科之一,培养未来的工程师及创新者(engineer-innovator)是欧林工学院的使命。从规模上看,它绝对是一所"小而美"(small is beautiful)的大学,教职员工不到 40 人,每人都有博士学位,都要给学生上课,每年招生在 80 人左右,每人都自动获得半额奖学金。四年学费减免共 8 万多美元。招生过程共三轮选拔,先由教授初评,再通过招生委员会投票,最后是整整两天到校园里的综合面试,入学难度与 MIT、加州理工等不相上下。2014 年新生入学的平均 SAT(即美国高考)成绩是全国第八。在住宿条件、师生互动等方面也颇受学生欢迎。

与历史悠久的常青藤大学相比,创新是欧林工学院的核心竞争力。它没有院系,只有与工程相关的四个专业方向;没有终身教职,所有的老师都是五年合同制;没有沿用多年的老课本,所有的课程每五年修订一次;没有球场、医院等设施,这些服务都外包给了附近以商科为主的巴布森学院(Babson College)。欧林工学院就是这样一所专注的学校,老师与学生只埋头做一件事,就是培养与成为未来社会所需要的工程师与创新者。大四学生完成的毕业项目(Senior Capstone Program in Engineering, SCOPE)是展现他们工程背景与创新能力的最佳作品,这些项目的选题都是企业、公益机构等面临的真正挑战。学生们用大四整整一年的时间去设计出解决方案，例如 Facebook SCOPE 小组就致力于解决 Facebook APP 在安卓手机中打开太慢的问题，这个问题对发展中国家来说尤为突出。通过工程与创新去改变人类的生活，这是欧林工学院师生的使命感。他们相信工程一定是源于人，并终将回归于人（The engineering starts with people and ends with people）。

欧林工学院用它的"小而美"，用它的专注，用改变人类生活的 SCOPE 项目，展示了新型本科教育的一种可能。它存在与发展的本身，就让我们忍不住思考：难道未来的大学一定是综合型吗？一定要分成不同的院系吗？一定要不断扩招吗？一定要进行讲师、副教授、教授的分级评审吗？一定要修建自己的运动场馆、食堂、医院这些设施吗？欧林工学院就是一个活生生的例子，打破了我们脑海里本科教育的"常青藤模式"。

密涅瓦大学

2014 年第一批 30 多名新生入住了密涅瓦大学在旧金山的宿舍，标志着这所新型大学从一个想法变成了现实。8 月的《大西洋月刊》（the Atlantic）长篇报道了密涅瓦的诞生，剖析了它给传统的本科教育带来的冲击，尤其是被它视为对手的阿默斯特（Amherst）、威廉姆斯（Williams）等顶尖文理学院。这篇报道的题目是《大学的未来》（The Future of College），作者伍德（Graeme Wood）本人从深泉学院转入哈佛大学读完本科，也是"常青藤出品"（made in ivy）。他开篇就描述了我们刚刚设想过的一幅画面："一位大胆的科技企业家认为他可以重塑高等教育——手段是：回归教育本质，把大规模讲座、终身教职、连同橄榄球比赛、以及爬满了常青藤的大楼和研究图书馆统统去掉。万一他是对的呢？"

这里提到的科技企业家就是密涅瓦的创始人尼尔森（Ben Nielson）。

除了位于旧金山的总部办公室和学生宿舍，以及在柏林、布宜诺斯艾利斯、孟买、香港、纽约、伦敦这六处宿舍，密涅瓦大学坚持"无设施"——没有图书馆、食堂和健身房等。学生将轮流在旧金山以外的六个城市分别度过一个学期，即"四年大学，七个城市"。他们要把所在城市做为校园，完全浸入不同的文化，跟当地人一起运动、看书、喝咖啡、聊天，而不是德雷谢维奇批判的那种只待两周的度假式体验。这是密涅瓦大学与传统精英教育的最大区别：没有校门与围墙；没有"本国学生"与"国际学生"的区别；"国际交流"不再是短期项目，而是贯穿四年大学生活的主线，这样培养出来的毕业生才算得上真正的国际公民。

密涅瓦大学的另一项创新是小规模在线课程（Small Private Online Course，SPOC）。与大家熟悉的大型在线公开课（Mass Open Online Course，MOOC）不同，SPOC 只对少数学生（从几十到几百人）开放，对上课资格有限制（通常已付费的在校学生具有优先选课资格，其他学生需要提交选课申请或与课程相关的研究计划），老师与助教与学生有更密切的互动。以密涅瓦大学的试听课程为例，上课人数不超过 20 人，整整 45 分钟里每个学生都要精神高度集中，随时准备回答老师提问，接受测试，参加小组讨论，向全班汇报等。伍德在亲身体验了这堂课以后，把这 45 分钟戏称为"法西斯"式的强制学习，意味着不能睡觉、走神、吃东西、玩游戏、看手机、充当"录音机"或"笔记本"去机械地记忆，而要积极地参与到整个过程的思考与讨论中。如果说 MOOC 替代的是大学里几百人一起上的大课，那么 SPOC 替代的是十几个人跟着一位老师深入探究的小型研讨课（Seminar）。这种"高强度、多互动"的小型研讨课才是文理学院或常青藤教育里最有价值的学习方式。我在哈佛上过印象最深的一门研讨课，是只允许高年级博士生选修的因果推论课。老师每次上课都带来一个装满乒乓球的玻璃瓶，每个球上有个号码，对应着每个学生，老师会随机抽取一个乒乓球,念出上面的号码,"不幸"被抽中的同学就得回答颇有挑战性的问题。现在有了 SPOC,老师不再需要他的乒乓球了。哈佛与伯克利、清华等高校在 2013 年都推出了自己的 SPOC 课程,大学老师们在退休前就得先学习在网上开课。这些率先开在线课程的老师为密涅瓦大学提供了师资,在目前密涅瓦大学已聘任的教师里,包括哈佛大学前社会科学的院长 Stephen Kosslyn,作为一位神经科学家,他深信可以通过用心设计的课程(例如重复提问)来加强学习效果。

密涅瓦大学这一新生事物面临不少挑战,从师资来看,它不设终身教职,目前已经到任的全职教师人数不详。从招生来看,它大胆改革,不看 SAT 成绩,而是先通过网上智力测试,再通过 skype 面试(包括要求学生当场写一段短文,以避免枪手代笔)。从规模上看,与欧林工学院的"小而美"不同,带有营利性的密涅瓦大学依赖学费收入,扩招是它的生存之道,计划 2015 年会招 200—300 人,此后每年再翻倍。从学费来看,今年入学的新生获得了每年一万美元的全额奖学金以及在旧金山的一年免费住宿,此后入学的学生每年预计需支付 2.8 万美元左右的学费及住宿费。考虑到密涅瓦大学既"无设施"也"无终身教职",坦白说,它的学费水平不具备吸引力,与欧林工学院相比没有竞争优势,也不能与常青藤大学或文理学院所提供的奖学金媲美。除开这些,最让人疑虑的是课程,密涅瓦大学颇具野心地设置了计算机、自然科学、人文艺术、社会科学、商科五大学院,又借助加州 KGI 大学快速获得认证,还设计了跟著名心理学家去美国最大的监狱里实地考察之类的有趣体验,但是这些都不足以支撑起一套令人信服的本科课程。伍德在文中把密涅瓦的学生比作当年"五月花"号上的拓荒者,在踏上新大陆时,他们根本想象不到以后会有一个叫做美国的国家诞生。不是所有人都像拓荒者一样喜欢冒险,喜欢无法确知的未来。

大学新四年：一横一竖的"T"

好的本科教育，如同伍德在文中引用普卢塔克的话，"不是用水来装满，而是用火来点燃"。我们对它有多向往，对传统的常青藤模式就有多不满，对新型大学就有多期盼。这些尝试，包括欧林工学院和密涅瓦大学，都还像蹒跚学步的孩子，但已经让人一瞥未来的大学可能长成什么模样。

在我的想象里，大一到大二用来拓宽视野，每个学期去一个不同的国家或地区生活。没有校门，也没有围墙，历史课去博物馆，生物课去植物园，商业课去超市或银行，基础导论性质的大课上 MOOC，小规模阅读讨论课上 SPOC。电脑、平板、手机都可以成为一个个微型"实验室"，用来测量、计算、演示等。就像法国生物学家塔德伊（Francois Taddei）所言："不要小看你手里这一台小小的智能手机，它的计算能力已经超过了整个 NASA 在二十年前的水平。二十年前 NASA 早就可以把人送上月球，现在你能用这台手机为改善人类的生活做点什么？"

大三到大四用来深入钻研，根据自己的兴趣与擅长，选择企业、公益机构或政府等面临的一个真正问题，做调查，设计方案，制成产品或发表报告，以此作为毕业项目。在毕业以后，还可以继续为这个问题奋斗，加入相关企业、公益机构或政府去测试及完善自己的方案，根据自己研发的产品或其他成果来申请专利或创业，或者读研去进一步探索。就像《牧羊人奇幻之旅》里所写的，只要你真心渴望去做一件事，那么整个宇宙都会来帮你达成愿望。

这种新型的大学生活就象一个"T"，既需要密涅瓦大学通过国际经历与小规模研讨课打造的"一横"，也需要欧林工学院专注于工程与创新的"一竖"。没有宽度，我们必然会像德雷谢维奇所说的那样变得追逐利益，思想狭隘；没有深度，我们必然会像他所说的那样空有热情与能力，却不知道该用在哪里。

就算你错过了申请密涅瓦大学、欧林工学院或其他新型大学,也可以想办法给自己设计与众不同的"新四年"。母语是中文,小学就开始学英语,双语优势强过大部分其他国家的青年,再加上签证越来越好拿,手机里的翻译工具越来越强大,你基本可以无障碍地去到很多国家。国内大学的课程强度通常低于常青藤大学或文理学院,意味着你有更多的时间可以利用,在决定考研之前可以先去实验室帮忙,亲身体验一下未来科学家的生活;在考托福之前可以先教留学生学汉语,细心观察不同文化的碰撞;在寒暑期参加对自己最有挑战的活动,去最陌生的地方(既可以是外国也可以是你从未接触过的穷乡僻壤),与不同年龄、背景、经历的人交谈,把这些语言的、时间的、地理及文化上多元的优势统统用上。

最后且让我送上时任哈佛大学本科院长库瑞纳(Rakesh Khurana)给2014级新生的三条建议:勇于在智力上冒险(take intellectual risks),彼此建立深厚的联系(connect deeply with each other),关爱自己以及社区里其他人的健康成长(care for our own personal well-being and that of others in our community)。即使在未来,我们没有了气派的校门、雄伟的高楼、白发苍苍的老教授,没有了听校园歌手弹唱的草坪、与校花偶遇的食堂、向父老乡亲们炫耀的历史,没有了这一切的一切,依然还会记得的就是这些"用火来点燃"思想的话语与经历,它会带着我们去看广袤的世界,在以后的岁月里专注前行。

后记

我在哈佛教育学院待了六年半(2005—2012 年),虽然拿着全奖,但是一路发愁着考试、开题、论文、找工作,每次跟老师讨论都被"拷问"一番,每次跟同学做项目又被秒成"学渣",害得我毕业那天简直要欢呼"脱离苦海"。现在离开哈佛数载,再回想起来,我才惊觉那段时光真是"黄金时代",到哪里去找这么多聪明的老师专注地给我一对一的指导?去找这么多努力的同学提醒我总有人"起得比你早,睡得比你晚"?写论文那段时间简直就是以教育学院的古德曼图书馆为家,饿了就去一楼买杯咖啡,困了就在二楼沙发睡一觉,想换个思路就上三楼机房编程序,有了理想结果就喜出望外地拿到四楼去找导师讨论。

导师的小办公室就在古德曼图书馆四楼,面积不到十平方米,窗户也很小,晒不到阳光。靠墙两面都是高高的书架,从地上到天花板都堆满了书,还放着他跟两个儿子的照片。对着窗户放着他的办公桌和台式电脑,桌边还躺着一个旅行箱和若干论文,因为他常飞去纽约或华盛顿特区开会。屋里剩下的空间只够再放一张椅子,留给像我这样上门请教的学生。每周他的"答疑时间"(office hour)总是排得很满,如果我到的时候,前一个学生还没有结束,就只能在门外席地而坐,在等待的时间里再多看几眼自己的论文。记得带校外朋友参观时,他们在门外打量,都无法相信这就是哈佛教授的办公室,这么狭小,布置这么简单。其实哈佛最值钱的不是大楼,不是大办公室,而是老师们的时间。在这间小屋里得到的那些有针对性的反馈,够我受益终身。而且我还学会一点,要把空间和时间都用到极致,不要有闲置或浪费。

我导师叫理查德·莫瑞(Richard Murnane),按照美国人的习惯,大家不分尊卑,都直呼其名,还是小名,我们学生也都亲切地叫他迪克

(Dick)。迪克是从耶鲁毕业的经济学博士,他一直对教育感兴趣,在读博之前还当过三年高中数学老师。在迪克毕业那个年代,还没听说有教育经济学这个方向,他先后去了宾大和耶鲁的经济系,最终在哈佛教育学院找到归属感,一待就是三十年,直到 2014 年退休。选我所选,无怨无悔,迪克又给我上了一课。选择一个新兴的研究领域,在常青藤大学里很难拿到终身教职,但迪克不光留在哈佛,还著书立说,深受学生爱戴。

美国的博士一读若干年。我们刚进学院都是新面孔,叫自己"D1",第二年觉得地盘混熟了,叫"D2",第三年各种忙忙碌碌,叫"D3",再往后每个人的路径与进度发生分化。哈佛教育学院博士平均毕业时间 5 年半,读到 8 年、10 年的也大有人在,一般超过了三年都含蓄地统称为"D3+"。读博时间之所以这么长,原因之一就是开头两年还得系统地学习课程。例如我的专业方向是教育政策量化分析,选课时,经济学、统计学以及政策分析各占 1/3,经济学基本都是跟着哈佛与 MIT 的经济系研究生一起上课。在制定选课计划时,因为迪克自己毕业年代久远,他还专门请来了哈佛经济系新近毕业的布瑞吉特博士(Bridget Long,现任哈佛大学教育学院院长),两人一起坐下来给我出谋划策。我当时不过是初来乍到的一年级博士生,尚未选定迪克做导师,就能有教育学院最牛的两位经济学家来讨论我该不该补习微积分,该选哪位教授的劳动经济学。重视博士生的课程设置,把最精华的部分代代相传,不受院系甚至学校"围墙"的局限,这是美国博士培养的特点之一,这在哈佛校园里,在迪克身上更体现得淋漓尽致。我至今还记得他让我去 MIT 听伊斯特教授(Ester Duflo,2019 年诺贝尔奖获得者)的发展经济学,尽管迪克担心她的法国口音对我这个国际学生来说有点挑战。后来伊斯特简直成了我的偶像,读她早年写的印尼学校建设的论文,第一次让我赞叹原来学术论文能用"优美"两个字来形容。想起来还要感谢迪克帮我打开这扇"门",可以领略学术之美,可以看到一个出色的学者不会受到英语非母语的阻碍,他/她的思想用哪种语言表达出来都闪闪发光。

不管是出书，还是指导博士生，迪克都喜欢与人合作，强强联手。这也是我从哈佛学到的一大要诀，不要单打独斗，合作既能提高产出，还能充满乐趣。我在哈佛教育学院上的第一门统计课，所有的作业都跟其他两位同学一起完成并联合署名提交。记得当时每次上课我们三个博士生都乖乖地坐在第一排，课后一起在机房写作业，有人编程强一些，有人注重细节，有人喜欢编辑文字。课程结束之后，这段友谊一直延续到毕业，一起聚会，互相给论文或课题提建议。教这门课的约翰（John Willett）教授是迪克的"亲密战友"，两人合作了三十年。两人一起上课，一起写书，一起带学生，2014 年还一起退休。约翰本人年轻时候玩摇滚乐队，在香港当了多年的中学老师。如果我交上来的论文写得不错，他会用粤语祝我"恭喜发财"。他会在办公室电脑不工作的时候就联网帮助 NASA（美国国家航空航天局）寻找外星人，他也是哈佛教育学院的一个传奇，事迹可以单独成篇了。迪克和约翰一人深挖各种假设的前提，一人琢磨数据背后的谜题，在携手研究的过程中不断有惊喜。在他们的合著《方法很重要：改进教育与社会科学研究的因果推断》（*Methods Matter：Improving Causal Inference in Educational and Social Science Research*）里，这种时刻叫作 Eureka，源于阿基米德洗澡时发现浮力原理，狂喜地奔到大街上喊"我发现了"。在他们联合指导学生的时候，那个学生可就"悲催"了。记得我拿着完成的学位论文去找二位导师签字时，正好赶上他们指导另一个学生，该君脸色苍白，桌上打印出来的文稿全是红色的修改痕迹，说话简直都要哆嗦。我看着他，就想起自己在改论文期间也是这么狼狈吧。顶得住迪克和约翰的连番"拷问"与反复修改，让我无论从心理抗压力还是不厌其烦的改进都做好了准备，在毕业后接手的每一份工作都能用上。

迪克与约翰是哈佛教育学院量化分析方向最"严"的老师了，我每次拿到他们修改过的论文都想放声大哭，但是身边的同学鼓励我说，他们对每一个学生都如此严格，我该把这些修改的红字看成是他们对我的爱。他们倾注心血来教学生如何思考，如何写论文，这一篇篇满是红色修改痕迹的论文是他们写给学生的一封封"情书"。记得我因为语言不如美国学生那么地道而发愁，迪克就为我打气，说他自己60岁开始学西班牙语，知道用一门外语来表达复杂的思想多有挑战性。记得迪克喜欢看打印出来的纸版论文，在旁边加批注，但他字写得潦草，有时还逐字逐句地帮我读出来。给迪克当助教的时候，每次批改作业前，他会组织我们几个助教先练习打分，再通过热火朝天的辩论来说服彼此，最后统一给分标准。迪克跟我意见不一致的时候，他会先问我的长远计划或其他顾虑，然后语重心长地说："我这么建议都是为了你好。"这句话往往能起到神奇的效果，让我虽然有点失望，但能心平气和地听他提出不同的想法。现在我在工作当中也常常用上这招，尤其是给别人指出一些需要改进的地方，一定要真诚，要平心静气，不要忘记自己的出发点是来帮忙的，是为了让别人越做越好。

回忆从迪克身上学到的点点滴滴，我还可以继续写下去，比如他对教学的满腔热忱，每年选修"教育经济学"的硕士生差不多200人，他几乎都能叫出名字，难怪不止一次学生们都把哈佛教育学院的教学大奖投给了他。为了庆祝迪克和约翰在2014年退休，院里还专门举办了一场庆祝活动，两人指导的学生也从天南海北送来了感谢的话。我记得自己写的是："谢谢你，迪克。你让哈佛教育学院像我千里之外的家。我记得在修改论文期间跟你每周一对一的讨论，你总是拷问我的假设，指引我找到研究线索，有时候还会帮我读出你手写的评语。这些时光帮我从一名青涩的学生变成一个独立的研究者。现在我也花时间指导研究团队里的年轻人，这是一件充满乐趣的事情。我听见自己重复你当年说过的话'请提醒我，你想在5年后、10年后实现什么目标'，我看见他们脸上露出我当年有过的那些挣扎，那些困惑的表情。希望他们每一个人都能坚持在这段富有挑战的旅途上走下去，成为一名好奇、勇敢、执著的研究者，去探索教育领域还未曾有人涉足的地方。"

　　以这篇在哈佛教育学院读博的回忆文章作为本书的后记,原因之一在于主题契合。这六年半的求学经历于笔者而言就是"高影响力实践":既在智识上被碾压,又幸得迪克与约翰这样的良师"二对一"指导,写作学位论文期间持续投入时间与精力,以及毕业之后才深切体悟到这段经历对职业生涯乃至个人发展留下的烙印。另一意图在于为本书引言里"富有想象力的知识传授"提供些许例证并拓宽边界。这种传授方式不限于本科阶段,而能延伸至硕博培养,它也不囿于国别或地域,而能在世界各地的大学校园里迸发。笔者的个人回忆不过是千千万万之一,而且也仅撷取片段。这些碎片化、充满细节、纯描述的个体感知需要整合在一个概念清晰界定且逻辑关系自洽的理论框架里,并且通过量化数据与访谈资料等实证研究的检验,才能一步步逼近大学里发生的知识传递、能力提升以及个体成长的本质。本书的完成可被视为这一探索旅途中的"驻足思考",借此机会感谢各位师友的勉励,系统梳理并简要汇报这一理论框架的初步构建及其实证依据,反思现有研究设计的不足与局限,并且围绕大学人才培养的本土制度创新、高教普及化之后的社会公平、关键核心技术自主研发等议题展望未来的研究方向与重点。